글로벌 인재 양성을 위한

항공운송실무론

AIR TRANSPORT PRACTICE THEORY

전약표 저

SEROMI

PREFACE
머리말

세계적으로 펜데믹이 종료되면서 항공산업은 거의 코로나 이전 상황으로 돌아왔다. 중국노선의 부진을 제외하면 거의 100% 회복이 되었다고 볼 수 있다. 따라서 관광업계는 그동안 부진했던 사업을 회복하기 위한 노력을 하고 있으며, 항공업계에서도 증가된 수요에 맞추어 관련된 분야를 활성화하고 있다.

세계적인 수준의 시설과 인프라를 갖춘 인천국제공항도 활기를 되찾고 있다. 제 1,2터미널에는 여행객들이 붐비고 있지만 탑승절차가 자동화되고, 간소화 되면서 매우 신속하게 탑승수속을 진행하고 있다. 공항의 쾌적한 환경과 편리한 시설물 등은 이용자들의 만족도를 높이고 있다.

세계적으로 항공운송분야의 산업도 비슷한 추세로 흘러가고 있다. 항공운송산업이 점점 회복되면서 항공업계도 종사할 인력의 충원이 필요하게 되어 항공산업의 밑거름이 되어 줄 역량 있는 인재들을 양성하기 위해 관련대학이나 학과에서는 최선을 다하고 있다.

이런 추세에 발맞춰 변화된 환경에 적응하기 위해 전반적으로 항공운송실무와 관련된 정보가 필요하게 되어 기존의 자료와 새로운 정보를 취합하여 정리하게 되었다. 다시금 항공운송분야가 활성화되어 항공분야로 많은 인재들이 진출할 수 있도록 작은 힘이라도 보태고자 함이다.

본서는 항공운송업무에 관한 기본적인 개념과 실무에서 필요한 것들을 쉽게 설명하였다. 항공운송의 발달과정, 항공운송질서 및 협력, 여객운송서비스, 수하물, 업무, 항공시스템의 이해, 출입국업무, 항공운임, 항공사현황, 항공화물운송, 항공화물사업자의 항공사와 포워드, 항공기 운항절차, 항공화물수출입절차, 항공특수화물운송, 불만고객 사례 등과 관련된 내용으로 구성하였다.

아무쪼록 조금이나마 항공에 종사할 학생들에게 도움이 되기를 바란다.

이 책이 나오기까지 도움을 주신 분들과 새로미출판사의 대표님과 직원들에게 감사의 마음을 전한다.

2024년 2월

저자

CONTENTS
차례

CHAPTER 01
항공운송의 발달과정

항공운송의 발달과정

항공운송의 발달과정

현대 사회는 다양한 산업 간 복합적이고 상호 유기적인 과정을 통해 급속한 발전을 이루며 거대한 하나의 지구촌사회를 형성하고 있다. 이러한 급변하는 환경 하에서의 지구촌 사회형성에 중추적인 역할을 담당하고 있는 교통산업은 과학기술의 급속한 발달을 통해 형성된 기계적 이동 수단의 효율적 활용을 통하여 지구촌의 세계화에 큰 기여를 하고 있다.

항공운송산업이 현대에 이르기까지의 발전과정은 다음과 같다. 19세기 초 개발된 증기 기관에 의해 발달된 철도 산업은 산업혁명(1775~1875) 직후 약 100년간 유럽을 중심으로 발달하였고, 이 시기를 교통산업의 발달사적인 측면에서 1차 교통 혁명기라 칭한다. 이후 1875~1975년의 100년 동안 미국을 중심으로 한 자동차 전성시기로서 2차 교통 혁명기라 부르며, 1975년 이후부터 현재까지는 항공기를 중심으로 한 항공교통산업의 전성시대로서 제3차 교통혁명기라 칭한다.

과학 기술과 경제적 이유 등에 따라 교통 산업은 수차, 선박, 철도, 자동차, 항공기 순으로 급속히 발달하였고 현대 항공 교통 산업은 1903년 미국의 라이트 형제가 최초로 동력비행에 성공한 이래 1 · 2차 세계대전을 거치면서 비약적인 기술개발에 의해 생산된 군용기는 민간 수송 용도로 이용되었다. 1919년 영국의 핸들레이 페이지(Handley Page)사에 의해 런던—파리 간 최초의 정기 항공운송을 시작으로 항공 산업은 각 국가 간 핵심적인 전략산업으로 급성장하였으며 1939년 2차 세계대전이 시작되기 전 20년 이상 항공기는 구주, 미주 지역을 중심으로 여객이나 우편물을 수송하는 새로운 교통수단으로 발달하였다. 항공운송산업의 발달 과정은 크게 6단계로 구분할 수 있다.

01 도입기(1903~1920)

1903년 라이트 형제가 동력 비행에 성공한 후 1914년 1차 세계대전 이전까지는 항공기의 성능이 초보적임에 따라 항공기보다는 비행선으로 노선과 스케줄을 편성하여 운항하였으며 여객이나 화물을 운송하는 정기 항공운송은 1910년 독일의 Delag사에 의해 최초로 시작되었다. 이후 항공기를 이용한 최초의 항공운송은 1913년에 설립된 Sta사에 의해 미국 플로리다주의 템파－세인트 피터스버그 구간이 운항되었으나 4개월 후 채산성이 없어 운항이 중지되었고 1차 세계대전이 끝나자 군용기로 개조하여 민간 항공을 운항하던 중 민간 항공 수요의 급격한 증가에 따라 1919년 독일 융커스(Junkers)사가 개조 군용기가 아닌 운송기 F-13, 프랑스의 골리아드, 헨들러 페이지(Handley Page)사의 W8기종 등을 개발하여 운항함에 따라 본격적인 민간 항공운송의 창시기가 도래되었다.

▌라이트 형제가 만든 최초의 동력항공기
출처 : https://en.wikipedia.org

02 불채산기(1921~1935)

전쟁에서 승리하기 위한 목적으로 개발된 항공기의 기술력과 1920년대의 세계 경제의 상승기에 힘입어 선진국 간 주요도시에 대한 정기 항공 수송이 개설되기 시작하였고 국제 항공 수송산업이 세계적으로 급속히 확산되어 각 국가 간 정기 항공 운송 노선이 다양하게 개발되었으며 본격적인 여객, 화물, 우편물의 운송을 목적으로 하는 상업 항공 시대가 개막되었다. 이 시기에는 근대적인 운송기가 개발되었으나 성능 면이나 다양한 운항 노선 개발 및 경제성 측면에서 미약한 시기임에 따라 항공사는 채산성을 기대할 수 없는 항공운송산업의 불채산기(不採算期)라고 한다.

이 시기의 주요 항공기 평균 시속은 약 280Km 수준이었으며 당시 주요 항공사로서는 팬암, 브라질항공, 트랜스월드, 스위스항공, 에어프랑스항공, 아메리칸항공, 유나이티드항공, 영국항공 등이 있었다. 또한 항공 운항과 관련된 국제 간의 조약으로는 민사 책임과 항공권, 기타 계약 시 국제적 통일성의 목적으로 설립된 바르샤바조약(1929)과 항공기에 의한 제3자의 손해 발생 시 절차를 기술한 로마조약이 성립된 시기였다.

Handley Page Type W8
출처 : https://en.wikipedia.org

03 채산기(1936~1945)

1935년 근대적 조건의 상업용 항공기로서 미국의 더글러스사는 안전성과 쾌적성이 향상된 Dc-3 항공기를 개발하였고 1940년에는 경제성과 생산성이 향상된 Dc-4 항공기를 개발하였다.

세계 경제의 경기 상승 및 기술력 향상에 따른 항공기 성능의 향상을 통해 도시 간, 세계 간 항공 운송 산업의 수요 증가와 수송능력 향상에 힘입어 세계 항공수요는 미주 · 유럽파 지역 국가들을 중심으로 급속하게 발전하였다.

❙ American Airlines Douglas Dc-4
출처 : https://en.wikipedia.org

2차 세계대전이 발발함에 따라 민간 항공기를 군용기로 동원하여 활용하였고 이 과정에서 항공기 제조 기술, 항속, 안전, 크기 등 비약적인 발전으로 인하여 항공 산업은 불채산 상태를 벗어나 마침내 항공 산업은 채산성을 기대할 수 있는 독자적인 산업으로의 가능성을 보이기 시작한 시기이다.

세계대전을 거치면서 항공기술은 급속한 발전은 항공기의 대형화로 이루어졌으며 대형화는 항공기의 수송력 증대와 항공력을 증가시켜 장거리 수송을 통해 항공 산업의 경제성을 높이게 되었다. 이는 항공기의 비행 중 안정성과 쾌적성, 정시성을 향상시켰고 항공수송이 대중화에 기여함으로써 새로운 교통수단으로 자리매김을 하게 된 주요 이유가 되었다.

04 성장기(1946~1960)

2차 세계대전이 종료됨으로써 세계 대전 중에 군으로부터 개발된 항공기, 공항 항공보안시설 및 통신, 기상관측 기술 등이 민간으로 전수된 각종 항공기술을 바탕으로 상업용 항공기의 개발과 급증하는 항공 수요에 적절히 대응할 수 있는 대형기를 개발하여 운영하게 되었다. 이로 인해 민간 항공 운송업은 새로운 교통수단으로 본격적으로 발달함에 따라 항공 산업은 비로소 채산성을 확보할 수 있게 되었고 선박, 철도의 장거리 여행객이 항공기를 이용하여 이동함에 따라 항공운송 산업은 급성장을 하게 되었으며, 그 결과 항공운송산업은 대륙, 해상, 지역 간 등 장거리 이동에 있어서 효율적인 송출을 담당할 수 있는 핵심 교통산업으로 급부상 되었다.

05 약진기(1961~1975)

1957년부터 제트기의 개발에 의한 새로운 항공운송산업 시대의 개막과 함께 프로펠러 항공기가 제트항공기로 전환됨에 따라 항공운송력이 증가되어 원가절감과 항공운임이 저하되는 효과가 발생하게 되었고 항공 산업 대중화 시대의 개막과 항공기의 대형화를 통한 대량수송을 이루게 되어 비약적인 발전을 이룬 시기가 도래 하였다.

06 성숙기(1976~현재)

1 · 2차에 걸친 석유 파동으로 인한 세계 경제의 둔화와 후퇴 현상은 고도성장 시기에 있는 세계 항공업계를 일시적인 저성장 시대로 후퇴시키는 시기였다. 즉 항공 산업의 성장 둔화, 공급 과잉, 수급 불균형, 유가, 환율, 금리의 변화에 따른 원가 증가 요인으로 인하여 항공운송 산업은 심각한 위기 상황에 놓이게 되었다. 그러나 세계 각국 항공사들은 적극적인 경영 합리화 및 사업의 다각화, 경제적이고 효율적인 항공기 개발을 통하여 항공 기업 및 항공운송산업의 건전한 기반 구축으로 항공사업의 흑자 경영을 기대할 수 있는 성숙기에 이르렀으며, 반복적인 유가 인상요인은 지속적으로 항공기업 성장에 장애요인으로 대두되고 있다.

이상과 같이 세계 항공운송산업은 전통적인 여타 교통수단에 비해 뒤늦은 산업임에도 불구하고 1 · 2차 세계대전 이후 제트엔진 개발을 통한 항공기 기재 성능 향상과 세계 경기 활성화에 따른 항공수요 증가에 힘입어 급속한 발전을 이루었다. 특히 독자적으로 또는 타 교통수단과의 연결을 통하여 여객, 화물을 신속하게 이동시킬 수 있는 장점이 있어 물류, 유통 및 운송 산업 전반에 걸쳐 중추적인 역할을 맡고 있으며, 관광객 수송 측면에서도 97~98%가 국제선 항공기를 이용하여 여행을 하고 있는 상황은 항공기재를 이용하여 여행하는 관광객의 항공 의존도가 높다는 증거이다.

SECTION 02

민간항공의 역사

01 비행 이론의 원조, 레오나르도 다빈치

유사 이래, 새처럼 하늘을 날고자 하는 인류의 욕망은 끊임없이 이어져 왔다. 고대 그리스 신화에도 날개를 만들어 태양을 향하여 날아올랐으나 날개를 붙인 촛농이 태양의 열기에 녹아 버리는 바람에 추락하였다는 이카루스(Icarus)의 이야기가 나온다. 따라서 추측하건데 인간은 이미 기원전부터 비행에 대해 관심을 가졌던 것이 틀림없다. 그러나 비행에 대한 기초적인 이론과 형태는 레오나르도 다빈치(Leonardo Da Vinci, 1452~1519)로부터 시작되었다.

16세기 초 레오나르도 다빈치는 새의 비행 원리와 생리학에 관해 철저히 연구하였다. 그는 새가 자체의 중량을 지지(支持)할 정도로 충분한 공기의 밀도층 위에서는 뜨게 된다는 것을 발견하였다. 이어 레오나르도 다빈치는 박쥐의 날개를 모델로 한 '오너솝터'를 설계하였다. 그는 인간이 기계적인 날개를 퍼덕임으로써 체중을 지지해 하늘을 비행할 수 있을 것으로 믿었던 것이다. 이러한 선구자적 연구는 동력에 의한 비행 원리를 이해하는 데 비약적인 진보를 이룩한 것이다. 물론, 실제 제작하여 실험을 했다는 기록은 없지만, 그의 이러한 천재적 업적은 인류의 비행 역사에 상당히 중요한 계기로 작용한다.

02 유인 비행—열기구

그 후, 비행기는 아니지만 인간이 실제로 기구를 타고 하늘을 날게 된 것은 18세기 말경이었다. 프랑스의 몽골피에 형제가 열(熱)기구를 발명한 것이다. 리용 근처 제지업자 집안의 형제 조셉과 쟈크는 종이봉투에 불을 쬐면 하늘로 올라가는 것에 착안하여 열기구 개발에 착수, 1783년 6월 마침내 천과 종이로 거대한 기구를 만들기에 이르렀다. 1783년 11월 21일, 열기구를 타겠다고 지원한 물리학자 드 로제(Rozier, F. De)와 아를란드 후작을 태운 열기구는 약 500M 높이로 9Km를 25분 정도 비행하는데 성공하였다. 세계 최초의 유인 비행인 셈이다.

주 : The First Untethered Balloon Flight, By Rozier and The Marquis D'Arlandes On 21 November 1783.
출처 : https://en.wikipedia.org

03 비행선과 글라이더

기구에 의한 하늘 날기에 이어 열 · 수소 기구보다 한 단계 더 발전한 비행선(Airship)이 등장한다. 당시 기구는 독자적인 엔진이 부착되어 있지 않아 자유로운 조종에 의한 비행이 매우 어려운 실정이었다. 그 후 유럽 각국에서 활발하게 비행선을 연구 · 개발하였다.

19세기 말까지도 뚜렷한 진전을 보지 못하다가 1900년에 이르러 독일의 장성 출신 체펠린(Ferdinand Graf Von Zeppelin, 1838~1917) 백작이 가솔린 엔진과 알루미늄 프로펠러를 장착한 대형 비행선을 완성하였다.

한편, 영국의 케일리(George Caley)는 각종 실험을 통하여 비행이 가능한 날개의 모양, 크기 등을 연구하였다. 그리고 새의 모형을 본떠서 하늘을 날 수 있는 글라이더를 제작하였는데, 그 모형은 오늘날 비행기의 모체라 할 수 있을 만큼 유사한 모습을 하고 있었다. 그 후 수십 년이 지난 1891년, 독일의 릴리엔탈(Lilienthal, 1848~1896)이 드디어 자신이 제작한 글라이더를 직접 타고 비행에 성공하였다. 비행의 방향을 자유자재로 조종하기 위해 글라이더에 비행키를 달아서 실험하려던 릴리엔탈은 1896년 8월 어느 날, 엔진이 달린 비행기의 꿈을 이루지 못하고 세상을 떠났으나, 그의 노력과 집념은 훗날 라이트 형제가 동력 비행기를 발명할 수 있게 하는 토대가 되기에 충분하였다.

Zepplin의 비행선
출처 : https://en.wikipedia.org

04 최초의 동력비행

레오나르도 다빈치의 이론과 비행 형태가 기구 · 비행선 · 글라이더로 점차 구체화되면서 마침내 발동기 엔진을 이용한 본격적인 비행에 대한 착상이 20세기에 이르러 실현된다. 1903년 12월 17일, 인류의 역사가 시작된 이래 최초로 인간이 동력에 의한 비행에 성공을 거두는, 당시로서는 기적과도 같은 사건이 일어났다. 그 사건의 주인공은 바로 항공기의 아버지로 일컬어지는 라이트(Orville and Wilbur Wright) 형제였다. 이들이 12마력의 4기통 가솔린 엔진(분당 1,090번 회전)으로 목제 레일을 활주하여 비행에 성공한 것이다.

랭글리(Langley) 등과 같이 근대적 의미의 비행기를 제작하여 하늘을 날기 위한 시도가 끊임없이 지속되었으나, 인류 최초의 동력 유인 비행은 이날 비로소 성공하였다. 미국 노스캐롤라이나(North Carolina) 주의 키티호크(Kitty Hawk) 해안 모래 언덕 킬 데블(Kill Devil Hill)에서 동생 오빌이 먼저 12초 동안 36M를 비행한 후, 형 윌버가 59초 동안 260M를 비행한 것이다. '라이트 플라이어-1'로 명명된 이 비행기의 초기 속도는 시속 48M에 불과하였으나, 이후 세계적으로 비행기의 개발 경쟁에 폭발적인 촉매제로 작용하였다.

자전거 제작, 수리업을 하던 라이트 형제는 독일 릴리엔탈의 연구 자료에서 모순점을 발견, 공기 역학을 실험할 수 있는 풍동 장치를 제작하여 연구에 몰두한 결과, 플라이어 1호를 제작하기에 이르렀다. 그러나 플라이어 1호에는 방향타(Rudder)나 승강타(Elevator)가 없었다. 이후 1호기는 4번째 비행을 한 후 추락했으며, 이어 제작한 2호기는 80회의 비행을 하였다. 그 중 최고 기록은 5분 4초 동안의 4.4Km 비행이었다. 라이트 형제가 개발 · 제작한 비행기 중 가장 의미 있는 것으로 평가되는 플라이어 3호는 통상적으로 20마일을 비행했으며 비행 시마다 30분 이상을 날았다. 이로써 새처럼 날고자 하는 인류의 꿈은 마침내 이루어졌다.

SECTION 03

항공기의 개발과 상업화

01 제1차 세계대전과 항공기의 상업화

제1차 세계대전은 항공기 개발에 획기적인 계기로 작용하였다. 전쟁 초기에는 주로 정찰용으로만 사용되던 항공기에 기관총이 장착되면서 공중전의 역사가 시작된 것이다. 최고 시속 106Km를 자랑하던 1914년식 블레리오 XI로부터 뉴포트(Nieuport) 시리즈를 거쳐 1917년에 제작된 스파드 S13은 220마력의 엔신을 장착하기에 이르러 최고 고도 6,650M에 최고 시속 222Km를 기록한다. 개전 초기에는 연합군이 하늘을 장악하였으나, 독일의 명기(名機) 포커 아인데커(Fokker Dr. 1)가 출현하면서 사정이 달라지기 시작하였다.

Fokker Dr.I
출처 : https://en.wikipedia.org

이 전투기는 프로펠러 사이로 총알이 빠져나가도록 고안한 기관총을 장착하였다. 이처럼 본격적인 실용화 초기부터 최근에 이르기까지 항공기의 최대 수요처는 국방 분야였으며, 그 제작 기술은 세계대전을 치르면서 비약적인 발전을 시현하게 된다. 전쟁이 끝나면서 세계 선진 각국은 항공기의 상업화를 적극 모색하게 된다. 1920년 당시 유럽에는 20여 개의 중소 규모 항공사가 설립되었고, 미주 지역에도 내셔날 항공 등 10개 항공사가 문을 열었다.

유럽에서 최초로 상업적 비행에 투입된 비행기는 1919년 독일의 안네리제였다. 승객 8명을 태우고 6,000M 상공을 비행한 것이 상업적 항공 여객 운송의 효시(嚆矢)가 된 것이다. 미국에서는 상업적 항공 운송으로 가장 먼저 착안된 분야가 우편물 수송이었다. 그런데 당시 대부분의 중소 상업 항공사들은 창설 초기, 비행기에 대한 공포로 인한 여객 수요의 제한과 빈약한 경영 기반 등으로 거의 1년을 넘기지 못한 채 도산되는 등의 악순환을 거듭하였다. 그러나 당시 선진 각국은 항공기의 상업화에 지대한 관심을 기울였다.

02 대서양 단독 횡단과 금속제 항공기 출현

제1차 세계대전을 거친 이후에도 세계 항공 역사에는 새로운 사건들이 꾸준히 기록되었다. 1919년 5월에는 미 해군의 리드(Read) 소위 팀이 커티스(Curtiss) 수상정(Seaplane)을 타고 대서양 횡단에 성공하였으며, 같은 해 7월에는 존 알콕 대위와 브라운 중위가 폭격기 빅커

NEW YORK CITY, SUNDAY, MAY 22, 1927.

AT PARIS IN 33½ HOURS;
N WAY; RAN THROUGH STORM

'HERE WE ARE,' HIS FIRST GREETING TO FRENZIED THRONG

Charles Lindbergh'S Daring Solo Plane Flight
출처 : http://www.lcollector.com/

스 비미(Vickers Vimmy)를 타고 뉴펀들랜드(Newfoundland)의 세인트존(St. John'S) 섬에서 영국 아일랜드(Ireland)의 클리프덴까지 1,890마일을 한 번의 중간 착륙도 없이 횡단하였다. 이어, 1927년 5월에는 미국의 우편물 수송 비행사였던 24세의 청년 찰스 린드버그(Char-Les Lindberg)가 대서양 단독 무착륙 횡단에 성공한다.

린드버그의 대서양 횡단은 사상 99번째였지만, 뉴욕과 파리라는 대도시를 잇는 비행이었고 거리가 3,614마일로 당시까지는 최장의 논스톱(Non-Stop)비행이었으며, 33시간 29분의 사투(死鬪)를 벌인 단독 비행이었다는 점에서 세계 항공사에서 높이 평가되고 있다. 이 횡단 비행에 사용된 비행기는 스피릿 오브 세인트루이스(Spirit of St. Louis)였다. 린드버그의 대서양 무착륙 단독 횡단 비행은 미국의 항공산업 발전에 커다란 영향을 주었다.

03 제트 여객기의 등장

제2차 세계대전을 전후하여 제트(Jet) 엔진이 개발된다. 1937년, 영국의 프랭크 휘틀(Frank Whittle)이 세계 최초로 제트 엔진을 발명한다. 같은 해 휘틀의 아이디어를 빌린 독일의 한스 폰 오하인도 제트 엔진 개발에 성공한다. 1939년에는 최초의 제트 비행기 하인켈 He 178(Heinkel He 178)기가 독일에서 개발된다.

Heinkel He 178의 제트기
출처 : https://en.wikipedia.org

이어, 1941년 영국은 글로스터 메테어 F28/37 제트 비행기를 개발하였다. 그러나 이들 제트 비행기는 실험기 수준에 그쳤고 실용화되지는 못하였다. 2차 세계대전 말에 이르러 독일은 최초의 실용 제트 전투기인 메사슈미트 Me 262를 제작한다. 이 전투기는 당시까지 최고 속도를 보유하였던 무스탕을 훨씬 능가하는 최고 시속 870Km를 기록하였다.

Messerschmitt Me 262A
출처 : https://en.wikipedia.org

종전 후 1946년 영국에서는 코멧(De HAVilland Comet) 1호기를 생산하기 시작했다. 코멧 1호기는 세계 최초로 제트 엔진을 탑재한 여객기로서 시험 비행에 성공한 후, 1952년 5월 승객 36명을 태우고 시속 730Km로 런던~요하네스버그 노선에 첫 취항하였다. 이로써 항공기는 기존의 교통수단과 같은 대중교통수단으로서의 지위를 굳히는 계기가 된다. 전 세계 항공업계에서는 코멧기의 놀라운 시간 절약성과 경제성 그리고 정시성에 크게 놀라지 않을 수 없었으며, 이러한 충격은 본격적인 제트 여객기 시대의 개막으로 이어진다.

1947년 10월 14일에는 마침내 항공기의 음속 돌파라는 세계 항공사의 새로운 방향이 수립된다. 미국의 시험 비행 조종사 척 예거 소령이 Bell-X 프로그램으로 제작된 로켓(Rocket) 엔진 추진의 Bell X-1 실험기를 타고 사상 최초로 음속을 돌파하는 데 성공한 것이다. 전 세계 항공업계를 놀라게 했던 영국의 코멧기는 그러나, 첫 취항 이후 꼭 1년만인 1953년 5월 2일 캘커타에서 이륙 직후 공중 분해되는 참사를 겪게 된다. 그로부터 4년 후인 1958년 10월 26일 미국의 보잉(Boeing)사가 개발한 B-707이 뉴욕~런던 구간에 취항함으로써 본격적인 제트 수송기 시대가 개막되었다.

Boeing B-707

출처 : https://en.wikipedia.org

초대형 '점보기' 시대

01 초대형 시작

B-707 이후 1964년부터 1968년까지 전성기를 맞이했던 VC-10, HS-121 (Tri-Dent), BAC-111, DC-9, B-727, F-28 등을 이른바 제2세대 제트기로 일컫는다. 이 그룹의 제트기는 쌍발형(雙發型)과 삼발형(三發型)으로 분류되며, 터보팬(Turbofan) 엔진을 본격적으로 실용화함으로써 연비 효율을 더욱 개선, 중·단거리 노선에서도 채산성 확보가 가능해지게 되었다. 이어, 1969년부터 1974년 사이에 소위 광동형(Wide body) 제트기들이 개발된다. 이 시기에 개발된 B-747, Dc-10, L-1011, A-300 등은 제3세대 제트기로 분류된다.

Pan Am Airline B-747 100
출처 : https://en.wikipedia.org

특히, B-747이 1969년 12월 2일 시애틀~뉴욕 구간의 장거리 시험 비행에 성공하여 FAA의 운항 증명을 획득하면서 민간 항공계는 이른바 '점보(Jumbo)' 시대를 맞이하게 되었다. 제3세대 제트기들의 특징은 대형화로 요약된다. 제3세대 제트기는 각종 시스템에 2중, 3중의 다중 장비 시스템을 도입함으로써 조작상의 오류를 사전에 예방할 수 있게 하였다. 특히, 에어버스의 경우 그동안 군용기에만 사용하던 램 에어 터빈(Ram Air Turbine)을 장착하고, 보조 동력 장치(APU)의 작동 범위를 더욱 크게 함으로써 안전성을 최대한 확보하였다는 평가를 받았다. 점보기 시대를 개막시킨 B-747은 안전성 배려와 설계상의 우수성, 그리고 초대형기의 개척자라는 점에서 최근까지도 높은 평가를 받고 있다.

02 제4세대 제트 수송기

제트 수송기의 연료 및 수송 효율 극대화를 위해 지속적으로 연구 · 개발하고 있는 소위 미래형 항공기 중에서 가장 먼저 실용화되고 있는 기종이 보잉사의 B747-400(4발), 더글러스사의 Md-11형(3발), 에어버스사의 A-340형 등이다.

Airbus A340-300
출처 : https://en.wikipedia.org

이른바 제4세대 제트기는 이들 미래형 항공기들을 지칭한다. 보잉사의 B-747 시리즈는 이 기종에 필적할 만한 항공기가 없었다는 점에서 비교적 소폭의 개량만으로 B747-300형까지 이르렀다. 그러나 1988년 말에 제작 완료되어 주요 노선에 취항을 시작한 B747-400은 운항의 안전도를 극대화하고 조종의 간편화를 지향한 최신 디지털조종 시스템 · 최신 엔진 · 신소재 활용 기체 · 연장 수직 날개의 주익 개조 · 항속 거리 및 탑재 능력의 획기적 증대 등 대대적인 개량이 시도된 결과였다.

03 초음속 수송기, 콩코드

아음속(亞音速, Subsonic)[1] 제트기의 개발에 이어 1950년대 말부터 영국과 프랑스를 중심으로 초음속(超音速, Supersonic)[2] 수송기의 개발이 시작된 이래, 1969년 3월에 원형의 콩코드기가 첫 비행을 하였다. 이후, 1976년 1월 21일에는 정기 노선에 취항하였으나, 콩코드기는 소음 · 대기오염 · 태양 에너지의 차폐 · 오존에 미치는 영향 등의 문제점이 지속적으로 제기되면서 생산국인 영국 · 프랑스를 제외하고는 취항을 거부당하고 있는 실정이다.

콩코드의 순항 속도는 음속의 2배인 마하 2.2 정도이지만, 장거리 운항을 위해서는 중간 급유가 필요하고, 좌석수가 상대적으로 적어 손익 분기점이 매우 높다는 단점을 안고 있다.

1) 유체의 속도가 그 유체 속을 전파하는 음파의 속도보다 느릴 때 그 흐름의 속도. 일반적으로 운동하는 물체에 대해 그 속도가 음속보다 느리냐 빠르냐에 따라 각기 아음속 또는 초음속이라고 한다. 일반적으로 마하 0.5~0.7 정도의 속도를 말한다. 마하수로 1미만의 음속 이하의 흐름, 또는 비행기 등의 속도를 아음속이라 한다.

2) 음속보다 빠른 속도. 보통 음속과의 비(比)로 표시하고, 이 비값을 마하수(Mach Number)라 한다. 마하 1은 시속 약 1,200Km에 해당한다.

British Airways Concorde, 1980S
출처 : https://en.wikipedia.org

SECTION 05

국내항공운송의 발달과정

일본항공수송(주)은 1929년 4월 1일부터 도쿄－후쿠오카－대구－서울－평양－신의주－대련 구간을 운항한 최초의 민간항공운송사로서 국제선 정기 항공노선을 매일 1회 왕복 운항하였던 한국 최초의 국제선 항공사였다. 그러나 한국의 실질적인 민간항공운송 사업은 1948년 10월에 대한국민 항공사(Korean National Airlines, KNA)의 설립으로 시작되었고, 1958년 1월에 김포공항을 국제공항으로 지정되면서 국내 항공 산업의 국제화 시대가 도래하였다.

한국의 민간항공 역사는 3단계로 설명된다. 1단계는 초기 KNA(대한국민항공사)시절부터 (주)대한항공의 설립 이전시기이고, 2단계는 (주)대한항공의 설립부터 아시아나 항공사(주)의 설립 이전시기였으며, 3단계는 아시아나 항공(주)의 설립 후부터 지역항공인 한성항공과 제주항공, 영남에어, 진에어 등의 기간을 말한다.

01 대한국민항공사(Korean National Airlines, KNA)

대한국민항공사(Korean National Airlines, KNA)는 조선비행가협회 회장으로서 조선비행학교를 설립하여, 한국의 항공 산업 발전에 기여한 신용욱에 의해 1948년 10월에 설립되었다. KNA는 1948년에 서울－부산, 서울－광주, 서울－강릉, 서울－옹진(황해도) 간의 4개 국내 노선 개설과, 미국으로부터 도입한 스틴슨(Stinson) 단발 경비행기 3대를 운항하였다. 1950년에 6.25 전쟁이 발발하면서 KNA 소유 항공기는 군에 징발되어 민간항공은 사라졌고, 그 후 9.28 수복으로 인하여 KNA는 1950

년 12월 미국에서 Dc-3 2대를 도입하여, 이미 개항했던 국내노선에 취항하였다.

한편 KNA는 1951년 10월에 서울－도쿄 간 전세운항을 하였고, 이후 1952년 한중 항공협정에 따라 1954년 서울－타이베이－홍콩노선을 개설하여 운항하던 중 1957년 7월의 항공기 전복사고와 1958년 2월의 항공기 납북사건으로 치명적인 타격을 입고 자금난과 항공기 가동률 저하 및 국제경쟁력 결여 등의 이유로 1961년에 도산하였다.

02 한국항공(Air Korea)

대한국민항공사의 경영이 어려워진 시기인 1960년 11월 29일에 한진 상사의 조중훈은 한국항공(Air Korea)을 설립하여, 한진 상사로부터 부정기항공 운송 사업 면허와 4인승 항공기를 인수하여 운영하던 중 항공 수요의 저조한 상황에 따라 다음해 서울－부산 노선을 운휴하고, 보유기를 매각한 뒤 영업을 중단하였다.

03 대한항공공사(Korea Air Lines, Co. Ltd.)

정부는 건실한 항공운송산업의 발전이 국가발전에 초석이라는 사실을 인식하고, 민간에 의해 운영되던 항공운송사업에 대해 1962년 3월 26일에 대한항공공사법을 공포하고, 동년 6월 19일에 국영대한항공공사(Korea Air Lines, Co. Ltd.)를 설립하였다. 또한 정부는 국내항공사의 자력운영체제확립, 한국 민항의 세계화 추진, 경영합리화를 통한 수지균형 유지 등을 목표로 정부의 다양한 지원과 노력을 기울여 노선 확대, 비행기 도입, 비행장 등 각종 시설에 대한 설비 확장 등의 업적을 남겼으나, 계속되는 누적적자와 재정난으로 1969년 3월 1일 결국 한진그룹에 인수되어 민영화가 되었다.

04 대한항공(Korean Air)

대한항공(大韓航空, Korean Air)은 대한민국의 항공사이다. 아시아의 대형 항공사 중 하나로 인천국제공항을 중심으로 하여 유럽, 아프리카, 아시아, 오스트레일리아, 북아메리카를 운항하는 국제선과 김포국제공항을 중심으로 한 국내선을 운영하고 있으며 스카이팀의 창설 회원사이다.

05 아시아나항공(Asiana Airlines)

금호아시아나그룹 계열의 한국 제2의 민간항공사. 1988년 2월 서울항공(주)으로 설립한 뒤 8월에 지금의 상호로 변경하였으며, 1999년 코스닥에 상장한 뒤 2008년 유가증권시장으로 이전하여 상장하여 국내 제2의 대표 항공사이다. 대한항공과 합병이 진행 중이다.

06 저비용항공사

저비용항공사의 현재 대표 항공사는 제주항공이다. 제주항공은 제주도의 항공 교통수단을 개선하여 제주도민과 제주도를 찾는 관광객의 여행 편의를 높이기 위하여 제주도에 기반을 둔 저비용항공사이다. 그 외 저비용항공사는 진에어, 이스타항공, 에어서울, 에어부산, 티웨이항공, 에어로케이항공, 에어프리미어가 있다.

AIR TRANSPORT

항공운송의 이해

SECTION 01

항공운송의 개념

항공(航空)이란 항공기 등의 기계를 이용한 비행이나, 항공 산업에 관련되는 활동을 가리키는 용어이다. 여기서는 군사항공(Military Aviation)을 제외한 민간 항공(Civil Aviation)에 해당된다. 민간항공은 여객기와 화물기를 사용하여 정기적으로 여객화물을 운송하는 사업을 말한다. 2차 세계대전 이후 항공운송은 급속하게 발전하고 있다. 여객뿐만 아니라 화물에서도 신속하게 운송이 필요하거나 고가품이나 부피가 상대적으로 작은 화물의 운송이 항공으로 이용되고 있다.

항공사의 규모는 다양하여 작게는 한 대의 항공기를 이용해 화물이나 우편 운송을 하는 항공사부터, 크게는 수백 대의 항공기를 보유한 풀 서비스 항공사까지 다양하다. 항공사의 서비스는 대륙 간, 대륙 내, 국내, 국제 운송으로 나눌 수 있으며, 일반적으로 정기편과 전세편으로 나눌 수 있다.

항공화물은 여객항공기(All-Traffic Services) 또는 화물전용기(All-Freight Services : Air Freighter)로 운송되는 화물로 우편물과 여행자의 수하물을 제외하고 항공기에 의하여 운송되는 모든 물품이다. 항공기의 대형화(Wide Body)와 신속한 운송에 의한 교역의 증대가 물품의 항공운송은 점차 일반화시켰다. 수출입에 있어서도 시장전략과 경쟁력 증대방안의 이유로 항공운송의 점유율이 계속 높아지고 있다. 대형항공기의 도입과 항공화물의 컨테이너화, 지상조업의 자동화 등으로 운송원가의 절감이 가능해지고 제조업 분야의 소형화에 따른 고부가가치 화물의 운송수요가 증가함에 따라 오늘날 국제무역에 있어 중요한 운송수단이 되었다.

항공화물운송은 해상운송에 비해 수송기간이 현저하게 짧고 정시 수송에 따른 화물의 적기인도가 가능하므로 재고비용과 자본비용을 절감할 수 있다. 항공기 운송으로 인하여 충격에 의한 화물의 손상 및 장기수송에 의한 변질 가능성이 적어 화물을 안전하게 하주에게 인도할 수 있다는 장점이 있다. 그러나 경제적인 측면에서는 항공운임이 해상운임에 비해 상당히 비싸다는 단점이 있다.

타 교통 운송 수단과 비교하여 항공운송 역시 철도, 자동차와 같은 교통수단으로서 당연히 갖추어야 할 안전성, 신속성, 정시성, 쾌적성 등을 갖추어야 한다. 이는 항공 운송뿐만 아니라 교통 기관의 특성이나 경제성을 결정하는 기본적 요소로서 혁신적인 항공기술의 진보와 함께 항공운송이 급속히 발달하게 된 주요 이유이다. 이것은 항공운송이 타 교통수단과 다른 항공운송만의 특별한 특성이 있기 때문이다.

01 항공운송의 특성

1) 고속성(高速性)

타 교통기관과 비교하여 속도 면에서 가장 압도적인 우위를 지니고 있으며 이것은 항공운송만이 갖는 고유의 특성이라 할 수 있다. 전 세계가 산업, 정보화 사회로 변화됨에 따라 세계 곳곳을 연결하는 다양한 항공 노선운항이 요구되고, 이로써 세계가 일일 생활권에 속하게 됨에 따라 다소 비싼 운임과 짧은 역사임에도 국제 교통 체계로서 확고한 자리매김을 하게 되었다.

2) 안전성(安全性)

교통산업에서 가장 중요시되고 있는 것이 안전성 문제이다. 특히 항공운송에서는 더더욱 중요하다. 아무리 과학 기술이 발달하고 정비 능력이 뛰어나고, 조종 기술 등이 탁월하다 하더라도 작은 실수와 항공사의 채산성[1)]을 목적으로 한 무리한 운항은 대형 항공 사고를 초래할 수 있기 때문이다. 실제로 항공운송은 여타 교통수단에 비해 사고율이 적으나, 여타 교통기관과 달리 한 번의 사고라

1) 경제적 용어로 수입과 지출이 맞아서 이익이 있는 성질

할지라도 대형 참사로 이어지고, 해당 항공사 및 국가 등 경제적 및 신뢰도 등에 치명적인 영향을 주기 때문에 항공사의 안전성 확보는 항공기업의 최우선 과제이다.

3) 정시성(定時性)

정시성의 기준척도는 항공사에 의해 일반 소비자에게 공표된 시간표이다. 항공사는 사전에 공표한 시간표에 의하여 운항을 하고 소비자는 시간표에 따라 자신의 여행 계획을 세우게 된다. 따라서 항공사의 정시성 운항 여부는 항공사의 신뢰도를 좌우하게 되고 항공사의 서비스 평가 시 중요한 지표가 되며 향후 영업의 성패에 중요한 영향을 미칠 수 있다. 그러나 타 교통수단에 비해 정시성을 확보하는 것이 자의가 아닌 타의적인 상황에 크게 의존하기 때문에 가끔씩 어려운 상황이 발생하곤 한다. 이는 항공운송의 경우 정비가 복잡하고 기상 상태, 공항 등의 조건에 따라 많은 영향을 받기 때문이다.

4) 쾌적성(快適性)

하늘을 비행한다는 자체가 여객에게 불안감을 주기 때문에 쾌적한 여행을 하도록 하는 것이 항공운송의 주요한 특성이 된다. 객실 내의 시설, 기내 서비스, 청결, 비행 상태 등이 쾌적성의 요소가 되지만, 그 외에도 여행시간을 단축하거나 객실 내의 소음을 작게 하는 것도 쾌적성을 높이는 요소가 된다. 아울러 쾌적성은 지상 서비스보다는 기내 서비스에 집중 되는 바 차별화된 깔끔한 기내식과 객실 승무원의 세련되고 정중하며 숙련된 서비스는 승객의 항공 여행을 쾌적하게 하는 중요한 요소이다.

5) 경제성(經濟性)

항공운송이 현대 교통수단으로 확고히 자리 매김을 하고 있는 상황이며 항공기재의 발달과 항공사 간의 과열 경쟁, 고유가, 인건비 상승 등은 항공사 간의 경쟁을 심화시켜 항공사의 수익성을 더욱 악화시키고 있다. 따라서 항공 기업들은 높은 탑승률(L/F : Load Factor) 유지를 위해 다양한 노력으로 항공기업의 경영수지 악화 방지 노력과 서비스를 개발하여 소비자에게 제공함으로써 소비자는 더욱 저렴한 항공료를 지불하여 항공기를 이용하고 단축된 시간을 활용해 개개인의 부가가치를 높일 수 있는 경제적 이익이 있다.

6) 용이성(容易性)

항공운송은 여타 교통기관과 달리 도로나 철로와 같은 기반시설을 필요로 하지 않고 비교적 자유로이 출발지와 목적지를 선택할 수 있으며 노선 개설이 타 교통수단보다는 상대적으로 자유롭다. 따라서 항공사의 신규 노선 개설은 타 교통기관의 신규 노선 개설에 비해 보다 용이하다고 할 수 있다. 즉 터미널설립을 위한 용지 매입이나 철도 선로 개설에 수반되는 어려움 없이 쉽고 짧은 시간에 항공사업에 진출할 수 있다.

7) 공공성(公共性)

철도, 버스 등과 같이 항공운송사업 역시 공공성이 강한 서비스 산업이다. 국민다수의 사회적 생활 편익을 위해서 필요한 것이며, 국민 개개인의 생활에 큰 영향을 주기 때문이다. 특히 공공 교통기관으로서의 항공운송사업에 부여되는 공공성은 운송 조건의 공시, 이용자 차별 금지, 영업 계속의 의무 등으로 분류된다.

8) 국제성(國際性)

국제항공운송은 항공 회사의 계획이나 의사만으로 가능한 것이 아니고 개설하려는 국가의 허가를 받은 경우에 한하여 가능하다. 항공회사가 국제 항공 시장에 참여할 수 있느냐의 여부는 정부 간의 항공협정에 의해 결정된다. 만일 우리나라 항공회사가 타국의 어느 한 도시에 노선을 개설 후 취항하려면 사전에 양국 정부 간 개별적인 협약(항공협정)이 체결되고 이후 항로, 공항시설, 노선 권 등의 협정은 정부로부터 지정된 항공사만이 취항할 수 있다. 이는 국제 항공에 대한 관련 국가의 경제적 규제로서 항공회사가 취항 도시의 수, 운항 횟수, 총 공급 좌석 등에 대해 정부 규제를 받고 있기 때문이다.

02 항공운송산업의 특성

항공운송은 영리를 목적으로 하는 사업이지만 다른 산업과는 달리 국가의 경제적 목적 또는 방위산업 차원에서 국가차원의 육성산업으로 발전시키거나 공공교통기관으로서의 기능이 있어 수익성이 크게 높지 않으며, 여행업의 파생적 수요산업, 서비스의 차별화가 곤란한 산업, 제품의 생산과 판매의 동시성, 주로 여객운송에 치중하는 산업으로서의 특성을 지니고 있다.

1) 공공성이 강한 사업

항공운송 중에서 정기항공운송은 기상악화나 천재지변 등 불가항력적인 사유가 있는 경우를 제외하고는 다른 교통산업과 마찬가지로 정부로부터 인가받은 운송계획대로 운송서비스를 제공하여야 하는 의무가 있다. 예컨대 수익성이 낮다고 판단되는 특정구간의 운송서비스를 제공하지 않거나 좌석이용률이 낮을 것으로 판단되는 특정계절이나 요일 또는 날짜에 임의적으로 운송서비스제공을 중지하거나 변경할 수 없다. 따라서 정기항공운송자는 정부로부터 인가받은 운송계획에 대하여 인가된 내용대로 운송능력을 제공하는 동시에 계획된 날짜와 시간에 운항하여야 하는 정기성을 유지하여야 한다.

이와 같은 정기항공운송의 특성 때문에 항공사가 특정한 항공노선에 항공기를 운항시키기 위해서는 자기 나라의 정부 또는 해당국가의 허가를 받는 것도 중요하지만 항공수요를 정확하게 예측하여 항공기의 기종과 운항횟수 및 운항시간대를 결정하여 항공기운항의 정시성 및 항공기운용의 효율성을 동시에 만족시킬 수 있는 운항스케줄을 편성하여야 하는 과제를 안고 있다.

2) 거대 장치사업

국내항송운송사업 및 국제항공운송사업을 하려면 면허기준에 적합해야 한다. 국내(여객), 국내외(화물)은 납입자본금이 50억 이상, 항공기는 1대 이상 보유하고 있어야 하고, 국제(여객) 항공운송사업은 납입자본금이 150억 원 이상의 법인으로서 항공기는 5대 이상을 보유해야 한다. 따라서 국제항공운송사업을 하려면 초기 투자비만 하여도 수천억 원이 소요된다. 뿐만 아니라 항공사를 운영하기 위해서는 조종사와 정비사 및 지상영업요원 등 많은 인력과 정비시설 및 운항지원 장비를 필요하기 때문에 운영비도 만만치 않다.

항공사는 규모의 경제가 작용하는 산업으로서 항공기보유대수가 일정수준 이상으로 유지되어야만 경제적 효율성을 유지할 수 있는 산업이다. 특히 점보항공기 1대의 가격이 2억 달러가 넘기 때문에 점보항공기를 운항하는 것은 웬만한 중소기업 하나가 하늘을 나는 것과 같은 막대한 투자비를 소요하는 거대한 장치산업이라고 볼 수 있다.

3) 낮은 생산탄력성

항공운송은 항공수요가 급격히 증가한다 하더라도 항공기를 도입하려면 주문생산형태를 취하고 있기 때문에 늘어나는 항공수요충족을 위한 공급능력을 신속히 확보할 수 없는 특성이 있다. 항공기의 좌석판매는 여유좌석이 있어도 재고로 보관하여 나중에 팔 수 없는 생산과 소비의 동시성으로 수요의 증가나 감소에 맞추어 공급능력을 신속히 증가시키거나 축소할 수 없어 생산탄력성이 매우 낮은 사업이다.

예컨대 항공기 공급능력을 확보하기 위해서는 항공기를 도입하는 기간이 2~3년이 소요될 뿐만 아니라 항공기조종사나 정비사를 양성하거나 확보하는 기간도 1~2년이 소요된다. 항공수요가 감소하는 상태가 발생하여도 보유한 항공기를 쉽게 처분할 수도 없기 때문에 항공기 공급능력을 축소하기도 쉽지 않아 항공운송은 다른 사업에 비하여 공급능력을 조절하는 기간이 비교적 길어 수요변화에 따라 생산능력을 조절할 수 있는 생산탄력성이 낮은 사업이다.

4) 파생적 수요사업

항공운송의 고객은 주로 관광여행객이나 비즈니스 여행을 목적으로 하는 승객이 많은 비중을 차지하고 있다. 특히 우리나라는 국제관광객의 95% 정도가 국제항공여객이기 때문에 수요창출 측면에서 보면 항공운송은 관광산업인 여행업과 수직적 관계를 유지하고 있으므로 항공운송은 관광산업의 파생적 수요산업으로 볼 수 있다.

항공운송이 가지는 수요창출의 특성 때문에 항공기의 좌석예약이나 항공권판매도 항공사의 대리점이 바로 여행업을 겸하고 있기 때문에 항공사와 여행사는 사업적으로 불가분의 관계에 있다. 따라서 관광산업인 여행사의 고객이 늘어나면 항공사의 고객도 늘어나고, 여행사의 고객이 줄어들면 항공사의 고객도 줄어드는 등 항공운송시장과 관광여행시장은 하나의 시장으로 형성되어 있으므로 항공사와 여행사는 수요시장에서 그 운명을 같이 한다고 볼 수 있다.

5) 상품차별화가 곤란한 사업

항공운송상품은 항공기좌석이나 서비스 측면에서 항공사마다 그 상품내용이 거의 비슷하여 경쟁항공사와 상품차별화가 곤란한 산업이다. 항공기의 객실이나 좌석은 항공기제작사인 미국의 보잉항공사나 프랑스의 에어버스사가 제작하는 항공기는 같은 기종일 경우에 같은 형태와 구조를 가진 항공기를 제작하기 때문에 항공기의 객실구조나 좌석의 품질이 크게 다르지 않아 이들 항공기를 구입한 항공사의 상품은 비슷할 수밖에 없다. 또한 서비스 측면에서도 약간의 차별화를 시도하더라도 이러한 차별화된 서비스는 경쟁항공사가 곧바로 이를 받아들여 따라가기 때문에 상품의 서비스 수준도 거의 비슷하다고 보아야 할 것이다.

이처럼 상품의 차별화가 어렵기 때문에 항공운송시장에 신규 항공사가 진입하거나 새로운 항공노선에 진입한다 하더라도 기존 항공사와 비슷한 상품을 제공할 수 있다. 이로 말미암아 신규 항공사가 기존 항공사를 상대로 경쟁성을 확보하기가 용이하여 정부당국의 규제가 없다면 신규 항공사의 시장진입이 쉬워질 수 있어 국제항공운송시장에서의 경쟁은 점점 치열해지는 경향을 보이고 있다.

6) 상품의 생산과 소비의 동시성

항공사의 운송 상품은 형태가 있는 제품이 아니고 항공기의 좌석을 판매하는 서비스상품이기 때문에 상품이 생산과 동시에 판매되어야만 상품의 경제적 가치를 발휘할 수 있다. 그러나 판매되지 않은 상품은 재고로 보관하여 나중에 판매할 수 없는 즉시재로서의 특성이 있다. 따라서 항공사에서는 특정한 운송구간에서 특정한 날짜와 시간에 제공하는 항공기좌석을 제때에 판매하여야만 좌석판매효율을 높일 수 있다. 또한 정확한 수요예측에 의한 항공노선의 개발과 투입기종 및 운항횟수와 운항시간대를 결정하는 것이 경영활동의 최대 과제가 되는 것이다.

7) 장거리운송에 유리한 사업

항공운송은 다른 교통수단에 비하여 장거리수송이나 국제수송에 매우 유리한 특성이 있다. 항공기운항은 그 특성상 이륙과 착륙구간에서의 항공기가 상승하거나 하강을 할 때에 단위거리 당 연료가 많이 소모되고 수평으로 운항하는 순항구간에서의 연료소모는 매우 적다. 뿐만 아니라 장거리운항일수록 지상 1만 미터 정도의 고공운항을 하기 때문에 공기저항이 적어 연료소모는 적고 속도는 빨라지는 특성이 있다.

공항의 착륙료나 정류료 등의 사용료는 항공기가 공항을 사용한 횟수에 따라 부과된다. 항공기운항지원을 위한 지상업무도 장거리나 단거리에 관계없이 매 운항시마다 제공하기 때문에 이러한 지상비용은 장거리구간을 운항할수록 단위거리 당 운항비용이 적게 드는 특성이 있기 때문에 항공운송은 장거리운송에 유리한 사업이다.

SECTION 02

항공운송의 유형과 원가

항공운송사업이란 타인의 수요에 응하여 항공기를 사용하여 유상으로 여객 또는 화물을 운송하는 사업이다. 항공기 안전, 운항승무원 등의 인력확보를 해야 하고 항공교통의 안전에 지장을 주지 않아야 하고, 항공시장의 현황 및 전망을 고려하여 해당사업이 이용자의 편의에 적합해야 한다.

01 항공운송산업의 유형

1) 국내항공운송사업

항공기를 사용하여 유상으로 여객이나 화물을 운송하는 사업으로서 운항계시일로부터 3년 동안 예상되는 운영비 등의 비용을 충당할 수 있는 재무능력을 갖추어야 한다.

(1) 국내 정기 항공운송사업

정기항공운송사업이란 한 지점과 다른 지점 사이에 항공노선을 정하고 정기적으로 항공기를 운항하는 운송사업으로서 미리 정해진 요일이나 날짜 및 시간에 따라 유상으로 여객과 화물을 정기적으로 운송하는 사업을 말한다. 정기항공운송사업은 항공사가 미리 운항스케줄을 정해 놓고 항공여객의 예약을 받아 운송하기 때문에 공정거래 및 신의성실이 요구되는 공공성이 강하다. 따라서 여객수가 많고 적음에 관계없이 정해진 스케줄에 따라 운항하여야 하는 공공성이 요구되는 사업이다.

(2) 국내 부정기 항공운송사업

부정기 항공운송사업이란 정기 항공운송사업 외의 항공운송사업으로서 특정한 항공노선에 운송수요가 있을 경우에만 부정기적으로 여객과 화물을 유상으로 운송하는 사업을 말한다. 부정기항공운송사업은 이를 다시 한 지점과 다른 지점 사이에 노선을 정하여 운항하는 지점 간 운송사업, 관광을 목적으로 한 지점을 이륙하여 중간에 착륙함이 없이 정해진 노선에 따라 출발지점으로 되돌아오는 운송사업인 관광비행 사업, 노선을 정하지 아니하고 항공사와 항공기를 독점하여 이용하려는 자와 사이에 1개의 운송계약에 따라 운항하는 전세운송사업으로 구분된다.

전세운송 사업은 다시 특정한 항공노선에 운항시간과 운임 등의 운항조건을 공시하여 운항하는 Public Charter와 여행사 등이 스스로 항공수요를 확보한 상태에서 항공사로부터 항공기를 임차형식으로 운항하는 Private Charter로 구분된다.

2) 국제항공운송사업

항공기를 사용하여 유상으로 여객이나 화물을 운송하는 사업으로서 국토교통부령으로 정하는 일정 규모 이상의 항공기를 이용하여 운항을 하는 사업이다.

(1) 국제 정기 항공운송사업

국내공항과 외국공항 사이 또는 외국공항과 외국공항 사이에 일정한 노선을 정하고 정기적인 운항계획에 따라 운항하는 항공기 운항을 말한다.

(2) 국제 부정기 항공운송사업

국내공항과 외국공항 사이 또는 외국공항과 외국공항 사이에 이루어지는 정기운항 외의 항공기 운항을 말한다.

3) 소형항공운송사업

항공기를 사용하여 유상으로 여객이나 화물을 운송하는 사업으로서 국내항공운송사업 및 국제항공운송사업 외의 항공운송사업을 말한다.

4) 항공기사용사업

항공기를 사용하여 유상으로 농약살포, 건설자재 등의 운반, 사진촬영 또는 항공기를 이용한 비행훈련 등 국토교통부령으로 정하는 업무를 하는 사업이다.

운송 외의 업무를 수행하므로 엄밀한 의미의 운송사업으로 보기 어려우나 우리나라의 항공법에서는 항공기가 운항하는 것을 기준으로 하여 항공운송사업을 분류하였기 때문에 항공기사용사업을 운송사업으로 분류하고 있다. 항공기사용사업의 형태로는 지도 제작이나 항공측량 및 지상건축물 감시 등을 위한 항공사진촬영, 항공기를 사용하여 농작물의 씨앗을 파종하거나 농장 또는 과수원 등에 농약을 살포하기 위한 업무, 언론기관이 항공기를 이용하여 취재보도용 사진촬영을 위하여 항공기를 유상으로 사용하는 경우 등이 있다.

5) 항공기정비업

항공기, 발동기, 프로펠러, 장비품 또는 부품을 정비ㆍ수리 또는 개조하는 업무나 정비업무에 대한 기술관리 및 품질관리 등을 지원하는 업무이다. 공항에서 항공기에 대한 간단한 보수를 하는 예방작업, 규격 장비품 또는 부품의 교환, 경미한 수리작업 등도 포함한다. 항공기정비업은 대부분의 항공사가 자가 정비형태를 취하고 있기 때문에 각 항공사들이 직접 항공기정비업의 등록기준을 갖추어 자기 항공사의 항공기에 대한 정비를 직원들이 직접 담당하는 형태를 취하고 있다. 이러한 항공기정비업을 경영하기 위해서는 항공기정비사와 항공기정비에 필요한 각종 장비를 확보하여야 한다.

6) 항공기취급업

항공기에 대한 급유, 항공화물 또는 수하물의 하역과 그 밖에 국토교통부령으로 정하는 지상조업을 하는 사업이다.

항공기 급유는 공항 또는 비행장에서 항공기에 연료 및 윤활유를 주유하는 업무로서 항공기에 급유하는 방식에 따라 지하배관시설인 Hydrant를 이용하여 급유하는 방법과 유조차를 이용한 급유방법으로 나누어지고 있다. 대규모의 공항들은 유조차에 의한 급유방법으로는 급유시간이 길어지고 유조차가 계류장지역에 빈번하게 출입함으로써 계류장이 혼잡해지는 것을 방지하기 위하여 일정지역에 항공유 탱크를 설치하여 탱크로부터 계류장지역까지 지하배관을 설치하여 Hydrant 시스템에 의한 급유시스템을 갖추고 있다. 이러한 급유방식은 공항당국 · 항공기 취급업 면허를 가진 항공사와 항공사의 급유를 공급하는 정유회사가 서로 유기적인 업무체제를 갖추고 있는 것이 보통이다.

▎항공기 급유(B-747 최대 1,146 드럼 급유가능)

출처 : http://www.iskylover.com/

하역은 공항 또는 비행장에서 항공수송을 의뢰한 화물이나 수하물을 출발하는 항공기에 싣거나 공항에 도착한 항공기로부터 화물이나 수하물을 내려서 정리하는 업무로서 대부분의 항공사들은 이러한 하역업을 자회사나 계열회사에서 수행하도록 하고 있으나, 유럽의 일부 공항에서는 공항당국이 수행하기도 한다. 이러한 항공기 하역업은 화물의 하역에 필요한 턱카, 컨베이어 카, 카고 컨베이어 등의 하역장비를 확보하여야 한다.

▎항공기 하역
출처 : https://en.wikipedia.org

지상조업은 공항 또는 비행장에서 항공기가 출발하거나 도착하는 데 필요한 항공기의 출발준비업무, 도착항공기를 주기장까지 유도하는 업무, 항공기에 여객의 탑승 및 화물의 탑재를 하는 업무, 항공기가 계류장에 주기하고 있을 때의 동력지원, 항공기의 운항에 필요한 운항정보 지원, 승객 및 승무원의 출입국 관련 업무 지원, 승객의 탑승과 하기 및 화물의 탑재 및 하기에 필요한 장비의 지원, 항공기의 외부 및 내부에 대한 청소업무 등을 수행하는 사업이다. 대부분의 항공사들은 이들 업무를 자회사나 계열사에 위탁하여 수행하도록 하고 있다.

7) 항공기대여업

유상으로 항공기, 경량항공기 또는 초경량비행장치를 대여하는 사업이지만 항공레저스포츠를 위한 서비스는 제외한다. 반드시 항공기 및 경량항공기마다 제3자배상책임 및 승무원에 대한 보험을 가입해야 한다.

8) 초경량비행장치사용사업

국토교통부령으로 정하는 초경량비행장치를 사용하여 유상으로 농약살포, 사진촬영 등 국토교통부령으로 정하는 업무를 하는 사업이다. 하지만 최대이륙중량이 25킬로그램 이하인 무인비행장치만을 사용하는 것은 허가되지 않는다.

9) 항공레저스포츠사업

취미 · 오락 · 체험 · 교육 · 경기 등을 목적으로 하는 비행[공중에서 낙하하여 낙하산류를 이용하는 비행을 포함한 활동 타인의 수요에 맞추어 유상으로 다음 각 목의 어느 하나에 해당하는 서비스를 제공하는 사업을 말한다. 항공기(비행선과 활공기에 한정한다), 경량항공기 또는 국토교통부령으로 정하는 초경량비행장치를 사용하여 조종교육, 체험 및 경관조망을 목적으로 사람을 태워 비행하는 서비스이다.

또한 활공기 등 국토교통부령으로 정하는 항공기, 경량항공기, 초경량비행장치를 대여하고 경량항공기 또는 초경량비행장치에 대한 정비, 수리 또는 개조서비스를 하는 사업이다.

10) 상업서류송달업

상업서류송달업이란 타인의 수요에 맞추어 유상으로 우편법 제2조 제2항 단서의 규정에 해당하는 수출입 등에 관한 서류와 그에 부수되는 견본품을 항공기를 이용하여 송달하는 사업을 말한다. 이와 같은 상업서류송달업은 관할 허가관청에 신고함으로써 영업이 가능하며, 상업서류송달업의 신고를 위해서는 외국의 상업서류송달업체로서 50개 이상의 대리점 망을 가진 상업서류송달업체와의 계약체결 또는 2개 대륙 6개국 이상에 해외지사를 설치하여야 한다.

11) 항공운송총대리점업

항공운송총대리점(GSA : General Sales Agent)이란 항공운송사업을 경영하는 자, 즉 항공사를 위하여 유상으로 항공기에 의한 여객 또는 화물의 국제운송계약의 체결을 대리하는 사업을 말한다. 항공운송총대리점은 항공사가 외국에서의 판매활동을 위하여 해당 국가 또는 해당 지역의 총 판매 대리점을 지정하여 판매영업 및 해당국가의 교섭창구역할을 하도록 지정한 대리점이다.

12) 도심공항터미널업

도심공항 터미널업이란 공항구역 외에서 항공여객 및 항공화물의 수송과 그 처리에 관한 편의를 제공하기 위하여 이에 필요한 시설을 설치·운영하는 사업을 말한다. 도심공항 터미널업은 여객이나 화주가 공항까지 가는 불편을 해소하기 위하여 시내의 도심지역에 항공운송에 필요한 공항시설과 장비를 갖추어 항공기에 탑승할 승객과 항공기에 탑재할 항공화물에 관한 업무를 시내에 위치한 도심공항에서 수행할 수 있도록 함으로써 승객과 화주의 편의를 도모하는 한편, 공항의 혼잡을 피하기 위하여 도입한 제도이다.

도심공항터미널

02 항공운송의 수입과 원가

1) 항공운송수입

항공운송은 항공기 좌석 및 공간을 효율적으로 활용하여 출발, 목적지 간 화객을 운송하는 서비스를 판매하고 대가로 "운임"을 얻는 사업이다. 항공운송은 사업형태별 분석 시 항공기 사용 사업으로 분류되고 수송객체별 분석 시 여객, 화물, 우편물, 초과 수화물 수입, 기타 부대수입 등으로 구분된다.

판매 형태별 분류는 직판, 간판 수입형태로 분류되고 직판 수입의 형태는 항공사가 본점, 지점, 인터넷을 통한 전자상거래를 활용한 자체적인 판매 형태이다. 간판수입의 형태는 총판매 대리점(GSA), 대리점(여행사), 인터라인 판매 수입, 기내 판매수입 등의 판매 형태로 구분된다.

항공운임은 국제항공운송협회(IATA)의 운임 조정회의에서 2년 간격으로 결정되며 해당 국가의 공익적 판단에 따라 최종 인가 방식으로 결정된다. 그러나 실질적으로 세계 주요 항공사가 양국 간 항공협정에 의해서 상호운항 협정을 체결하여 인근국가의 상황을 고려한 후 양국정부의 합의하에 평등하게 운임이 공표된다. 이때 인근, 혹은 타국의 운임을 고려치 않고 양국가 간 단독적으로 운임을 설정하여 공포할 경우 각 국가 간 항공체계, 국익의 대립, 제도, 절차 등에 의해 질서가 무너져 문제가 야기될 수 있다.

2) 항공운송원가

원가란 특정상품 또는 용역을 생산하기 위해 소비된 경제 가치로서 항공운송산업의 경우 여객, 화물, 우편물 등의 운송이라는 무형의 서비스를 창출하기 위해 소요되는 제 경비를 원가로 본다. 즉, 항공기 운항 및 화객 운송을 위해서는 항공기의 구입, 연료조달, 조종사, 객실승무원, 정비사 등의 채용, 영업장의 설치, 운영, 판매 활동, 광고, 선전 및 일반 관리 등의 각종 비용이 소요되는데 이들을 집계한 결과가 항공운송업의 원가이다.

국제항공운임은 크게 일반요금과 특별요금으로 구분된다. 이는 초기항공운송산업과 달리 항공사 간의 경쟁 및 항공사의 수익 극대화 전략과 같은 항공사의 마케팅 활동의 일환으로 도입된 제도라 할 수 있다.

(1) 일반 운임

일반운임은 정상요금이라고도 한다. 즉 항공사의 운임체제에 있어 전통적으로 구분하는 F(First Class), C(Business Class), Y(Economy Class)의 3단계 요금 체계로 구분되며 고객의 편의에 중점을 두어 설정한 운임 형태이다.

(2) 특별운임

특별운임은 일반운임과 달리 "할인율"이 적용된 항공요금을 말한다. 항공기를 이용할시 여행객은 저렴한 할인요금으로 여행을 할 수 있으나 다양한 제한 사항을 준수하는 조건으로 여행을 해야 한다. 만약 여행객의 사정으로 제한사항(항공권 조기구입, 유효기간 단축, 학생, 선원 이민이용 조건, 단체여행 특정여행사 발권조건요금 등)을 못 지키는 고객은 정상요금과 할인요금 간의 차액을 항공사측에 지불해야 한다.

(3) 국내 항공 운임

국내항공운임은 공익성 원칙에 의해 항공사는 수요의 가격 탄력성, 탑승률, 타 교통수단과 물가를 비교하여 항공운임 원가를 산출하고 산출된 원가에 적정이익을 산정하여 건교부 장관의 승인을 득하여 공표된다.

3) 항공운송원가의 산출목적

(1) 운임 결정 자료 산출

항공 운송업은 공공성이 강하며 정부인가시스템에 의하여 제한되어 있다. 따라서 감독관청에 운임 산정의 근거가 되는 원가를 제시해야 하며 IATA의 원가회의도 이러한 이유에 의해 진행된다.

(2) 의사결정 목적

각 운항노선과 사용기재 등의 원가 파악은 신규노선 개설에 필요로 하는 비용 산출시 요구되며 신기종을 선정할 때에는 현재 보유중인 항공기의 직접 운항비 자료가 필요하다(장기적 의사 결정). 또한 임시편의 운항 여부를 결정하는 경우에도 원가정보가 필요하다(단기적 의사 결정).

(3) 경영관리 목적

경영관리 목적은 원가관리, 예산편성 및 통제, 경영계획의 수립 등에 있으며 원가계산은 경영 관리상 필요한 원가자료 및 정보를 제공한다. 항공운송 원가계산에서 유의할 점은 제조기업의 경우와는 달리 재무제표 작성 목적과는 별로 관계가 없다. 제조기업의 경우에는 원가계산 결과 그 가액이 확정된 제품, 재공품 등이 대차대조표상의 자산으로 계상되므로 원가계산이 완료되어야 결산 재무제표가 확정된다. 그러나 항공운송업의 경우 재고가 없으므로 특정 기간에 발생한 비용은 모두 그대로 특정기간의 비용으로 간주되어 차기로 이월되는 비용이 없으므로 재무제표와의 연결성이 제조기업의 경우보다 미약하다. 따라서 항공운송업의 원가계산은 외부보고 목적보다는 내부관리 목적이 더욱 중요시되기 때문이다.

4) 항공운송 원가의 특성

(1) 재고가 없다

항공운송업의 경우 판매되지 않은 좌석은 운항과 동시에 소멸되므로 재고가 존재하지 않으며 이러한 소멸 원가는 전부 항공사의 부담이 된다. 따라서 원가부담을 줄이기 위한 손익 분기점 이용률(BEP L/F)을 상회하는 이용률의 확보가 매우 중요하며 각 노선별로 예측되는 수요나 실적에 대응하는 투입기종의 선정도 채산성을 도모하는 데 있어서 중요한 의사결정요소가 된다.

(2) 고정비가 크다

항공운송업의 고정비는 총원가의 약 50% 정도에 이르며 원가관리 및 채산성에 커다란 영향을 미친다. 정기편의 경우 스케줄이 확정되면 그 달의 비행시간과 운항회수가 결정되므로 운항변동비까지도 고정화되며 이를 감안하면 실질적인 고정비는 약 90% 수준이 된다.

(3) 무형의 서비스이다

제조기업의 원가대상은 품질 및 규격이 정해져 있는 정형적이고 구체적인 제품, 상품 등으로 되어 있는데 항공상품은 다양한 인적, 물적 서비스를 바탕으로 제공되는 무형의 상품이다.

(4) 항공기 투자 금리도 원가에 포함한다.

기업회계 기준이나 원가계산 기준에서는 지급이자를 원가 외 항목으로 규정하고 있으나 항공 운송업에서는 항공기에 대한 투자가 거액이므로 항공기 취득에 따른 금융비용을 원가항목에 포함시키는 것이 일반적이다.

5) 항공운송산업의 원가 분류

항공운송산업의 원가는 발생하는 형태나 계산상의 편의에 따라 다양하게 분류된다. 원가요소를 어떻게 세분하느냐 하는 것은 각 항공사의 회계처리 방법, 절차 및 관리방식에 따라 달라지는데 일반적으로 직접비와 간접비, 고정비와 변동비의 구분이 가장 많이 사용된다.

항공기업이 항공기를 운항하는 데 직접 관계되는 모든 원가를 직접비인 운항승무원비용, 유류비, 항공 보험료, 항공 기재 임차료, 정비비, 감가상각비 등이며 항공 수송 원가 중에서 운항과는 직접 관계가 없이 발생되는 모든 항공기업의 원가를 간접비인 공항비, 여객서비스비, 광고, 홍보비, 일반 관리비 등이라 한다. 그러나 직접비와 간접비의 구분은 원가계산 대상에 따라 변동된다. 예를 들어 항공기 상각비는 원가대상을 기준으로 했을 시 직접비로 분류되지만, 원가대상이 노선일 경우에는 간접비이므로 일정기준에 의하여 노선별로 배분될 수도 있다.

항공기 고정비는 일정 기간 동안 생산량의 증감과 관계없이 항상 일정하게 발생하는 원가이며 변동비는 조업도의 증감에 따라 비례하여 변동하는 원가로 변화정도에 따라 비례비, 체증비, 체감비로 세분된다. 상각비, 보험료, 임차료, 조세공과금 등이 여기에 속한다. 의사결정에 있어서 고정비는 회피불가능원가로 의사결정에 관계없이 고정적으로 발생하는 원가이며, 변동비를 회수하고도 남음이 있다면 그것이 회사전체이익에 공헌하게 되는 것이다.

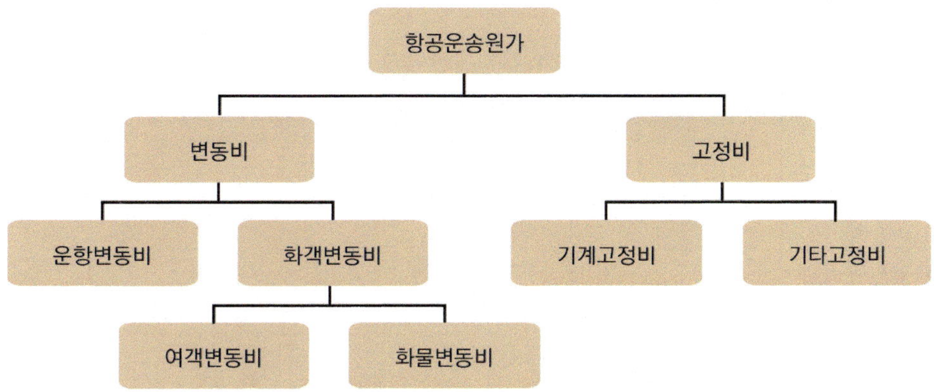

▍항공사의 항공운송원가의 구조

주 : 상기 원가항목들은 원가대상과 관련하여 직접비와 간접비로 다시 구분된다.

항공운송의 영향요인

국내 항공사는 높은 진입장벽과 아시아지역의 소득증가 등에 기반한 구조적인 성장기반을 바탕으로 일정 수준의 사업안정성을 확보하고 있다. 반면, 항공업의 특성상 영업자산인 항공기에 대한 대규모 투자부담으로 외부차입 의존도가 높은 편이고, 경기 변동, 유가 및 환율 등락, 이벤트 발생 등에 따른 실적 가변성도 존재한다.

1) 유가변화

유가 변동은 환율 변화와 달리 유류비 증감을 통해 영업수익성에 직접적인 영향을 주고 있다.

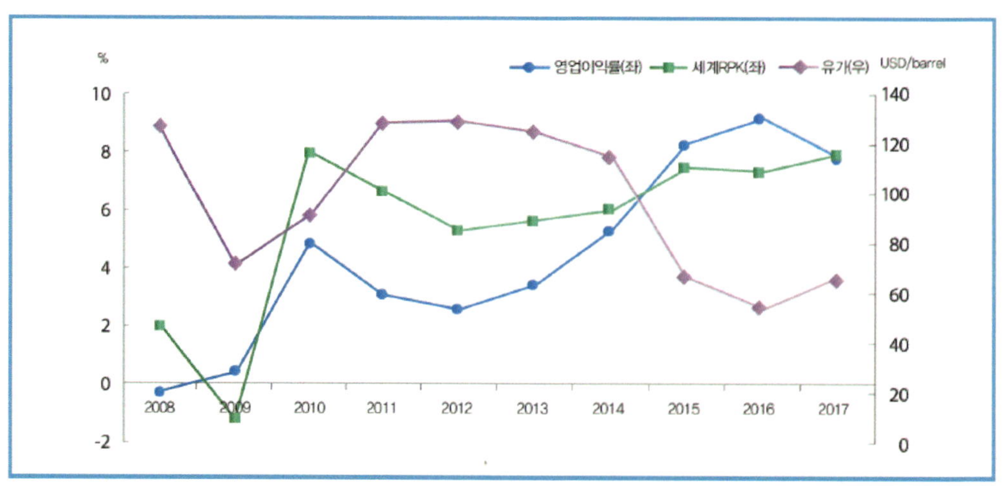

▎세계 유상여객킬로미터(RPK)·영업이익률의 증가율과 유가 추이
출처 : ICAO, IATA

2) 환율변화

환율 변동은 유류비, 항공기 리스료 등 외화결제 과정에서 영업수익성에 직접적인 영향을 주기도 하지만, 외화차입금에 대한 이자비용과 보유 중인 외화부채에 대한 환산손익에 의해서도 전체 수익성에 영향을 준다.

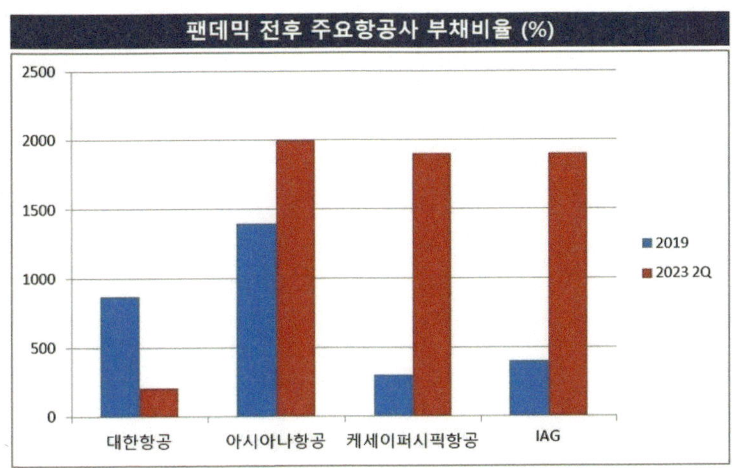

▌펜데믹 전후 주요항공사 부채비율
출처 : 한국투자증권

우리나라 항공사들의 채무부담은 외국 주요 항공사 대비하여 과중한 편이다. 최근 수년간 영업현금 창출능력을 상회하는 항공기 투자가 이뤄지면서 채무부담이 증가했다. 우리나라 양대 국적항공사의 부채비율 및 차입금의존도는 글로벌 주요 항공사 대비 절대적으로 높은 수준이다.

출처 : 한국은행 경제교육 청소년 경제나라(2007). 환율은 왜 변하고 경제에는 어떤 영향을 미치나?

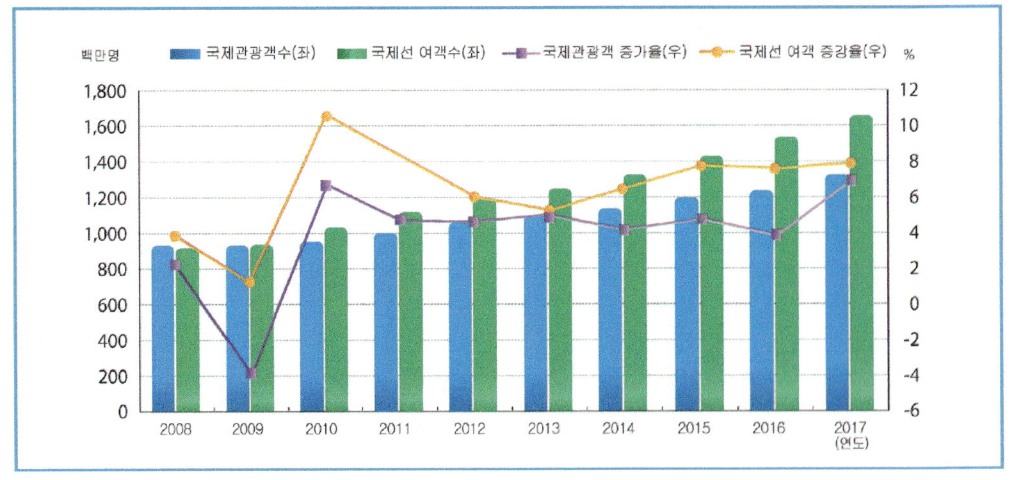

❙ 국제관광객과 국제선 여객 추이
출처 : UN WTO, ICAO

금융리스 위주의 항공기 도입방식으로 인해 대한항공의 외화차입금 규모가 큰 편이며, 그로 인해 환율변화에 따른 시기별 손익관점에서의 영향도 대한항공이 더 크다.

환율하락(원화가치 상승)은 해외 관광수요는 증가하는 반면, 국내 입국 수요에 부정적 영향을 미칠 가능성도 있기 때문에 입출국자 수 추이(매출변수)와 연계하여 환율 효과를 분석, 판단할 필요가 있다.

3) 저비용 항공사(LCC) 시장 잠식

최근 국내외 LCC의 공격적인 영업으로 기존 항공사의 점유율이 국제선의 경우에도 시장이 잠식되었다. 국가 양자 간 협정에 의한 노선운영 및 면허제도, 대규모 항공기 단 투자부담 등이 진입장벽으로 작용하고 있지만, 코로나 펜데믹 이후 단거리 해외노선을 집중적으로 확대한 결과 국제선의 점유율도 대형 항공사를 넘어섰다. 따라서 대형 항공사들이 저비용 항공사에게 빼앗긴 시장 점유율을 회복하기 위해 노력하고 있다. 국내 LCC의 경우에는 일본과 중국의 수요가 급증하면서 중소도시 노선을 개척하여 운항을 확대하고 인력을 보충하고 있다. 동북아시아 항공사는 중국을 중심으로 한 아시아 지역의 교통 · 교역량 증가에 대응하여 공격적으로 항공기단을 확대하고 있다.

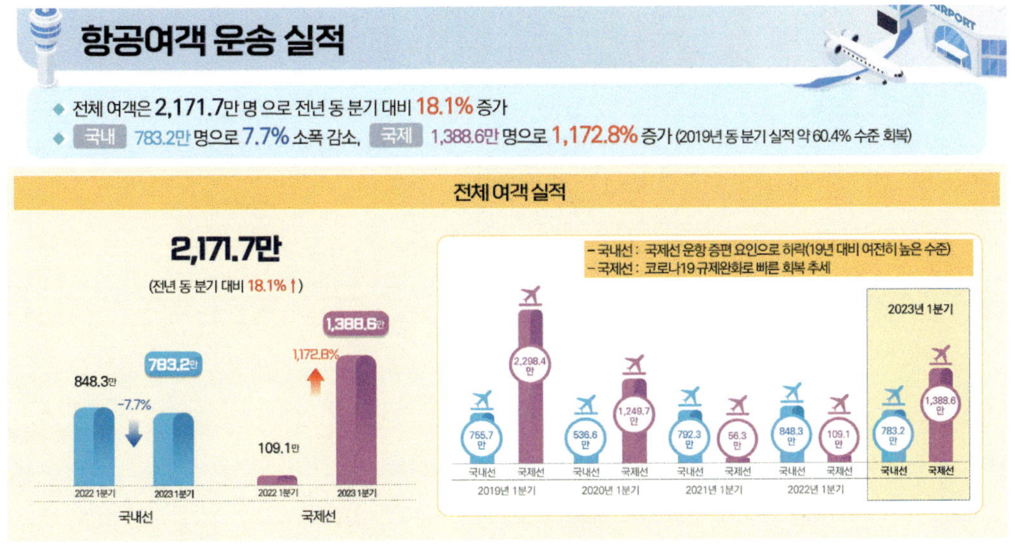

▎항공여객운송실적
출처 : 국토교통부

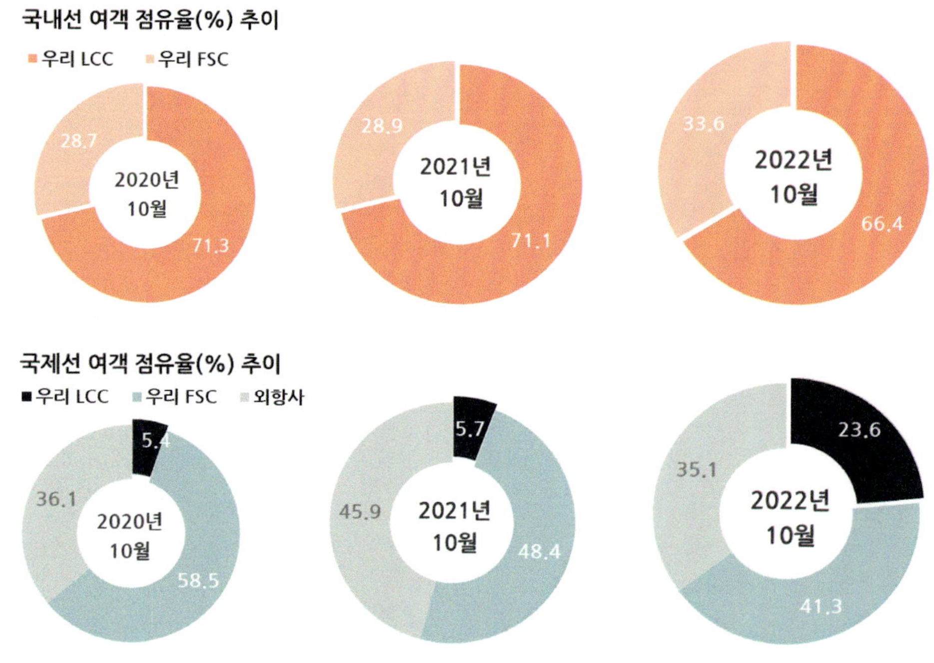

▎국제선과 국내선 여객점유율
출처 : 국토교통부 항공정보포탈

4) 위험에 대한 대응능력

항공운송은 산업 특성상 유가, 환율, 경기변동, 질병 및 테러 등 다양한 변수에 대한 민감도가 높다. 또한 질병 및 테러 등의 이벤트 발생 시 항공수요에 큰 영향을 줄 수 있는 변수이지만, 예상하기 힘들고 항공사 자체적으로도 통제하기 힘든 요인들이다. 항공사는 이벤트 발생의 효과가 단기적인 영향에 그친다면, 일시적으로 실적이 저하되더라도 외부환경 변화에 대처해나갈 수 있는 능력은 일정 수준 보유하고 있다. 그러나 해당 이벤트 발생 효과가 장기화될 경우, 이는 항공수요 침체, 비용부담 증가 요인으로 작용함으로써 높은 자금 부담을 안고 있는 것이 항공업의 특징이다.

항공운송시장현황

국제 항공운송시장은 1980년대와 1990년대를 거치면서 양적, 질적으로 급격한 성장을 이룩해 왔으며 특히, 세계화, 자유화, 민영화의 큰 축을 중심으로 경쟁체제가 심화되어 왔다. 최근 들어 항공자유화 및 항공사 간의 전략적 제휴, 지역 간 통합운송시장의 확산으로 다양한 형태의 경쟁구도가 형성됨에 따라 항공산업 구조 또한 크게 변화하고 있다. 항공운송시장 환경도 그간 "규제와 보호"가 중요시 되었으나 장래에는 "경쟁과 협력"에 의한 시장원리가 강조되고 있으며, 당분간 세계화, 자유화, 민영화 기조는 크게 변화하지 않을 것으로 전망된다.

펜데믹 이후 인해 악화되었던 재정상황이 규제완화와 억눌렸던 여행의 수요가 폭발적으로 증가함에 따라 항공사들은 적극적으로 운항계획을 증가시키고 있다. 하지만 수요가 증가해도 유가 등 비용상승으로 인해 수익구조가 크게 향상되기는 어려울 것으로 예상된다. 또한 항공사 간 제휴뿐만 아니라 저비용항공사 간에도 다양한 형태의 전략적 제휴가 이루어지고 있다.

IATA는 2016~2036년 세계 항공여객수요의 연평균성장률(Cagr)을 3.6%로 예측하였다. Airbus와 Boeing은 2018~2037년 유상여객킬로(RPK: Revenue Passenger Kilometers) 기준으로 4.4%, 4.7% 성장할 것으로 예상했다.

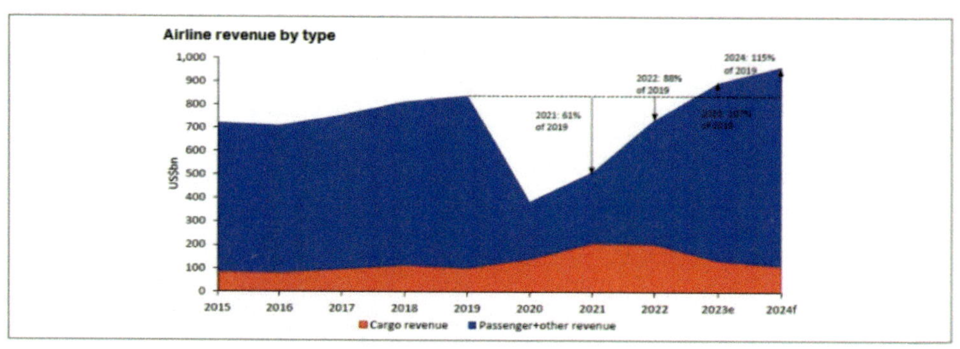

▎세계 여객수요 전망

출처 : 국토교통부 항공정책실(2018.11) 항공운송시장 동향

▎항공여객과 화물의 형태

발표기관	발표기준		예측기간	연평균 성장률(%)
IATA	국내선+국제선	여객	2016-2036	3.6
ICAO	국내선+국제선	여객킬로미터	2012-2032	4.6
Aribus	국내선+국제선	여객킬로미터	2018-2037	4.4
Boeing	국내선+국제선	여객킬로미터	2018-2037	4.7
Embraer	국내선+국제선	여객킬로미터	2018-2037	4.5
US FAA	국제선(외항사포함)	여객	2017-2038	3.5
	국제선(미국항공사)	여객	2017-2038	3.4
Eurocontrol	Europe	IFR movements	2017-2040	1.9

출처 : 국토교통부 항공정책실(2018.11). 항공운송시장 동향

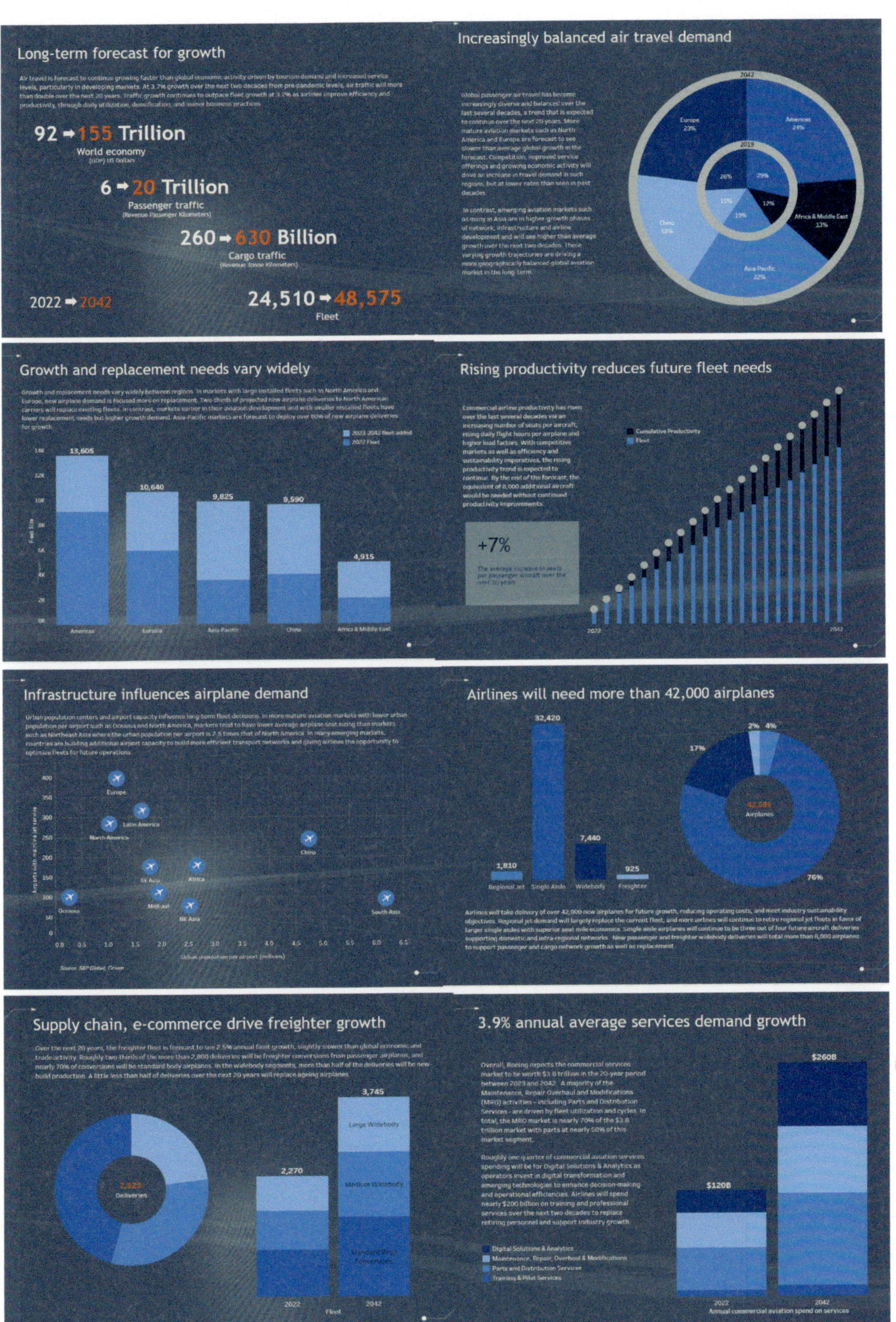

Ⅰ Boeing Forecasts 2022-2042

ICAO는 2012~2032년 세계 항공화물 수요가 화물톤 기준으로 연평균 4.3% 성장할 것으로 예상하였다. Airbus와 Boeing은 2018~2037년 유상톤킬로(RTK) 기준으로 3.4, 4.2% 성장할 것으로 예상했다.

세계 항공화물 수요 전망

발표기관	발표기준		예측기간	연평균 성장률(%)
IATA	국내선+국제선	화물톤킬로미터	2018-2022	4.9
ICAO	국내선+국제선	화물톤킬로미터	2012-2032	4.3
Aribus	국내선+국제선	화물톤킬로미터	2018-2037	3.4
Boeing	국내선+국제선	화물톤킬로미터	2018-2037	4.2
US FAA	미국화물항공사 (국내선)	화물톤마일	2017-2038	1.9
	미국화물항공사 (국제선)	화물톤마일	2017-2038	4.7

출처 : 국토교통부 항공정책실(2018.11). 항공운송시장 동향

세계 경제의 불확실성은 여전히 존재하지만 미국의 본격적인 경기회복과 유로지역의 경기부진 완화, 중국의 안정적인 성장세, 신흥국의 중장기적으로 긍정적인 전망 등의 영향으로 세계 항공수요가 상승할 것으로 예측하였으나 전세계적으로 코로나의 영향으로 일시적으로 둔화되었다. 이후 항공수요가 폭발적으로 늘어나 코로나 이전의 상황을 회복하고 있다. 반면 국제화물은 여객만큼 높은 추세는 아니나 점차적으로 증가할 것으로 전망된다.

항공운송산업은 경기 순환적 특성을 가지고 있어 세계항공수요(RPK) 성장은 대체적으로 세계 GDP 증가율과 연관성이 높다. 세계경기 여건의 전반적인 개선으로 GDP 성장률이 올라가면서 이머징마켓(Emerging Market) 국가 등의 일인당 GDP가 상승했다. 이로 인해 삶의 질이 높아져 항공여행을 갈 수 있는 여건이 개선되었다. 또한 2017년 유가가 높지 않고 저비용 항공사의 성장으로 더 많은 여객들이

더 저렴한 운임으로 여행할 수 있었다. 이러한 요인들이 항공수요에 긍정적인 영향을 미쳐 세계 RPK 성장을 견인했다.

최근 10년간(2008년~2017년) 연평균 증가율을 살펴보면 전체 여객 5%, 국제선 여객 6.1%로 국내선과 국제선 모두 빠른 성장률을 보였다. 화물 운송실적의 경우 전체 화물의 연평균 증가율은 3.5%, 국제선의 증가율은 4.5%를 나타내었고, 톤킬로미터의 경우 전체가 4.6%, 국제선이 4.8%로써 국제선 증가율이 상대적으로 높게 나타났다.

ICAO 가입국 정기 항공운송실적 및 증감률

구분		2017년 운송실적	증감률(%)		
			전년 대비	5년 연평균 (2013~2017)	10년 연평균 (2008~2017)
여객수(백만)	국내선+국제선	4,071	7.2	5.3	5
	국제선	1,660	7.9	5.9	6.1
화물톤(백만)	국내선+국제선	56.1	7.3	2.9	3.5
	국제선	37	9.8	3.5	4.5
톤킬로미터(억)	국내선+국제선	9,453	8.5	5.3	4.6
	국제선	6,578	9.2	5.4	4.8

출처 : 국토교통부 항공정책실(2018.11). 항공운송시장 동향

▎항공기 보유현황

순위	WIDE BODY JETS		NARROW BODY JETS		합계(기타 포함)	
	항공사	대수	항공사	대수	항공사	대수
1	Emirates	269	American Airlines	799	American Airlines	948
2	Federal Express	257	Delta Air Lines	710	Delta Air Lines	856
3	United Airlines	161	China Southem Airlines	655	China Southem Airlines	751
4	Qatar Airways	161	United Airlines	572	United Airlines	744
5	All Nippon Airways	161	China Estern Airlines	545	Federal Express	662
6	Cathay Pacific Airways	149	Ryanair	412	China Estern Airlines	627
7	American Airlines	149	Hainan Airlines	350	Air China	429
8	Delta Air Lines	146	Air China	305	Ryanair	412
9	British Airways	138	JetBlue	242	Hainan Airlines	410
10	LATAM Airlines	124	Lufthansa	231	Lufthansa	353
-	Korean Air(11위)	124			Korean Air(23위)	167

주 : Wide Body Jets은 객실 내 통로가 2개 있는 항공기

출처 : IATA, World Air Transport Statistics, 2018년.

IATA 발표 자료에 의하면 세계항공사 중 항공기를 가장 많이 보유한 항공사는 American Airlines으로 2018년 말 기준으로 948대를 보유하고 있다. IATA 발표에 따르면 2018년 말 기준으로 IATA 가입 항공사 중 Wide Body Jets은 Emirates가 269대, Narrow Body Jets은 American Airlines가 799대, 전체적으로는 American Airlines가 948대로 가장 많은 항공기를 보유한 것으로 나타났다. IATA 항공기 보유대수 23위 내에 포함된 우리나라 항공사는 대한항공의 경우 Wide Body Jets 부문이 124대로 11위, 전체 167대로 23위이다.

IATA 자료에 따르면 2014년 전 세계 제트운송기 약 21,600대가 서비스하고 있으며, 20년 뒤 2034년에는 43,560대로 증가될 것으로 본다.

SECTION 05

항공종사자

01 항공인력의 수요증가

항공운송산업의 양적 팽창에 따라, 조종사 등 항공전문인력에 대한 수요도 급증할 것으로 전망된다. 미국 Boeing사 자료에 의하면, 항공인력에 대한 수요는 2042년까지 신규 조종사 649,000명, 정비기술자 690,000명, 객실승무원 938,000명의 인력이 충원되어야 한다고 발표했다. 국제교통량이 팬데믹 이전 수준으로 회복되어 가고 있어 정체 중이었던 항공인력에 대한 수요가 증가하고 있다.

❙ 2042년 지역별 항공기 신규 인력수

Region	New Pilots	New Technicians	New Cabin Crew
North America	127,000	125,000	177,000
Latin America	38,000	41,000	49,000
Northeast Asia	23,000	28,000	39,000
Southeast asia	58,000	73,000	89,000
South asia	37,000	38,000	45,000
Eurasia	143,000	156,000	235,000
Middle East	58,000	58,000	99,000
Africa	21,000	22,000	26,000
china	134,000	138,000	161,000
Oceania	10,000	11,000	18,000
계	649,000	690,000	938,000

출처 : 미국 Boeing사 지역별 조종사 수요 전망

02 항공종사자의 종류

항공종사자란 항공기의 운항과 관련된 업무를 수행할 수 있는 소정의 자격증명을 갖추고 있는 사람을 말한다. 국제민간항공기구(ICAO)의 시카고협약에서 국제항공운송에 종사하는 모든 항공기의 조종사 및 기타 승무원은 항공기가 등록되어 있는 국가가 발급한 유효한 자격증명이나 면허를 소지해야 한다고 규정하고 있다.

우리나라의 항공법에서도 항공업에 종사하고자 하는 자는 국토교통부장관으로부터 항공종사자 자격증명을 받아야 한다고 규정하고 있으며, 항공업무 중 무인항공기의 운항 업무인 경우에는 제외한다. 자격증명의 종류를 운송용 조종사, 사업용 조종사, 자가용 조종사, 부조종사, 항법사, 항공기관사, 항공교통관제사, 항공정비사, 운항관리사로 구분하고 있다. 또한 자격증명을 받은 자는 그가 받은 자격증명의 종류 외의 항공업에 종사하여서는 안 된다고 규정하고 있다. 우리나라의 항공법에서는 항공종사자의 자격증명별 업무범위를 다음과 같이 한정하고 있다.

1) 자가용 조종사

자가용 조종사자격을 가진 자는 항공기에 탑승하여 보수를 받지 아니하고 무상운항을 하는 항공기를 조종하는 행위를 할 수 있다.

2) 사업용 조종사

사업용 조종사자격을 가진 자는 항공기에 탑승하여 다음의 행위를 할 수 있다.

- 자가용 조종사자격을 가진 자가 할 수 있는 행위를 할 수 있다.
- 보수를 받고 무상운항을 하는 항공기를 조종하는 행위를 할 수 있다.
- 항공기사용사업에 사용하는 항공기를 조종하는 행위를 할 수 있다.
- 항공운송사업에 사용하는 항공기 중 1인의 조종사가 필요한 항공기를 조종하는 행위를 할 수 있다.

- 기장 외의 조종사로서 항공운송사업에 사용하는 항공기를 조종하는 행위를 할 수 있다.

3) 운송용 조종사

운송용 조종사자격을 가진 자는 항공기에 탑승하여 다음의 행위를 할 수 있다.

- 사업용 조종사자격을 가진 자가 할 수 있는 행위를 할 수 있다.
- 항공운송사업의 목적을 위하여 사용하는 항공기를 조종하는 행위를 할 수 있다.

4) 부조종사

부조종사는 항공기에 탑승하여 항공기 장치를 감시하고 조종사와 운항성능을 관리할 수 있는 행위를 할 수 있다.

5) 항법사

항법사자격을 가진 자는 항공기에 탑승하여 위치 및 항로측정과 항공상의 자료를 산출하는 행위를 할 수 있다.

6) 항공기관사

항공기관사자격을 가진 자는 항공기에 탑승하여 발동기 및 조형 장치의 조작을 제외한 기체를 취급하는 행위를 할 수 있다.

7) 항공교통관제사

항공교통관제사자격을 가진 자는 항공교통의 안전·신속 및 질서를 유지하기 위하여 항공교통관제기관에서 항공기운항을 관제하는 행위를 할 수 있다.

8) 항공정비사

항공정비사자격을 가진 자는 경미한 수리를 제외한 정비를 한 항공기에 대하여 기술수준에 적합한지를 확인하는 행위를 할 수 있다.

9) 운항관리사

운항관리사자격을 가진 자는 항공운송사업에 사용되는 항공기 운항에 필요한 다음 사항을 확인하는 행위를 할 수 있다.

- 비행계획의 작성 및 변경
- 항공기 연료소모량의 산출
- 항공기 중량배분의 산출

03 운항승무원

운항승무원(Cockpit Crew)은 항공기의 운항을 직접 담당하는 항공종사자로서 기장(Pilot-In-Command), 부기장(Co-Pilot), 항공기관사(Flight Engineer)로 구성되는 것이 보통이나 항공기의 기종에 따라 기장 1명만 탑승하는 경우 또는 항공기관사가 탑승하지 않는 경우도 있으며 최근에는 통신전자장비의 첨단화로 운항업무가 자동화되면서 항공기관사의 역할이 줄어들거나 생략되어 최신 기종에는 항공기관사가 탑승하지 않는 경우가 많아지게 되었다.

항공종사자 중에서 운항승무원은 항공기의 종류와 등급 및 형식과 조종사의 비행경력 등에 따라 자격기준이 엄격히 적용되고 있으며, 신체적 조건도 엄격하여 항공신체검사증명이 있어야 항공기에 승무할 수 있을 뿐만 아니라 사업용 조종사와 운송용 조종사, 부조종사 등은 12개월마다 신체검사를 받아야 한다.

운항승무원의 근무형태는 일정하지 않고 근무스케줄에 의하여 불규칙적으로 근무시간이 정해지기 때문에 항공법이나 해당 항공사의 운항규정 등으로 운항승무원의 근무에 필요한 여러 자지 조건과 근무시간 등을 정하고 있다. 운항승무원의 근무시간, 휴식시간 등에 대한 제한은 기본적으로 항공기의 착륙횟수와 비행시간 등을 고려하여 결정되며, 운항승무원의 근무시간은 승무시간과 비행근무시간으로 구분하여 일정한 제한과 한계가 정해지고 있다.

첫째, 승무시간이란 운항승무원이 비행임무를 수행하기 위하여 항공기에 탑승하여 이륙을 목적으로 출발지 공항에서 항공기가 최초로 움직이기 시작한 시각부터 목적지 공항에 도착하여 비행이 종료되어 최종적으로 항공기가 정지한 시각까지의 시간을 말한다.

둘째, 비행근무시간이란 운항승무원이 비행임무를 수행하기 위한 준비를 하여 항공사의 지정된 장소에 출근한 시각부터 1개 또는 연속되는 2개 이상 구간의 비행을 종료한 후 비행업무보고를 마치는 시각까지의 비행준비시간, 승무시간, 지상 및 기내의 휴식시간 등을 포함한 시간을 말한다.

04 객실승무원

객실승무원에 대하여는 항공법에서 소정의 자격을 취득하도록 규정하고 있지는 않지만 운항중인 항공기의 기내에 탑승하여 승객이 안전하고 쾌적하게 여행을 할 수 있도록 각종 서비스 제공업무를 수행한다. 또한 항공기의 안전운항을 위하여 운항승무원 및 지상의 관련부서와 긴밀한 협조체계를 유지하는 역할을 담당할 뿐만 아니라 항공사의 서비스를 상징하는 대표적인 역할을 하고 있다.

객실승무원은 객실사무장, 객실승무원, 수습승무원 등으로 구성되며 사무장은 항공기의 크기 및 객실승무원의 수와 항공사에 따라 수석사무장, 선임사무장, 사무장, 부사무장 등으로 구분되기도 한다. 객실사무장은 객실업무에 대하여 직급에 따라 각각 역할이 달라지며 수석사무장 또는 선임사무장은 객실서비스를 총괄 지휘하고 객실업무에 대한 총체적인 책임을 지며, 객실승무원은 대부분의 경우에 팀 단위로 운영되고 팀의 규모는 항공기의 기종, 좌석등급의 운영 및 노선의 특성에 따라 차이가 있을 뿐만 아니라 항공사와 국가별로도 다소 차이가 있을 수 있다.

객실승무원의 업무는 평상시 업무와 비상시 업무로 구분될 수 있는데, 평상시 업무는 비행 전 객실점검, 휴대수하물의 정리와 처리, 승객의 안전벨트 점검, 비상시 응급대처요령 시범, 음료 및 기내식 등 기내서비스, 면세품 판매서비스, 도착서비스 등으로 이루어지고, 비상시 업무는 항공기가 비정상적으로 운항할 때에 승객의 안전을 위해 즉각 조치하여야 하는 일련의 업무로써 기내화재, 기체의 요동, 객실감압, 객실 내에서의 난동 등에 대한 대응 업무와 항공기 사고에 대비한 승객의 비상탈출 지원업무 등이 있다.

객실승무원은 승객과 가장 많은 시간을 대면하기 때문에 항공사를 대표하는 서비스 제공자이며, 객실서비스를 위해서는 대인접촉능력, 교양과 인격, 업무지식, 예의범절 등에 대한 폭 넓은 지식과 교양 및 경험 등을 요구하기 때문에 투철한 직업의식과 냉철한 판단력, 보편타당한 상식적 행동, 신선한 서비스 자세가 요구되는 전문직업인이다.

객실승무원의 근무에 대한 사항은 항공사마다 객실업무를 효율적으로 수행하기 위하여 '객실승무원 근무규정'을 두고 있으며, 객실승무원의 근무에 대하여는 근무시간, 휴식 및 휴일, 편승(Extra Flight), 대기(Stand-By)로 나누어 각각 근무 및 행동기준을 정하고 있다.

05 항공정비사

항공기의 정비 업무는 항공기운항에 필수적으로 따라야 하는 업무로서 항공기의 안전운항을 위한 정비 업무를 담당하는 항공정비사는 항공법에 따라 국토교통부장관이 행하는 항공정비사 자격시험에 합격한 항공종사자를 말한다.

항공정비사는 정비한 항공기에 대하여 당해 항공기가 항공법에서 정하고 있는 감항능력을 가진 안전성 있는 기술수준과 정비 또는 수리·개조한 항공기에 대하여 기체, 엔진, 프로펠러, 계기장치, 전기장비품 등에 대하여 당해 항공기가 항공법에서 정하고 있는 감항능력을 가진 안전성 있는 기술수준에 적합하다는 확인을 행하는 자이다. 일반적으로 현장에서 관리감독을 하는 엔지니어와 직접 현장에서 비행기의 수리와 점검을 하는 기술파트로 나누어진다.

AIR TRANSPORT

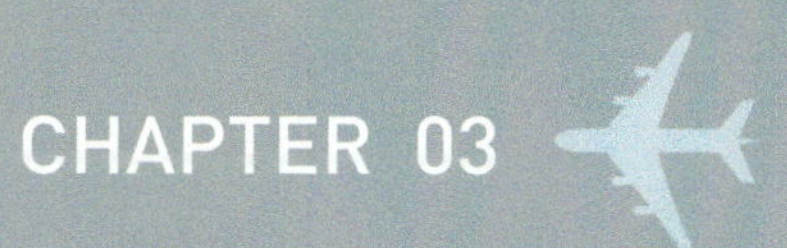

항공운송질서 및 협력

항공운송질서

01 성립 배경

국제항공운송은 국가 간에 체결된 협정에 의해 2개국 이상의 복수 국가의 영공에서 유상으로 여객, 화물 및 우편물을 운송할 목적으로 항공사가 실시하는 항공운송업무이다. 초기에는 부정기 운송의 형태로 시작하였으나 2차 세계대전 이후 국가 간 교역이 증가함에 따라 국가 간 각종 이해와 모순이 발생하였다. 이에 건전한 국제항공질서의 확립과 동시에 국가 간 영공주권주의의 필요성이 대두되어 파리조약(1919년)이 체결되었고 조약에 의해 최초로 국가 간 영공주권주의가 인정되었다.

이후 국가 간 지속적인 노력으로 '하늘의 자유' 확립에 관하여 국제항공에 있어서의 완전한 자유주의를 주장한 미국과 합리적 규제를 통한 국익유지와 상호 평등을 주장하는 영국을 위시한 구주제국의 대립으로 완전한 합의도달에 실패하였던 시카고회의(1944년)를 기반으로 각국의 개별 교섭에 의해 하늘의 자유와 권익을 인정하는 방법을 채택하여 운영하던 중 1946년 영 · 미 간에 최초의 2국간 항공협정인 버뮤다협정이 체결되었다.

협정의 주요 내용은 엄격하게 운임을 규제하고 운송력은 규제보다는 자율적으로 조절하는 것을 주요 골자로 하고 있다. 이것이 그 이후 각 국가 간에 취항 노선지정, 운항횟수, 상대국 공항 사용 등 항공 권익에 대한 구체적 사항을 결정하는 2국간의 항공협정의 효시가 되었다. 그러나 시카고회의에서는 '하늘의 자유' 확립 이외의 다른 두 가지 주요 의제에 대하여 완전한 합의를 보았는데, 합의 내용은 '국제민간항공의 안전성 확보'와 국제항공질서의 감시를 목적으로 한 국제적 관리기구인 국제민간항공기구(ICAO)의 설립이었다.

한편 시카고에서 국제민간항공회의가 영 · 미 간의 대립으로 항공 운임, 취항노선, 운송력 등의 상업 항공 권익 설정에 대하여 아무런 합의를 얻지 못하게 되자 각국의 항공사들은 자국의 상업 항공의 권익 확보를 위한 효과적인 수단을 취할 필요가 있음을 인식하고 이의 구체적 방안으로서 1945년 다국간의 국제 정기항공 회사를 중심으로 순수 민간항공기업단체인 국제항공운송협회(IATA)를 설립하였다.

결국 시카고회의의 결과로 탄생한 국제 항공 운송 체제는 국제항공의 건전한 발달과 국제항공운송업무의 기회균등주의를 확립하기 위한 일정한 원칙과 규제를 목적으로 체결된 국제민간항공조약, 국제항공의 안전성 확보와 질서의 유지를 목적으로 설립된 국제민간항공기구(ICAO), 당사국 간에 항공 노선, 운항 횟수 등을 구체적으로 결정하는 2국간 항공협정, 세계의 복잡한 노선망을 여행자가 원활하게 여행할 수 있도록 하는 데 필요한 절차의 설정 및 표준화, 국제항공운임의 결정 등을 위해 설립된 항공 회사 간의 단체인 국제항공운송협회(IATA)의 네 가지로서 이것이 전후 국제항공질서를 확립하고 유지하는 기반이 되어 왔고 오늘날 항공운송이 국제 교통의 중추적인 역할을 담당하는 데 절대적인 기여를 하여 왔다.

02 하늘의 자유

'하늘의 자유'의 확립과 그 범위는 시카고회의에서 결정되었다. 그러나 하늘의 완전한 자유를 주장하는 미국과 제한된 자유만을 주장하는 영국과 구주제국 간의 대립으로 인하여 시카고조약에서는 부정기항공에 대한 자유만을 일정한 조건하에서 각 체약국에 인정하였을 뿐, 정기국제항공에 대해서는 체약국의 개별적인 허가 없이 그 영역으로 취항하는 것은 물론 영공 통과의 권리조차 인정하지 않았다. 대신 시카고조약과는 별개로 국제항공업무 통과협정과 국제항공운송협정의 두 개 조약이 성립되어 운영되던 중 국제항공업무 통과협정이 1945년 1월 30일에 발효되어 세계 주요 국가 대부분이 가맹하였고 이는 국제항공의 발달에 크게 공헌하게 되었다.

다음은 시카고회의에서 결정된 '하늘의 자유' 내용이다.

- **제1의 자유**

  상공통과(Fly-Over)의 자유로서 상대국 영공을 무착륙으로 횡단하여 비행할 수 있는 자유를 말한다.

- **제2의 자유**

  기술착륙(Technical Landing)의 자유로서 운송 이외의 목적, 즉 급유 또는 정비와 같은 기술적 목적을 위해 상대국에 착륙할 수 있는 자유를 말한다.

- **제3의 자유**

  적하(Set-Down)의 자유로서 자국에서 적재한 여객이나 화물 및 우편물을 상대국의 영역에서 내릴 수 있는 자유를 말한다.

- **제4의 자유**

  적재(Bring-Back)의 자유로서 자국으로 오는 여객이나 화물 및 우편물을 상대국의 영역에서 탑재할 수 있는 자유를 말한다.

- **제5의 자유**

  이원(Beyond)의 자유로서 제3국으로 가는 여객이나 화물 및 우편물을 상대국의 영역에서 탑재하고 내릴 수 있는 자유를 말한다.

- **제6의 자유**

  배후운송(Behind)의 자유로서 제3국에서 상대국으로 가기로 되어 있는 여객이나 화물 및 우편물을 자국의 공항으로 운송해서 상대국으로 운반할 수 있는 권리를 말한다.

- **제7의 자유**

  상대국과 제3국 간의 운송의 자유로서 자국의 영토 밖에서 항공사가 운항할 수 있는 권리로서 제3국에서 상대국으로 들어가고 나오는 여객이나 화물 및 우편물을 상대국에서 내리거나 탑재하고 비행할 수 있는 권리를 말한다.

- **제8의 자유**

  자국에서 출발하여 상대국의 국내항공의 자유로서 동일 국가의 한 지점에서 다른 지점으로 여객이나 화물 및 우편물을 운반할 수 있는 권리를 말한다.

- **제9의 자유**

  자국에서 출발 없이, 외국내의 지점망을 운송할 수 있는 권리, 즉 자국의 항공사가 상대국에 국내선 취항 서비스를 제공하는 것을 말한다.

03 국제 항공 질서의 형성

1) 파리조약(1919)

1919년 10월 13일 체결되어 1922년 7월에 발효된 항공에 관한 최초의 국제공법으로서 1944년 성립된 국제 민간 항공의 모델이 된 조약이다. 2차 세계대전 이후 국가 간 영공 주권주의 개념이 대두함에 따라 타국의 영공을 비행하거나 영역에 착륙할 수 없게 되었고 이에 따라 상업 항공기에 대한 포괄적인 허가를 얻어 안정적인 운항하기 위해 제정된 조약이다. 조약 내용에는 영공 주권의 확립과 항공기의 국적 및 등록, 항공 안전에 대한 중요 원칙이 규정되어 있다.

2) 시카고 조약(1944)

2차 세계대전 후 국제 민간 항공 운송의 기본 질서를 설정하기 위한 회의로서 전 세계적으로 '하늘의 자유'를 보장하고자 하였다. 시카고 회의에서는 5개의 하늘에 대한 자유를 모두 허용하는 협정 체결에는 실패 하였으나 국제 항공 운송에 대한 통과권(하늘의 자유) 부여와 국제 민간 항공 기구(ICAO) 설립에 대한 합의, 2국간 항공 협정 표준안을 작성하기로 합의하였다.

3) 버뮤다 협정(1946)

1946년 미국과 영국 사이에 체결된 2국 간의 항공 운수 협정으로서 운임에 대해서는 엄격하게 규제하는 대신 수송력에 대해서는 자율적으로 조절하는 것을 주요 골자로 하고 있다. 이는 각 국가 간 취항 노선 지정, 운항 횟수, 상대국 공항 사용 등 항공 권익에 대한 구체적 사항을 결정하는 2국 간 항공 협정의 효시가 되었다.

04 항공 협정과 상무 협정

1) 항공 협정

양국 간의 항공 운수권에 관하여 해당 정부 간 체결되는 협정으로서 통상 1946년 영국과 미국 간 체결된 '버뮤다 협정'을 표준으로 하여 체결한다. 항공 협정의 본문에는 정의규정과 국내법 적용, 운임, 협정의 개정, 폐기에 관한 사항 등이 포함되어 있고 부표에는 노선 구조와 노선의 운영 방식이 설정되어 있다. 아울러 부속 협정에는 운수권, 운항 회수, 기종 등의 합의 내용이 포함된다.

2) 상무 협정

정부 간 항공 협정을 체결한 후 양국 항공사 간 이해 대립(노선, 공급, 기종)사항에 대하여 민간 차원에서 조절하고 해결하기 위해 항공사 간에 체결되는 협정으로 항공 협정의 보완적 성격을 가진다. 통상 항공 협정 내용에 의거하여 양국 항공사 간에 체결하며 특수한 경우에는 항공 협정 체결 이전에도 체결된다. 상무 협정의 종류로는 공동 운항 협정(Joint Operation), 수입금 공동 배분 협정(Revenue Pooling), 좌석 임대 협정(Seat Lease Or Block), 보상금 지불 협정(Compensation) 등이 있다.

05 항공사 책임에 관한 국제 조약

항공사는 공법상의 제 규제를 받는 공공 기업이지만 이는 항공사와 개개인간에 체결한 운송 계약에 의해 성립된 상업적인 활동에 의해서 운송계약이 이루어진다. 이러한 상업적인 활동은 사법에 의해 체결된 운송 계약을 항공사가 성실히 이행함으로써 실현되는 것이며 동시에 항공회사로서는 사법적 계약에 의한 책임을 진다. 또한 항공사는 이용자인 여객, 화물에 대해서만이 아니고 제3자에 대해서도 책임을 지며 사법에 관한 국제 조약의 규제를 받는다.

현재 국제 항공 수송에 있어서 항공 사고가 발생한 경우 항공사의 책임과 피해자의 보상 문제는 항공사의 국제 항공운송 약관이 중요한 의미를 갖지만 동시에 중요한 책임에 관한 국제 조약으로서는 1929년의 바르샤바 조약, 이를 개정한 1955년의 헤이그 의정서, 그리고 바르샤바 조약과 헤이그 의정서의 특약인 1966년 몬트리올 협정이 적용된다. 이러한 조약, 의정서, 협정에 의해서 규제되는 항공사의 책임 제도를 바르샤바 체제라고 한다.

1) 국제 항공운송 약관

여객이 항공권을 구입하거나 화주가 화물의 수송을 의뢰할 때마다 항공사와 일일이 운송계약을 체결할 수는 없으며 항공사의 운송약관이 여객이나 화주와 항공사 간의 운송계약을 대신한다. 우리나라의 항공법 제85조 운송약관의 내용이 이용자의 정당한 이익을 해칠 우려가 있는지 없는지를 상세히 검토한 후 운송약관을 인가하도록 규정하고 있다.

2) 국내 항공운송에서의 책임

국내항공운송의 경우에 항공사의 책임은 원칙적으로 각국의 국내법이 적용된다. 우리나라의 경우 국내항공운송에 관하여 현행 상법으로 별도의 규정이 없으므로 육상운송이나 해상운송에 관한 규정을 유추하여 적용하게 된다. 또한 국내

항공여객의 운송계약에 관하여 상법의 관계규정 이외에 항공사의 국내선 여객운송약관이 적용된다.

3) 항공사의 운송약관 및 배상책임

항공운송인은 각국의 항공법의 요구에 따라 고객과의 운송계약조건에 해당하는 운송약관을 설정하여 정부의 인가를 얻어 시행하여야 한다. 우리나라의 경우 국내 항공사는 항공법 제85조에 따라 운송약관을 설정하여 정부의 사전인가를 얻어 공시하여 시행하고 있다. 이 운송약관에는 운임의 수수, 환불을 비롯한 운송조건 및 제약사항, 사고시의 배상책임 등 운송인과 고객 간의 운송계약에 수반하여 발생하는 제 권리 및 의무에 대한 규정 등이 명시되어 있다.

- 운송약관의 공시의무 : 항공사는 운송약관을 항공법 제86조의 규정에 따라 공시할 의무가 있다. 여객이 항공권을 구입하거나 화주가 항공화물을 탁송키 위해 화물운송장을 발행받으면 여객이나 화주는 운송인인 항공사의 약관 내용에 동의하여 계약을 체결한 것이며, 동 약관에 명시된 제 조건 및 규정이 계약에 따라 자동적으로 적용되는 일종의 부합계약의 성격을 띠고 있다.
- 배상책임에 관한 적용법률 : 한국 정부가 헤이그 의정서를 1967년 10월 11일 조약 제259호로 공포함으로써 동 조약이 국내법과 동일한 효력을 발생, 국제항공운송인의 책임에 관한 적용 법률로 채택되었다. 그러나 미국을 발착하거나 경유할 운송에 대해서는 미국 정부의 요구에 따라 몬트리올 협정에 가입하여 이를 적용하고 있다.

국제항공운송에 있어서 승객의 사망, 부상, 기타 신체상해의 경우 국제협약상의 책임한도액은 다음과 같다.

- 바르샤바 조약이 적용되는 운항구간은 1인당 미화 10,000불 한도.
- 헤이그 의정서가 적용되는 운항구간은 1인당 미화 20,000불 한도.
- 몬트리올 협정이 적용되는 운항구간은 1인당 미화 75,000불(소송비용 포함) 또는 미화 58,000불(소송비용 불포함) 한도.

• K항공의 국제여객운송약관은 1984년 6월 30일 이후, 국내운송약관은 1989년 5월 16일 이후 100,000 SDR[1])을 동일하게 적용.

국제항공운송에 있어서 수하물 및 화물의 손해가 발생한 경우는 킬로그램 당 미화 20불을 한도로 하고 있으며 휴대수하물의 경우는 1인당 미화 400불을 한도로 하고 있다. 국내항공운송에 있어서는 수하물의 경우 킬로그램 당 미화 20불을 기준으로 하여 산정하고 미화 300불을 책임한도액으로 하고 있다. 한편 국제항공운송에 있어 이의 제기 기한은 수하물이 손상된 경우 수취일로부터 7일, 지연 및 분실된 경우 21일이며, 전부 분실된 경우 120일 이내에 운송인에게 서면 통지하여야 한다. 또한 국내항공운송에 있어 이의 제기 기한은 수하물이 손상된 경우 3일, 분실 및 지연된 경우 10일로 규정하고 있고 화물의 경우에는 국제항공운송과 동일하다.

4) 지상 제3자에 대한 책임

항공기는 공중을 비행하기 때문에 비행 중에 항공기 또는 항공기로부터 떨어진 낙하물이나 사람에 의해서 지상의 제3자가 손해를 입는 경우에 이에 대한 보상 문제가 발생된다. 이러한 제3자에 대한 보상 문제는 오래전부터 중요한 문제의 하나로 취급되어 왔다. 현재 항공기의 지상 제3자에 대한 손해를 규율하는 데는 각국의 국내법이 중요한 지위를 점유하고 있다.

국제적으로는 1933년 항공기에 의한 지상 제3자에 대한 손해배상에 관한 규칙을 통일하기 위한 조약, 즉 1933년의 로마조약이 서명되어 1942년에 발효하였다. 그 후 1952년과 몬트리올에서 개최된 1978년의 외교회의에서 그 개정을 위한 의정서가 채택되었다. 그러나 우리나라는 현재까지 1933년 로마조약 및 개정 로마조약에 가입하지 않고 있어 외국 국적의 항공기가 국내의 지상 제3자에 대하여 손해를 일으켰을 경우에는 국제적인 규제나 혜택을 받을 수 없다.

1) SDR(Special Drawing Rights) : 국제통화기금(IMF)의 특별인출권으로 SDR은 미국 달러화, 금 등의 기존 기축통화의 문제점을 보완하기 위해 도입한 가상 통화이자 국제준비자산이다.

5) 항공보험

항공사고는 일단 발생하면 그 규모가 크며 사고에 따라서는 그 손해가 1억 불을 넘는 경우도 있다. 대부분 항공사는 이러한 위험을 자기 스스로 부담할 능력이 없기 때문에 사고로 인한 손실을 최소화하고 사업의 안정성을 확보하기 위해서 항공 보험 제도를 도입한다. 이러한 사정은 보험회사의 입장에서도 마찬가지다. 특정의 보험회사가 거대한 위험을 혼자서 부담할 경우에 그러한 위험이 현실화되었을 때 실제로 이를 감당할 수 없을 뿐만 아니라 파탄이 불가피하다.

따라서 보험회사로서도 위험을 분산하지 않을 수 없기 때문에 재보험제도를 도입하고 있다. 국내의 몇몇 보험회사가 항공사와 항공보험계약을 체결하고 있는 것도 이러한 이유 때문이다. 항공보험은 일종의 강제보험이라 할 수 있다. 즉 항공사가 항공운송의 면허를 받기 위해서는 항공기 운항 시 발생할 수 있는 위험에 대비한 보험가입을 강제화하고 있다. 우리나라도 항공법 제89조에서 항공기의 사고로 인하여 발생한 손해를 보상할 수 있도록 보험가입을 의무화하고 있다.

항공보험의 대상이 되는 위험의 범위는 아주 광범위하지만 원칙적으로 항공사고가 발생했을 때 항공사가 부담해야 할 실제 손해의 대부분을 그 대상으로 한다. 항공보험에는 항공기 기체보험, 제3자 배상책임보험, 여객배상책임보험, 여객 및 승무원 상해보험, 수색구조비보험, 수하물 및 화물배상책임보험, 항공기제작자 배상책임보험, 격납고관리자 배상책임보험, 공항관리자 배상책임보험 등 항공사에 직접 관련되는 보험만도 14종류 이상이 있다.

국제항공협력기구

01 IATA(International Air Transport Association)

IATA는 1945년 4월 19일 쿠바 수도 아바나에서 설립되었으며, 민간 항공사 간 설립된 기구인 IATA는 조직과 활동에 있어서 1945년 설립된 각국 정부 간 협의체인 국제민간항공기구(ICAO)와 상호협조관계를 유지하고 있다.

현재는 캐나다의 퀘벡주 몬트리올에 있는 국제적인 민간 항공 대표 기구이다. IATA는 미국을 제외한 전 세계 여행사들에 대한 공인을 하는 역할을 한다. IATA에 가입된 항공사를 대상으로 하는 항공권 판매에 대한 허가권은 국가 기구를 통해 이루어진다. IATA가 하는 일 중에는 위험물 분류에 대한 규정제한과 IATA 위험물 제한에 대하여 표준을 제시하고 있다.

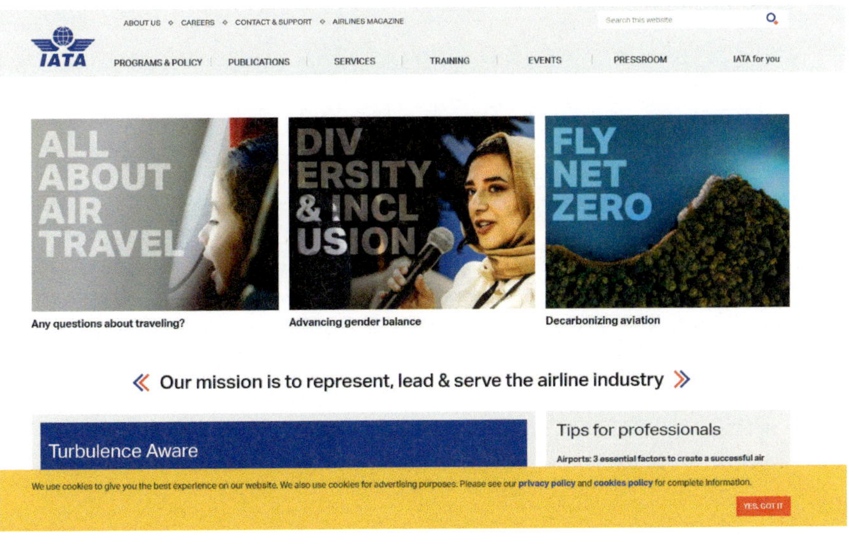

IATA의 목표는 전 세계적인 이익을 위해 안전하고 규칙적이며 또한 경제적인 항공운송을 촉진하고 상업 항공을 육성하여 이에 관련된 제반 문제를 연구하며 국제항공 운송 산업에 직·간접으로 종사하는 항공운송기업 간의 협조를 도모하고 국제 민간항공기구인 ICAO 및 기타 각국 기구 간 협조를 도모하는 데 있다.

IATA는 자발적, 비 배타적, 비정치적, 민주적이며 회원자격은 ICAO에 가입자격이 있는 정부에 의해 인가된 정기편 항공 운송사 모두에게 개방되어 있다. 정기국제선 항공사는 정회원으로 정기 국내선 항공사는 준회원으로 가입하여 활동 중이고 IATA의 예산은 주로 각 회원사가 운송 실적에 비례해서 납부하는 회비와 IATA 자체의 서비스 제공을 통한 수익 사업으로 부분 충당한다. 회원 구성의 규모 상 국내선 위주의 소형 항공사로부터 중형, 대형의 국제선 항공사에 이르며 회원사 소속 국가도 저개발국으로부터 선진국에 이르기까지 다양하다.

IATA는 그 조직의 성격상, 보다 개선된 항공운송의 제공을 목표로 설립된 항공사 간의 협의체로서 IATA의 활동 영역도 항공 산업 상호 간 또는 관련 국제기구(ICAO 등) 또는 대정부기관과의 정보 교환, 조정 및 협의 등이 대상이 되며 IATA의 의결(Resolution) 내용도 본질상 회원사의 강제 이행을 요구하는 구속력 있는 사항보다는 선택적, 권고적 의미의 사항이 대부분이다.

IATA는 정기편 항공사들 간의 조직으로서 국제항공운송을 수행하는 150여 개 이상의 항공사들로 구성된다. 각 항공사 측면에서 IATA는 단일 항공사로서는 해결할 수 없는 문제에 대한 공동 해결을 모색하며 사무국에서는 경험과 정보를 제공하고 IATA는 회원 항공사의 협의체 기능을 수행한다.

각 정부 측면에서는 IATA가 항공 산업에 있어서의 업무표준과 적정한 운임을 설정하기 위한 토론의 장을 제공하고 항공업계의 경험 및 전문 지식에 바탕을 둔 실제적 해결방안 제시 및 항공운송의 안전, 공공편익의 증진에 기여하며 일반 소비자 측면에서 IATA는 여행 절차의 간소화에 대한 기여와 편의제공 등 서비스 표준화를 도모하는 역할을 하고 있다.

첫째, 운임결정기능이다. IATA의 가장 중요한 기능은 여객운임(Fare), 화물요율(Rate), 기내 서비스의 내용 등 항공운송에 관한 제 조건을 결정하는 데 있다. 이들

운송 조건은 IATA 조직의 하나인 운송회의에서 가맹 항공사가 서로 협의하여 결정한다. 운송회의는 세계를 3개 지구로 분할하며 각 지구는 북미, 중미, 남미를 관할하는 제 1지구(TC1), 구주, 중동, 아프리카를 관할하는 제 2지구(TC2) 및 동남아, 극동, 호주 및 남태평양 지역을 관할하는 제 3지구(TC3)의 지구별 운송회의로 나누어 운영한다.

운송회의에서 협의하여 결정한 사항은 관계국 정부의 인가를 얻어서 정식으로 발효된다. 특히 2국간 항공협정은 관계국 정부의 인가를 국제항공운임의 발효조건으로 규정하고 있으며 대부분의 국가가 IATA의 운임결정기능을 정식으로 인정하고 있다.

둘째, 운송절차규칙은 예약, 여객항공권과 화물운송장의 발행 등 오늘날 세계 어디서나 예약을 하고 항공권을 구입하여 통일된 기준으로 설정된 항공운임을 지불할 수 있도록 국제적인 항공운송의 절차를 규정한 것이다. 미국을 위시한 각국은 BSP(Bank Settlement Plan: 은행 집중 결재방식)시스템을 도입하고 있는데, 이는 은행이 표준 항공권을 항공사를 대신하여 여행 대리점에 배부하고 대리점이 발행한 항공권의 대금을 은행이 수금하고 은행은 입금 확인 후에 당해 항공사에 송금하는 제도이다.

이러한 제도의 도입으로 항공사는 자사의 항공권을 대리점에 개별적으로 배부하고 수금하는 복잡한 절차를 밟을 필요가 없어졌으며 미사용 항공권의 관리나 도난의 위험이 경감되는 효과를 가져왔다.

셋째, 대리점 규칙이다. IATA 항공사는 IATA가 임명한 여객 및 화물 대리점만을 이용할 수 있다. IATA 대리점의 자격요건, 임명절차, 권리의무, 벌칙 등은 모두 IATA 운송회의의 결의(Resolution) 형태로 규정화되어 있다. 이들 규정을 운용하기 위하여 IATA는 지역별 대리점 위원회를 개최하고 있으며, 이 위원회가 승인한 대리점은 IATA 사무총장과 대리점 계약을 체결함으로써 각 항공사로부터 발매 항공권이나 운송장에 대하여 소정의 대리점 수수료를 받는다.

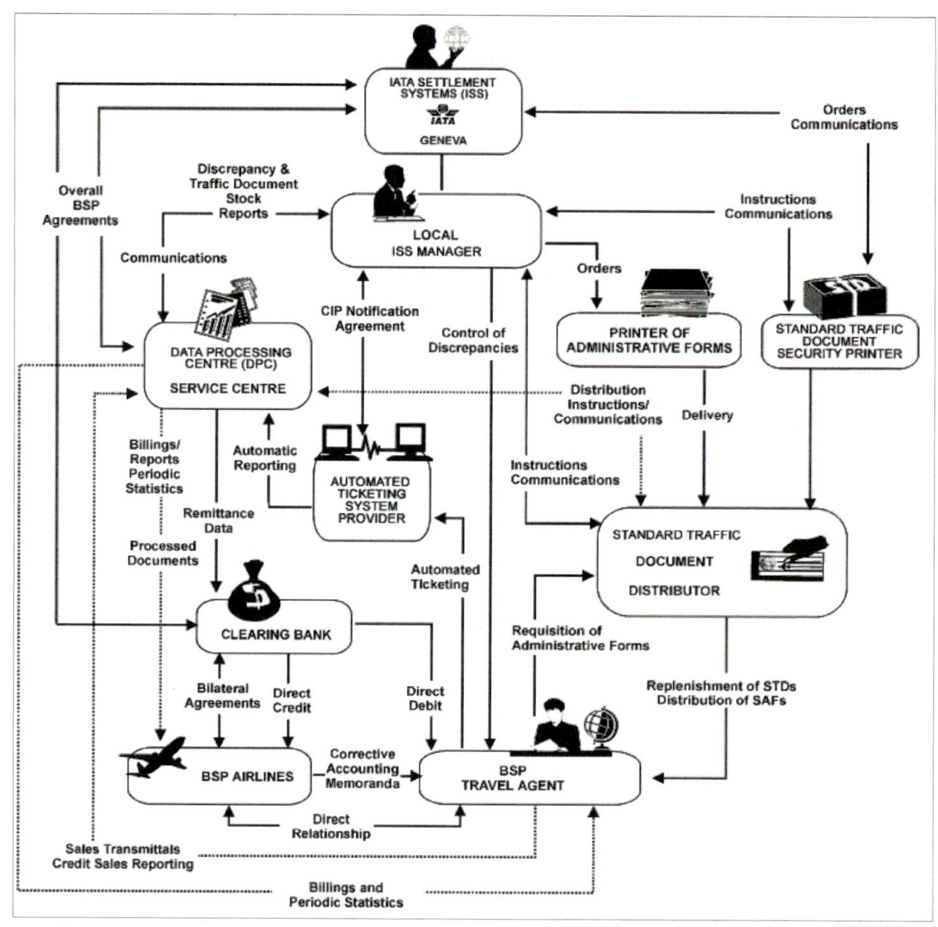

▎IATA Bank Settlement Plan
출처 : http://www.iata.org/

IATA의 부문별 활동은 다음과 같다.

첫째, 상업부문이다. 약 5만여 개 이상의 여객대리점 및 4천여 개의 화물 대리점 망을 구축하고 항공사와 세계 각국의 대리점 간의 거래 단순화 및 비용 절감을 도모하여 BSP 항공사의 항공요금 조정활동과 다자간 연결되는 운송을 하고 있다.

둘째, 기술부문이다. 운항시간 및 비용절감을 위해 단축항로를 개발하고 운항, 정비, 소음, 통신, 항공의료부문에 대한 연구 및 정보 교환과 같은 기술적 절차와 이용객의 편의를 위한 공항 개선 및 지상 조업의 절차 개선, 효율적이고 경제적인 공항 검색 방법을 개발하고, 인터폴(Interpol)과 협조하여 항공기 납치 기도에 대한 정보 교환 및 위조 항공권 사용 금지 및 검색을 실시한다.

셋째, 업무자동화 및 재무 부문이다. 항공사 정책 결정자에게 통계 등 필요한 경영 정보를 제공하고 표준절차에 따라 1개월 단위로 항공사 간 연결, 운송에 대한 채권, 채무 관계를 정산하며(Clearing House) 항공사에 유리한 보험요율 협상과 새로운 보험제도 도입 및 세금의 중복을 제거하기 위한 노력을 하고 있다. 또 공항 사용료 수준에 대한 분석 및 협상을 통한 이용자 요금 부담 업무와 자료 교환 시스템, 통계 정보 시스템 표준화 업무인 업무자동화 및 정보, 유통, 서식, 부호, 메시지 전달 방법 및 절차의 표준화 업무를 하고 있다.

넷째, 대 정부 부문이다. 정부 간 조직과 긴밀히 협조하여 바람직한 정책 결정 유도 및 개발도상국의 항공 산업 발전을 지원하기 위한 활동을 하고 있다.

02 ICAO(International Civil Aviation Organization)

ICAO는 유엔 산하의 전문기구로 국제 항공 운송에 필요한 원칙과 기술 및 안전에 대해 연구하고 있다. 캐나다의 몬트리올에 본부를 두고 있다. 제2차 세계 대전 때에 민간 항공기의 발전에 따라서 1944년 국제민간항공조약(통칭 시카고 조약)에 근거해 1947년 4월 4일에 발족했다. 국제 민간 항공에 관한 원칙과 기술을 개발하고, 제정해 항공분야 발달을 목적으로 한다. 총회, 이사회, 사무국과 보조기관이 되는 복수의 위원회로부터 구성된다. 위원회에서는 국제 민간 항공에서의 항공관제, 불법 간섭의 방지, 월경 방법에 관한 표준과 추천하는 방법을 심의한다.

ICAO는 시카고 조약을 비준하는 각국의 운수 안전 당국의 준거가 되는, 항공기 사고 조사에 관한 조약을 정하고 있다. 또한 각 공항의 안전을 위해 공항 규모를 기준으로 소방대의 기준을 규정, 제시하고 있다. 본부는 캐나다 몬트리올에 있고 지역사무소는 방콕, 카이로, 다카, 로마, 멕시코 시티, 파리에 위치하고 있다. 우리나라는 1952년 12월 11일에 가입하였다.

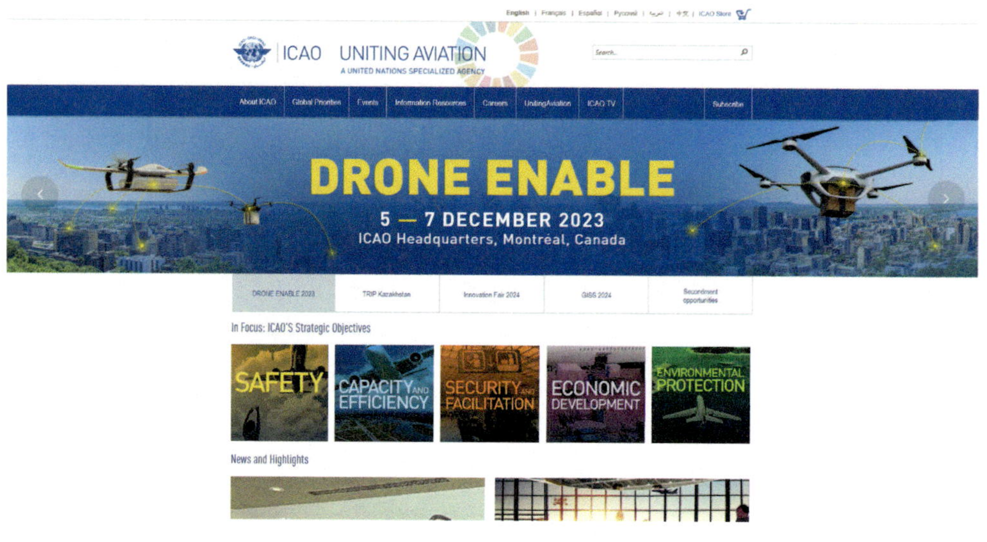

ICAO의 목적은 다음 사항을 위하여 국제 항공 운송의 원칙과 기술을 발전시키고 국제항공운송의 계획과 발전을 도모하기 위한 것이다. 전 세계적으로 안전하고 질서 있는 국제항공운송의 성장을 도모하고 항공기 설계 기술과 평화적 목적의 운항 기술 발전에 기여한다.

국제 민간 항공을 위한 항공, 공항, 운항 시설 등의 발전과 전 세계인이 안전하고 규칙적이며 편리하고 경제적인 항공 운송의 필요를 충족하고 불합리한 경쟁으로 인한 경제적 낭비를 방지하기 위하여 체약국의 권리는 충분히 존중된다. 또한 모든 체약국이 국제항공을 운영할 수 있는 공정한 기회를 확립, 체약국 간의 차별 제거, 국제항공운송에서 비행의 안전을 증진하고, 국제민간항공 모든 부분의 일반적인 발전을 도모하고 있다.

ICAO의 주요 업무를 살펴보면, 항공운송의 안전성, 정시성, 효율성에 관한 국제표준 및 권고안을 채택하여 채택된 내용은 시카고협약의 주제로 지정되며 각 체약국의 동의 절차에 따르는 준 입법적인 기능이 있고 ICAO 주관 국제항공법회에서 국제항공법 초안 준비와 채택된 초안은 ICAO의 의결절차를 거쳐 각 체약국의 비준 절차에 따른다.

정기 · 부정기 항공운송에 관한 국제협정, 국제항공운송의 간편화, 과세정책, 국제항공우편, 공항과 항로시설 관리, 통계, 경제 분석, 계획수립을 위한 예측, 항공운송과 운임의 규제, 항공운송에 관한 간행물 발간 등의 업무가 있다. 시카고협약 해석과 개정, 국제항공법, 국제민간항공에 영향을 미치는 사법 관련 제반 문제를 검토하고 권고사항을 입안하고 있다.

그 외 항공기 사고 조사 및 방지, 항공통신과 정비, 항공기상업무, 공항기술, 정비, 구조 및 소방, 항공보안, 언어 등과 국제민간항공에 대한 불법간섭 방지, 그리고 중요한 국제민항정책 토의한다.

행정적 기능으로서는 공항시설 설치 및 공항운영, 기타 항공운송시설에 대한 기술적, 재정적 지원을 하고, 준사법적 및 사법적 기능으로서는 관련 당사국의 요청에 의거 국제항공운항에 대한 장애 요인 조사 및 보고서 작성과 당사국 요청에 의거 체약국의 권리, 의무에 대한 시카고협약 검토, 시카고협약 위반사례 보고, 시카고협약 해석 및 적용상 야기된 체약국이 분쟁 중재, 항공협정 시행 관련 체약국의 분쟁 중재 등의 역할을 한다.

03 ACI

국제공항협회(ACI : Airports Council International)는 기존의 국제공항운영협의회(AOCI), 국제민간공항협회(ICAA), 공항협회 조정위원회(AACC) 등 3개의 공항관련 국제기구를 1991년 국제공항협회(ACI)로 통합한 것으로서 세계 각국 공항의 대변인 역할을 하고 있다.

국제공항협회의 설립목적은 공항관련 국제기구의 효율성을 강화하고, 국제민간항공기구(ICAO) 및 국제항공운송협회(IATA) 등 항공관련 국제기구와의 유기적인 업무협조를 하며, 회원 공항의 발전에 기여할 수 있는 프로그램과 서비스를 개발하는 데 있다. 따라서 회원 공항의 안전과 운영효율성, 재정적 자립 및 환경보전정책에 기여하며, 회원 공항의 이익을 도모할 수 있도록 법규와 규정 및 국제협약을 확립하고, 회원 공항 상호 간의 협력과 지원, 정보의 교환 및 습득의 기회확대 체제를 유지하는 한편, 회원 공항에게 국내 · 외의 공항개발에 대한 정보와 분석 자료의 제공을 목적으로 하고 있다.

국제공항협회(ACI)는 회원 공항의 대표가 참석하는 총회와 이사회, 5개의 전문 상임위원회 및 6개의 지역별 국제공항협회로 조직되어 있다. 5개의 전문 상임위원회는 경제 분야, 보안 분야, 환경 분야, 출입국간소화 분야, 기술 및 안전 분야로 나누어져 있으며, 지역별 협회는 아시아 지역, 아프리카 지역, 유럽지역, 중남미 지역, 북미 지역, 태평양지역 협회로 구성되어 있다. 국제공항협회의 회원은 현재 169개 국가의 554개 공항운영주체가 1,500여 개의 공항을 운영하고 있는데, 우리나라는 한국공항공사가 1991년에 가입하였고 인천국제공항공사는 1998년에 가입하였다.

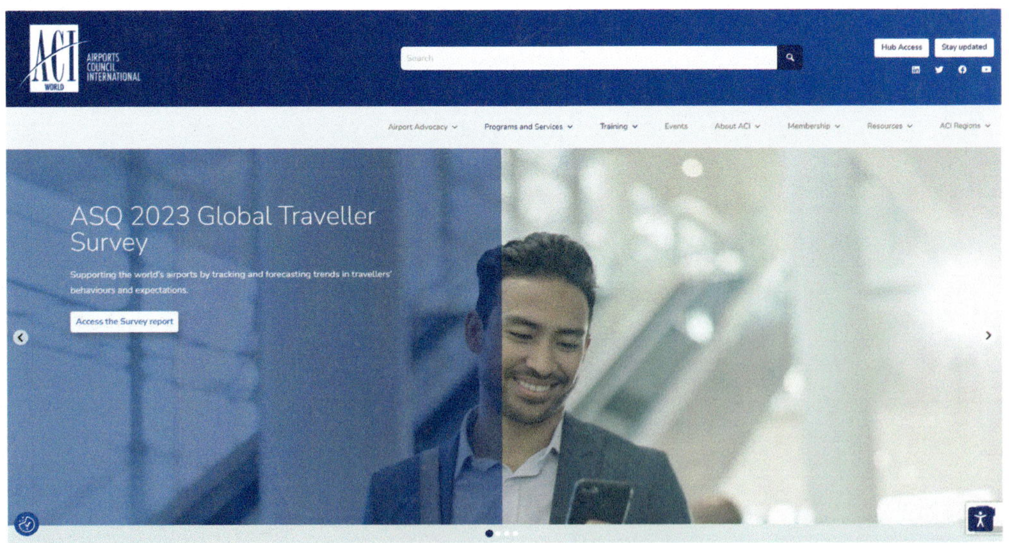

국제공항협회(ACI)의 주요임무는 공항 상호 간의 협력강화, 세계총회 및 지역별 총회의 연례개최, 개발도상국 공항에 대한 공항시설과 공항기술 및 공항운영에 대한 지원 등의 업무를 수행하는 한편 국제민간항공기구(ICAO) 및 국제항공운송협

회(IATA) 등 항공관련 국제기구와의 유기적인 협조업무 등이다. 국제공항협회에서는 공항운영에 대한 공동연구 활동 및 세미나와 워크숍 개최로 공항운영기술의 향상과 항공관련 국제기구의 전문위원회에 개최하는 세미나 및 워크숍 등에 참여하여 공항운영 및 미래의 공항산업변화에 대처하기 위한 활동 등을 하고 있다.

04 FIATA

FIATA(International Federation of Freight Forwarders Associations)는 복합운송을 취급하는 운송중개인협회의 국제연맹이다. 1926년 3월 21일 설립되었고, 스위스 쥬리히에 본부를 두고 있다. 전 세계적인 운송 주선인(Freight Forwarder)의 연합체이다. 한국은 1977년 9월에 가입하였다. FIATA는 세계에서 가장 운송 분야의 큰 비정부기구로서 세계적으로 가장 큰 영향을 주고 있다.

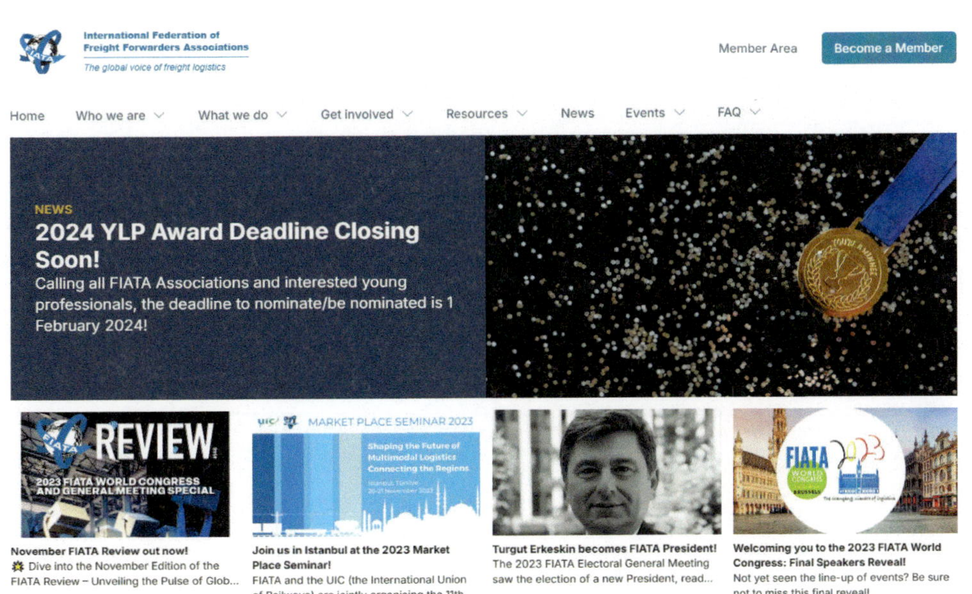

05 TIACA

TIACA(The International Air Cargo Associations: 국제항공화물협회)는 항공화물관련 국제 규제완화 및 법령제안 등을 통해 항공운송 활성화 및 업계 우호증진을 목적으로 하는 비영리법인이다. 본부소재지 미국 마이애미주 플로리다이며, 회원은 약 600여 개사가 가입하고 있다. 가입대상은 항공사/공항/물류기업/정부기관/지자체 등이다.

SECTION 03

지역별 항공협력기구

항공협력기구는 국제민간항공기구(ICAO), 세계의 국제항공운송을 담당하고 있는 항공사들이 회원으로 가입하고 있는 국제항공운송협회(IATA) 및 세계의 공항운영주체가 회원으로 가입하고 있는 국제공항협회(ACI) 외에도 정부 간의 지역별 항공협력기구와 지역별 항공사 협력기구 등이 있다.

01 정부협력기구

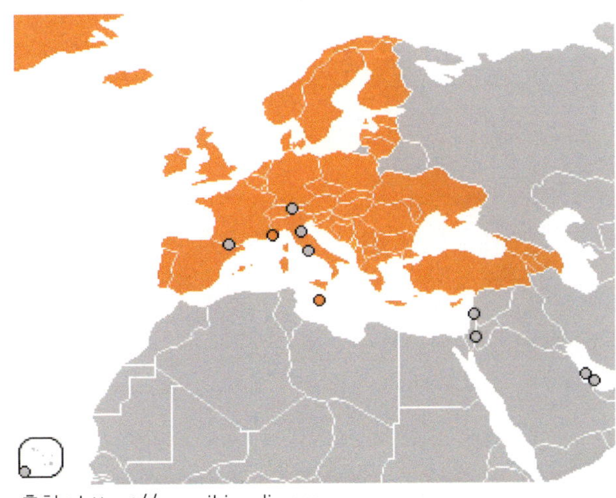

출처 : https://en.wikipedia.org

1) 유럽 민간항공협의회

유럽민간항공협의회(ECAC : European Civil Aviation Conference)는 1953년에 개최된 유럽외상회의의 요청에 의하여 1954년 4월에 유럽항공운송협력회의의 결의로 설립되었으며, 이 회의는 유럽 내 국가로서 유럽항공운송협력회의 구성국이 전원일치로 가입을 승인한 경우에 가입할 수 있다.

이 회의의 주요 임무는 유럽지역의 항공수송의 발전을 목적으로 하며 1956년에 '유럽 내의 부정기 항공업무의 상업적 권리에 관한 다수국 간 협정'을, 1960년에는 '수입항공기의 감항증명에 관한 다수국간 협정'을 채택하였으며, 1975년에는 '북대서양 Charter항공에 관한 당시국간 협정'을 채택하였고, 1982년에는 '미국과 유럽 12개국과의 북대서양운임에 관한 각서'를 체결하는 등 유럽지역의 민간항공 발전에 많은 성과를 거두었다. 이 회의의 본부는 프랑스 파리에 두고 있다.

2) 유럽항행안전기구

유럽항행안전기구(European Organization For The Safety Air Navigation)는 1963년에 설립된 기구로서 현재 33개국이 회원국으로 가입되어 있으며, 본부는 벨기에의 브뤼셀에 있다. 이 기구는 참가국의 각 지역에서 항공기의 안전운항에 대한 협력을 목적으로 하며, 회원국가의 일정한 고도 이상의 영공에 대한 항공관제를 공동으로 실시하고 있다. 이 기구의 상설기관으로는 항공안전을 위한 안전운항 상설위원회와 항공교통관제기구가 있다.

이 기구가 수행하는 주요 업무로는 공항처리능력 향상, 항공수요의 조정, 유럽 공역내의 항공교통 혼잡 축소, 통합비행계획처리시스템 등의 운영과 중심항공노선 운임사무소 운영, 항공관제시스템의 설계 · 개발 및 기능개선 업무와 항공관제 훈련 실시, 항행서비스 연구소 운영 등의 업무를 수행하고 있다.

3) 라틴아메리카 민간항공위원회

라틴아메리카 민간항공위원회(Latin America Civil Aviation Commission)는 라틴아메

리카 지역에서의 민간항공에 관한 협력을 촉진할 목적으로 1973년에 설립되었으며, 회원은 라틴아메리카 지역의 국가들로 구성되어 있고 위원회의 본부는 페루의 리마에 두고 있으며, 2년마다 한 번씩 격년제로 정기총회를 개최하고, 총회 산하에 이사회를 두어 실무적인 항공협력을 하고 있다.

4) 아프리카 민간항공위원회

아프리카 민간항공위원회(Africa Civil Aviation Commission)는 아프리카 지역의 국제민간항공의 질서 있는 발전과 회원국 간의 상호협력을 목적으로 1969년에 설립되었으며, 이 위원회는 아프리카 통일기구(OAU : Organization of African Unity)의 전문기관으로서의 지위를 가지고 있고, 정기총회는 2년마다 개최하고 이사회는 매년 1회 개최되며 본부는 세네갈의 수도인 다카르에 두고 있다.

이 위원회에서는 1975년에 '부정기항공의 규칙을 위한 공동정책'을 채택하였으며, 이 밖에도 회원국의 항공사를 위한 전문항공인력의 양성을 목적으로 하는 훈련계획 등을 운영하고 있다.

5) 아랍 민간항공이사회

아랍 민간항공이사회(Arab Civil Aviation Council)는 1965년 아랍연맹 이사회의 결정에 의해 아랍지역에서의 항공운송의 발전을 목적으로 설립되었으며, 아랍연맹의 전문기구로서의 지위를 가지며 이사회의 본부는 모로코왕국의 라바트에 두고 있다. 이 위원회는 아랍연맹과 국제민간항공기구(ICAO)와의 협력 아래 아랍 지역의 민간항공에 관한 여러 절차의 통일화를 추진하고 있다.

6) 유럽 항공안전청

유럽 항공안전청(European Aviation Safety Agency)은 미국의 연방항공청에 대응할 수 있는 유럽을 대표하는 실질적인 항공안전당국의 필요성 때문에 1997년부터 유럽연합(EU)이 논의를 시작하여 2002년에 설립되어 2003년부터 업무를 개시한 유럽지역의 항공안전에 관한 전문기구이다. 유럽 민간항공협의회의 민간항공 감항당국들을 대표하는 연합단체로서 1970년에 설립된 유럽공동 감항기구를 전환하여 발전시킨 것으로서 미국의 연방항공청과 같은 권한과 임무를 지니고 있다.

02 항공사 협력기구

1) 아시아·태평양 항공사협회

아시아 · 태평양 항공사협회(Association of Asia Pacific Airlines)는 아시아 · 태평양지역의 항공운송산업 발전을 촉진하고 여행대중을 위한 민간항공운송의 새로운 영역의 개발과 안전 및 편익을 도모하며, 회원 간의 유대강화와 과다경쟁을 지양하여 지역 내의 항공운송산업의 발전에 기여할 목적으로 1997년에 설립되었으며, 현재 회원에 가입한 항공사는 17개 항공사이고, 본부는 말레이시아 콸라룸푸르에 두고 있다. 이 협회는 1966년에 아시아 지역에 있는 항공사의 사장들이 필리핀의 마닐라에 모여서 지역 내 민간항공의 발전을 위하여 여러 문제를 조사 · 협력 · 조정할 목적으로 설립된 '동양항공사 조사국'이 1970년에 '동양항공사 협회'로 개칭되었다가 1997년에 현재의 명칭으로 바뀌었다.

2) 유럽지역 항공사협회

유럽지역 항공사협회(European Regions Airline Association)는 유럽지역의 항공사 및 유관기관들이 참여한 연합기구로서 회원 항공사에 대한 정책과 법률관련 자문단체 역할을 수행하며, 지역 민간항공발전의 중요성 홍보, 지역 민간항공의 관심사 전달, 회원사 간의 정보교류, 항공기업의 제휴발전 확대를 목적으로 1981년에 설립되었으며, 현재 회원은 유럽 내의 70개 항공사와 160여 개의 항공기 · 엔진 · 장비제작사와 항공관련기구가 참여하고 있고, 본부는 영국에 있다.

이 협회의 주요 업무로는 비행안전에 관한 정책 및 법률에 관한 업무, 공항시설과 환경에 관한 업무, 항공기의 비행안전과 정비기술 등에 관한 정책업무, 항공종사원의 전문훈련과정 및 항공관제서비스훈련 업무 등을 수행하고 있다.

3) 아랍 항공사기구

아랍 항공사기구(Arab Air Carriers Organization)는 아랍 지역의 항공사 간 협력과 이해관계의 조정을 목적으로 1968년에 설립되었으며, 현재 아랍연맹 회원국의 12개 정기항공사가 회원으로 가입하고 있고, 본부는 레바논의 베이루트에 두고 있다. 이 기구는 연차총회 산하에 항공기술 업무, 항공운송 업무, 항공종사원 교육, 기내식 업무, 운송서비스 등에 관한 상설위원회를 두고 있다.

4) 아프리카 항공사협회

아프리카 항공사협회(Association of Africa Airlines)는 1968년에 아프리카의 15개 항공사가 주축이 되어 항공사 상호 간의 협력과 아프리카 지역의 관광촉진 및 국제항공관련 회의에서의 공동보조를 목적으로 설립되었으며, 본부는 케냐의 수도 나이로비에 있고, 회원은 '아프리카 통일기구' 회원국가의 국제정기항공사로 구성되어 있다. 이 협회에는 총회와 이사회 외에 항공기술, 항공운송, 재무, 법무 등 4개의 상설위원회가 있다.

5) 국제항공사 협회

국제항공사협회(Airlines International Representation in Europe)는 1971년에 설립된 전세항공기(Charter Flight)를 운영하는 항공사들로 구성되는 협회이다. 이 협회의 목적은 전세기항공편의 필요성을 넓게 홍보하고, 전세기항공의 질적 개선을 도모하는 것으로서 회원은 정회원과 준회원으로 구분하여 정회원은 국제선 전세항공기를 전문적으로 취급하는 항공로서 국제민간항공기구(ICAO)에 가입한 국가의 항공사로 한정하고 있다. 2017년에 IACA에서 AIRE로 공식 명칭을 변경하였다.

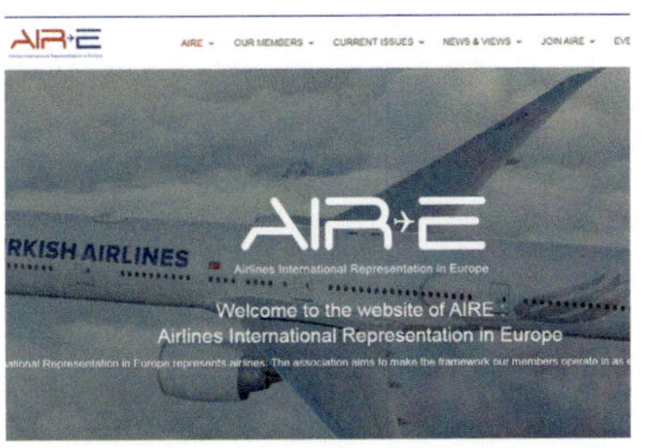

항공사의 제휴

01 제휴의 목적과 형태

제휴(Alliance)는 둘 또는 그 이상의 기업들이 자신이 보유한 핵심역량을 바탕으로 상호보완을 목적으로 각각의 역량을 결합하는 것이다. 따라서 이는 기업간 협력관계를 구축하는 다양한 행위의 총칭이며 이는 제휴기업간의 상호 보완적인 제품, 서비스, 시설, 기능 및 기술을 공유하거나 협력 체제를 구성함으로써 변화하는 환경 및 기술에 대한 능동적 대처와 경영효율성 증대, 비용절감, 수입증대 등을 추구하기 위한 목적이다. 특히 항공 산업에서의 제휴는 항공사들이 시장에서 운항 및 마케팅 등 운송활동을 촉진할 목적으로 항공사 간의 협정에 의해 시작되었으며 제휴의 범위가 확대되기 시작하면서 공동으로 운항하거나 한 항공사가 다른 항공사들을 위하여 필요한 활동을 요구하는 내용으로 다양화되기 시작하였다.

항공기업의 제휴 형태는 크게 마케팅 제휴와 전략적 제휴로 구분할 수 있다. 마케팅 제휴의 경우 제휴항공사는 각각 기업목표를 추구하면서 자산을 독립적으로 운영하는 전반적인 경영활동이다. 일반적으로 마케팅활동과 관련한 협력을 하는 제휴의 형태로서 공동판매와 수입배분, 지상조업(Joint Ground Handling), 지상시설의 공동이용(Joint Use of Ground Facility), 상용고객우대 프로그램(Frequent Flyer Program)의 공동운영, 코드 쉐어링(Code Sharing), 공동운항(Joint Operation), 좌석할당(Block Space Sales), 공동판매 및 운송력 조정, 공동정비 및 엔지니어링(Joint Maintenance, engineering) 을 제휴 등이 있다.

전략적 제휴는 제휴 항공사들이 공동의 목적을 설정하고 이를 달성하기 위해 각각의 자원을 공유하여 함께 운영하는 제휴 방식이다. 즉 둘 이상의 각각의 항공사가 공동의 브랜드나 동일 서비스를 제공할 때 또는 공동브랜드의 이용, 합병 등에 의한 자본제휴 방식이다. 이는 각각의 항공사가 서로 통합하여 전략적 차원의 제휴가 이루어지고 있다. 프렌차이징, 공동브랜드 사용, 여객 화물에 대한 서비스 공동운영, 합병 및 지분 참여 등이다.

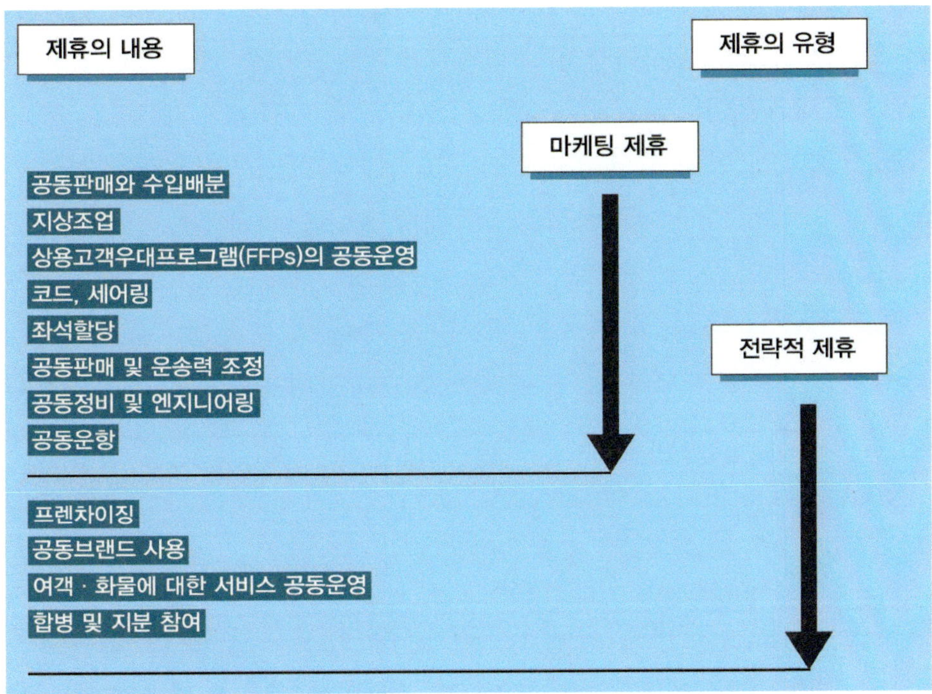

▎항공사의 제휴 및 유형

1) 지상조업

제휴 파트너들은 터미널 시설을 공동 사용하거나 또는 지상조업을 서로 가까운 곳에서 수행함으로써 항공산업의 경쟁력을 강화하고 지상조업(Ground Handling)의 효율성과 질을 높일 수 있다.

2) 상용고객우대프로그램(FFPs)의 공동운영

상용고객우대프로그램은 항공사를 자주 이용하는 고객에게 혜택을 주기 위한 제도이다. 대부분 항공사의 고객이 비행기를 탄 거리만큼 마일리지를 적립하도록 권장하는 상용프로그램이다. 이것을 이용하여 좌석승급을 하거나 항공권을 구입할 수 있고, 라운지를 이용하거나 수하물이나 체크인 할 때 우선권을 준다.

3) 코드 쉐어링(Code Sharing)

제휴 항공사 간 운항 편명과 좌석을 공유하는 것을 말한다. 제휴항공사가 운항하는 노선에서 직접 운항하지 않는 항공사가 운항 편명을 서로 공유 혹은 연계하여 자사의 운항편명으로 직접 운항하는 것과 같이 항공권을 판매하는 것을 말한다. 계약 항공사 간 서로 독자적으로 판매하기 어려운 좌석을 공동으로 판매할 수 있고 운항편 또한 확대되어 수익 증대의 효과를 기대할 수 있다.

제휴는 일반적으로 양국 항공사 또는 제3국 항공사 사이에 이루어지는데, 미국과 같이 큰 나라는 자국 항공사간 제휴하기도 한다. 이러한 코드 쉐어링은 정보화 시대가 본격적으로 대두하면서 항공사의 항공권 판매망이 컴퓨터예약시스템(CRS)에 의존하게 되고, 항공상품을 판매하는 여행사들을 장악하기 위한 판매경쟁의 도구로 활용됨에 따라 세계 주요항공사들이 선호하는 마케팅 기법중 하나이다.

4) 좌석할당 판매

제휴 항공사 간 좌석 할당(Block Space) 판매 협정을 체결하여 각각의 항공사는 타 항공사의 할당된 좌석을 사전 구매하고 이를 여객에게 재판매한다.

예를 들어 Air Canada와 대한항공은 서울-밴쿠버 노선에 대하여 좌석할당 협정을 맺고 이를 통해 각각의 항공사는 타 항공사의 해당 항공편중 일부 할당된 좌석을 상호 교환하여 재판매한다. 상호 약속 하에 특정노선에서 한 개의 항공사만이 항공기를 운항하고 타 항공사는 그중 일부의 할당된 좌석을 구매하는 경우도 있다. 예를 들어 서울-시드니 노선에서 아시아나항공만이 항공기를 운항하고 제휴를 통하여 이 항공편의 일부 좌석을 콴타스 항공이 제공받아 판매하는 경우이다.

5) 지상시설 공동이용

제휴 파트너 항공사들은 공항라운지, 체크인 카운터 등의 지상시설을 공유(Joint Use of Ground Facility)하고 비용을 절감할 수 있으며 고객들에게 보다 쾌적하고 편리한 서비스를 할 수 있다.

6) 공동정비 및 엔지니어링(Joint Maintenance, engineering)

항공기를 관리 감독하며 현장에서 비행기를 정비하거나 수리하는 일을 같이 하면 시간을 비용을 절약할 수 있다.

7) 공동운항

운항 스케줄의 조정(Coordination of Flight Schedule)은 노선 망의 연결과 동일한 효과를 갖는데, 항공사는 운항 스케줄의 조정을 통하여 파트너 항공사의 노선 망과 연결하여 방대한 온라인 서비스 노선 망의 구축이 가능하다. 제휴 항공사들은 연결공항에서의 출발 및 도착 시간대를 서로 조정하여 각 운항편 간 연결 시간을 최적화할 수가 있다.

02 항공사의 제휴 그룹

1990년대 이후 세계적으로 국제항공사들 간에 활발한 제휴가 형성되거나 기존의 제휴 그룹의 재편이 진행되고 있다. 현재 세계시장에서 형성되어 있는 대표적인 글로벌 제휴그룹들은 다음과 같다.

대부분의 대형항공사들은 각각의 제휴그룹에 동참하고 있으며 세계 글로벌 제휴 그룹인 스타 얼라이언스(Star Alliance), 스카이팀(Sky Team), 원월드(One World)가 동맹 그룹을 주도하고 있고, 소규모로 제휴를 하는 그룹도 생겨나고 있다.

항공사가 제휴를 통하여 수익이 향상되고 있어 어떤 형태로는 항공사끼리 제휴하는 형태는 더욱 진화될 것으로 예상된다.

1) 스타얼라이언스(Star Alliance)

1997년 5월 설립된 세계 최초의 글로벌 제휴로 미국의 유나이티드항공과 독일의 루프트한자항공이 주축이 되었으며, 캐나다의 에어캐나다 북유럽의 스칸디나비아 항공, 동남아의 태국항공이 제휴에 동참함으로 글로벌 스타얼라이언스가 창립되었다. 우리나라는 아시아나항공 2003년 스타얼라이언스에 가입하였고, 전 세계 26개 항공사가 가입되었으며 항공사 간 광범위한 코드 쉐어링을 통해 총 195여 개 국가의 약 1,294개 취항공항에서 운송서비스를 제공하고 있다. 항공사의 경쟁력을 강화시키는 수단으로 전 세계적으로 공항라운지 공동이용, 상용고객 우대제도(FFPs)의 상호연결, 공동 체크인 서비스, 지상조업 및 화물운송의 협력, 공동구매와 광고 등의 협력체계를 구축하고 있다. 대한항공과 아시아나 항공이 합병이 되면서 2년 이내에 항공사 얼라이언스도 스카이팀으로 정리될 것이다.

총 회원사	26사
무의결권 회원사	40사
취항공항수	1,294개소
취항국가수	195개국
연간여객수	63,762만명
보유기재수	5,033기

▌스타얼라이언스 회원사 http://www.staralliance.com

2) 스카이팀(Sky Team)

세계 규모 2위인 글로벌 제휴그룹인 스카이팀은 2000년 6월 대한항공, 델타항공, 에어프랑스, 에어로 멕시코를 주축으로 4개사가 창설 멤버로 출범했다. 우리나라는 대한항공이 주도적으로 참여하고 있는 제휴그룹이며 20개 항공사가 가입되었으며 항공사 간 광범위한 코드 세어링을 통해 총 187여 개 국가의 926개 취항 공항에서 운송서비스를 제공하고 있다.

스카이팀 회원 항공사는 아에로플로트, 아르헨티나항공, 아에로멕시코, 에어유로파, 에어프랑스, 알이탈리아 항공, 중화항공, 중국동방항공, 중국남방항공, 체코항공, 델타항공, 가루다 인도네시아 항공, 케냐 항공, KLM네덜란드 항공, 대한항공, 중동항공, 사우디아 항공, 타롬 루마니아 항공, 베트남 항공, 샤먼 항공을 포함하고 있다.

총 회원사	20사
취항공항수	926개소
취항국가수	187개국
연간여객수	55,2백만명
보유기재수	2,734기

▎스카이팀 회원사 http://www.skyteam.com/ko/

3) 원월드(Oneworld)

원월드(Oneworld) 제휴그룹은 영국의 영국항공(British Airways)과 미국의 아메리칸 항공(American Airline)이 주축이 되어 1998년에 탄생하였다.

원월드 제휴그룹은 호주의 콴타스(Qantas)항공, 홍콩의 케세이 퍼시픽(Cathay Pacific)항공사 등이 참여하고 있다. 원월드는 항공 동맹으로 회원 항공 회사 및 그 계열은 스케줄, 항공권, 코드 쉐어편, 환승편의 운영, 마일리지 서비스, 공항 라운지의 공유, 경비 절감, 훈련 등 자원의 공유나 업무의 협력을 실시하고 있다. 현재 13개 항공사가 가입되었으며 항공사 간 광범위한 코드 쉐어링을 통해 총 158여 개 국가의 1,012개 취항 공항에서 운송서비스를 제공하고 있다.

회원 항공 회사 및 그 계열은 스케줄, 항공권, 코드 쉐어편, 환승편의 운영, 마일리지 서비스, 공항 라운지의 공유, 경비 절감, 훈련 등, 자원의 공유나 업무의 협력을 실시하고 있다. 동맹국들의 명시된 목표는 세계의 빈번한 국제 여행자들에게 가장 먼저 선택되는 항공사 동맹체가 되는 것이다. 본사는 미국 뉴욕 주 맨해튼에 있다. 원월드는 3번째로 큰 글로벌 동맹체이다. 슬로건은 "세계 일류 항공 회사들의 동맹"이다. 2017년 10월 회원 항공사는 총 3,447대의 항공기를 공동 운항하여 158개국 1,000여 개의 공항에서 연간 13억 3천만 달러의 연간 수익을 창출하고 있다.

총 회원사	14사
취항공항수	1,012개소
취항국가수	158개국
연간여객수	33,571만 명
보유기재수	129기

▎원월드 회원사 http://www.oneworld.com

4) 바닐라 얼라이언스(영어: Alliance Vanille)

2015년에 설립된 세계 네 번째 항공사의 항공 동맹이자 세계 다섯 번째 민간 항공 동맹이다.

총 회원사	5사
무의결권 회원사	0사
취항공항수	89개소
취항국가수	26개국
보유기재수	46기

바닐라 얼라이언스 회원사

5) U-플라이 얼라이언스(영어: U-FLY Alliance, 중국어: 優行聯盟)

세계 최초의 저가 항공사 간의 항공 동맹이다. 2016년 1월, 홍콩 익스프레스 항공, 럭키 에어, 우루무치 항공, 웨스트 에어가 창설하였다. 2016년 7월 24일, 이스타항공이 동맹에 참여하였다.

총 회원사	5사
취항공항수	149개소
취항국가수	18개국
연간여객수	44만명
보유기재수	129기

❙ U-플라이 얼라이언스 회원사

6) 밸류 얼라이언스(영어: Value Alliance)

2016년에 설립된 세계 두 번째 저가 항공사의 항공 동맹이자 세계 여섯 번째 민간 항공 동맹이다.

총 회원사	5사
무의결권 회원사	0사

❙ 밸류 얼라이언스 회원사

CHAPTER 04 

여객운송 서비스

SECTION 01

출입국 절차

01 출입국 절차

1) 탑승수속(Check-in)

(1) 체크인 카운터

탑승수속을 체크인 카운터에서 하려면 비행기 탑승 72시간 전에 예약을 재확인하고 출발 2시간 전에 공항에 나오도록 한다. 탑승수속은 이용 항공사 카운터에 항공권을 제시하고 탑승권(Boarding Pass)을 받는 것으로 시작한다. 탑승권에는 좌석번호(Seat Number)와 탑승출구(Boarding Gate)가 기입되어 있다.

(2) 키오스크(Kisok) 체크인

키오스크는 무인정보단말기로 공항내에서 셀프체크인을 할 수 있는 시스템이다. 화면이 나타나면 여권이나 예약번호, QR코드를 입력한다. 명단이 나타나면 체크를 하고 동승하는 일행을 추가해서 수속을 할 수 있다. 수속을 하면 탑승자

명단 및 항공편의 상세정보가 나타나고 좌석도 변경할 수 있다. 여권번호 및 정보를 다 확인하면 여권을 투입구에 넣어 스캔을 하고 위탁수하물을 표시한다. 수속이 완료되면 고객의 항공편 탑승 정보를 다시 한 번 확인한다.

(3) 모바일 체크인

공항에 오지 않고 사전에 항공사 홈페이지나 모바일웹에서 미리 탑승수속을 할 수 있다. 온라인 체크인을 하면 공항에서 시간을 절약할 수 있는 장점이 있다. 예약이 확정된 전자항공권을 소지한 승객이 가능하고 국내선은 항공편 출발 48시간 ~ 30분 전, 국제선은 항공편 출발 48시간 ~ 1시간 전에 모바일 체크인이 가능하다. 일부 승객에게는 이용이 제한되어 있으니 사전에 체크하여 실수가 없도록 한다. 위탁할 짐이 있는 고객은 탑승권을 소지하고 셀프 백드랍(자동 수하물 위탁기기)나 공항 카운터에서 수하물을 부쳐야 한다.

2) 수하물 위탁(Baggage Check·in)

위탁 수하물은 X선 투시기로 보안검사를 받는다.

미국(사이판 · 괌 포함), 캐나다, 중남미 등은 무료로 운반할 수 있는 수하물이 2개까지 허용되며 개당 무게는 32kg(비지니스 클래스), 23kg(이코노미 클라스) 크기는 가로 · 세로 · 높이의 합이 158cm를 초과해서는 안 된다. 수하물 계량이 끝나면 국적, 성명, 주소, 전화번호 등을 기재한 꼬리표를 개별 화물에 붙이고, 수하물 인환증(Claim Tag)을 탑승권에 붙여준다.

▎수하물 분실시 입력하는 번호

3) 보안검사(Security Check)

탑승수속이 끝나면 출국수속을 한다. 먼저 탑승자의 보디체크(Body Check)와 기내 반입 수하물 검사를 한다. 기내 반입 수하물의 크기는 55*40*20cm 3면의 합이 115cm 이내의 것이야 하며, 무게는 10kg ~ 12kg까지이며 일반적인 크기라면 상관없다. 수하물은 국제 민간항공의 권고에 따라 액체폭탄 테러 위협에 대비하기 위해 많은 제약이 따른다. 항공기 탑승시 액체, 젤류 및 에어로졸 등의 항공기내 휴대반입을 제한하고 있다.

항공기내반입금지물품

▎항공기내반입금지물룸

위의 주요 제한 대상 품목 중 가장 많이 적발되는 경우는 액체, 분무 겔류이며 알코올성 음료는 1인당 5L, 70도 이상은 반입금지이다. 승객 1인당 휴대 허용량은 개별 용기당 100ml 이하로 승객 1인당 1리터 이하의 투명비닐지퍼백 1개에 한해 반입이 가능하다. 봉인 가능한 투명 플라스틱 봉투 1개에 담겨있는 물품이어야 하고 허용량을 초과해서 휴대하는 경우 압류 또는 폐기될 수 있으므로 반드시 위탁 수하물로 송부해야 한다. 인화성가스 및 액체, 뾰족하거나 날카로운 물체, 공구류, 전자충격기 및 퇴치스프레이, 총기류 및 구성부품, 기폭장치류, 군사폭발용품, 폭죽, 조명탄, 위험물질 및 독성물질이 많이 적발되고 있다. 특히 항공여행

중 필요한 분량의 의약품(처방전 소지 권장), 유아용 음식은 기내 반입이 가능하다. 기내 반입 물품은 사전에 체크하여 적발되지 않도록 한다. 특히 라이터, 밧데리, 전자담배, 칼, 물, 화장품, 충전기, 스프레이, 노트북, 보조밧데리는 승객들이 궁금해 하는 물품이니 반드시 소지여부가 가능한지 확인해야 한다.

4) 출국심사(Emigration Check)

출국장 안에 있는 출입국 관리 심사대에 여권을 제시한다. 심사라고는 하지만 유효한 여권을 가지고 여객이 특별한 사유가 없으면 별다른 질문을 하지 않는다. 최근에는 자동출입국심사 서비스를 도입하여 여권정보와 바이오정보를 활용하여 출입국심사를 진행하는 첨단 출입국심사시스템의 비중이 높아지고 있다. 여권을 판독하고 게이트에 진입하면 지문인식과 안면인식으로 본인을 확인하는 절차를 거치면 심사가 완료된다. 출입국 심사관의 대면심사보다 약 12초 이내에 출입국 심사를 마칠 수 있어 편리하여 많은 나라에서 자동출입국심사대의 비중을 높이고 있다. 다만 출입국이 규제되어 있거나 지문의 품질이 좋지 않아 본인확인이 어려운 경우는 이용할 수 없다.

▎자동출입국심사대

5) 면세점(Duty Free Shop)

면세점이란 외국으로 반출하거나 관세를 면제 받을 수 있는 자가 출국할 때 과세가 면제된 상품을 판매하는 장소이며 출국심사대를 통과하면 바로 면세점이 위치해 있다. 면세품은 해외로 반출하는 조건으로 관세, 부가가치세, 개별소비세, 주세, 담배소비세의 면세해택을 제공하고 있다. 여행자의 휴대품 면세 범위는 USD800 이하이며 초과분에 대해서는 세금을 납부해야 한다. 면세 구입한도는 술 2병 합산 2리터 이하 및 USD400 이하, 담배 한 보루(2백 개비), 100mL 향수 1병이다.

출처 : https://en.wikipedia.org

02 입국(Immigration)

1) 입국심사(Immigration Check)

항공기가 도착하면 외국인용 내국인용 검사대에서 입국심사를 받는다. 여권과 입국카드를 담당관에게 제출하면 여권에 스탬프를 찍어 주며 승객은 이 절차를 마친 후 위탁수하물을 찾는다. 최근에는 자동출입국심사대를 이용하는 승객이 많아져 심사속도가 빨라졌다.

2) 세관(Customs)

짐을 찾는 곳에서 수하물을 찾을 때 비슷한 가방이 많으니 반드시 확인하고 가져온다. 여행자의 편리한 입국과 납세 편의를 위하여 신고물품이 없는 승객들은 2023년 5월 1일부터 모든 입국자에게 부과되었던 휴대품 신고서 작성의무가 폐지되었다. 세관에 신고하지 않은 물품은 밀수품으로 간주될 우려가 있으므로 성실히 신고해야 한다. 면세통관 물품은 일상 신변용품, 출국 때 휴대반출을 허가받은 물품, 양주 2병, 담배 2백 개피, 향수 2L에 한한다. 그리고 외국에서 사거나 선물받은 물품의 합계액은 미화 $800을 넘지 않아야 한다.

입국 시 신고해야 할 물품은 면세범위 이하이며 담배 1보루, 향수 2L, 주류 2병 이상 초과되는 물품과 아편, 헤로인, 코카인, 히로뽕, Mdma, 대마 등이며 비아그라, 복병감초편, 살 빼는 약과 국헌, 고안, 풍속을 해치는 서적, 도화, 영화, 음반, 비디오이며 US 1만 달러 이상 초과하는 외화 또는 원화 등이며 Cites협약관련 제품, 가공품인 상아, 해구신, 웅담등과 판매 목적으로 반입하는 물품 또는 회사용품과 동물의 고기, 가죽, 털과 식물, 과실, 채소류, 농림 축산물 및 기타 식품류, 총포, 도검, 석궁 등 무기류와 실탄 및 화학류, 유독성, 또는 방사성 물질 등은 통관이 제한되는 물품이다.

3) 동물 및 축산물, 식물검역(Quarantine)

동물, 축산물 검역은 구제역, 광우병, 조류인플루엔자 등 가축 전염성의 질병의 국내 유입을 방지하여 축산업의 발전과 공중위생 향상에 기여하고자 검역을 실시한다. 신고 대상 휴대 검역물에는 개, 고양이, 애완조류 등 동물과 쇠고기, 돼지고기, 양고기, 닭고기 등 육류, 햄, 소시지, 육포, 장조림 등 육가공품, 녹용, 뼈, 혈분 등 동물의 생산물과 알, 난백, 난분 등 알가공품, 우유, 치즈, 버터 등 유가공품을 말한다. 특히 개나 고양이의 경우는 광견병 등 예방접종 사항이 기록된 검역 증명서 또는 광견병 예방접종 증명서를 첨부해야 한다.

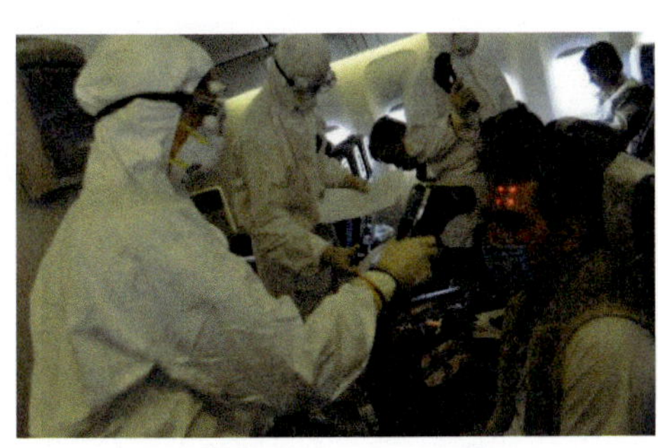
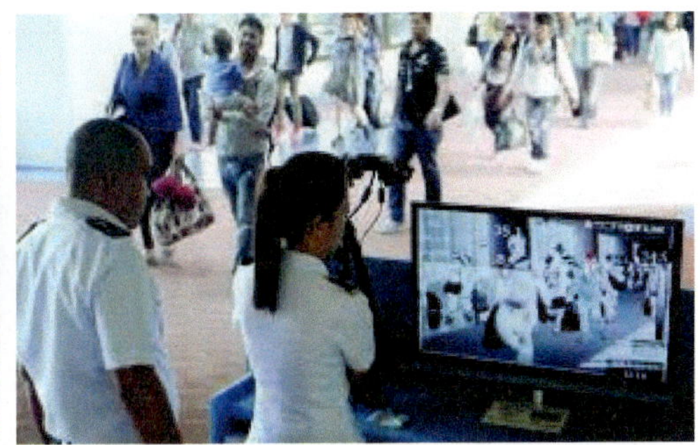

출처 : http://www.dailymail.co.uk/

식물검역은 해당국의 자연환경과 농업자원을 해외 병해충으로부터 안전하게 보호하기 위해 국가가 수행하는 업무로서 국립 식물검역소가 담당하고 있다. 식물류를 가지고 입국하실 경우에는 도착 즉시 공항, 항만 내에 있는 식물 검역소에 반드시 신고하여 식물 검역을 받아야 하며 외국에서 반입할 경우 수출국의 검역기관에서 발급한 검역증을 첨부해야 한다. 이 때 꼭 신고해야 할 물품은 모든 식물류로서 과실, 채소, 종자, 묘목, 화훼류, 호두, 한약재, 병원균, 해충, 애완용 곤충, 흙 등이며 과실(망고, 파파야 등), 열매, 채소의 생과일, 호두, 풋콩류, 벼종자, 고구마, 감자, 사과나무, 포도나무 묘목 및 분재류와 살아있는 병원균과 해충(애완용 곤충 포함), 흙이 묻어 있는 식물류이다.

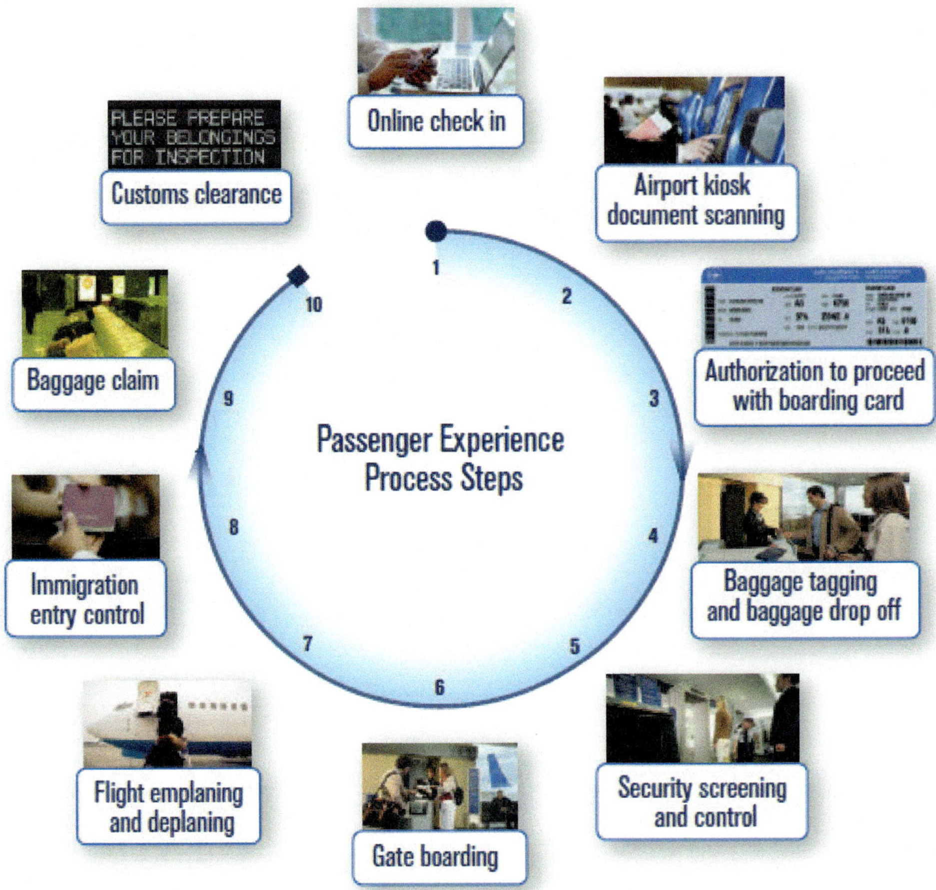

▍공항에서 승객의 흐름
출처 : http://www.iata.org

SECTION 02

출국/입국업무

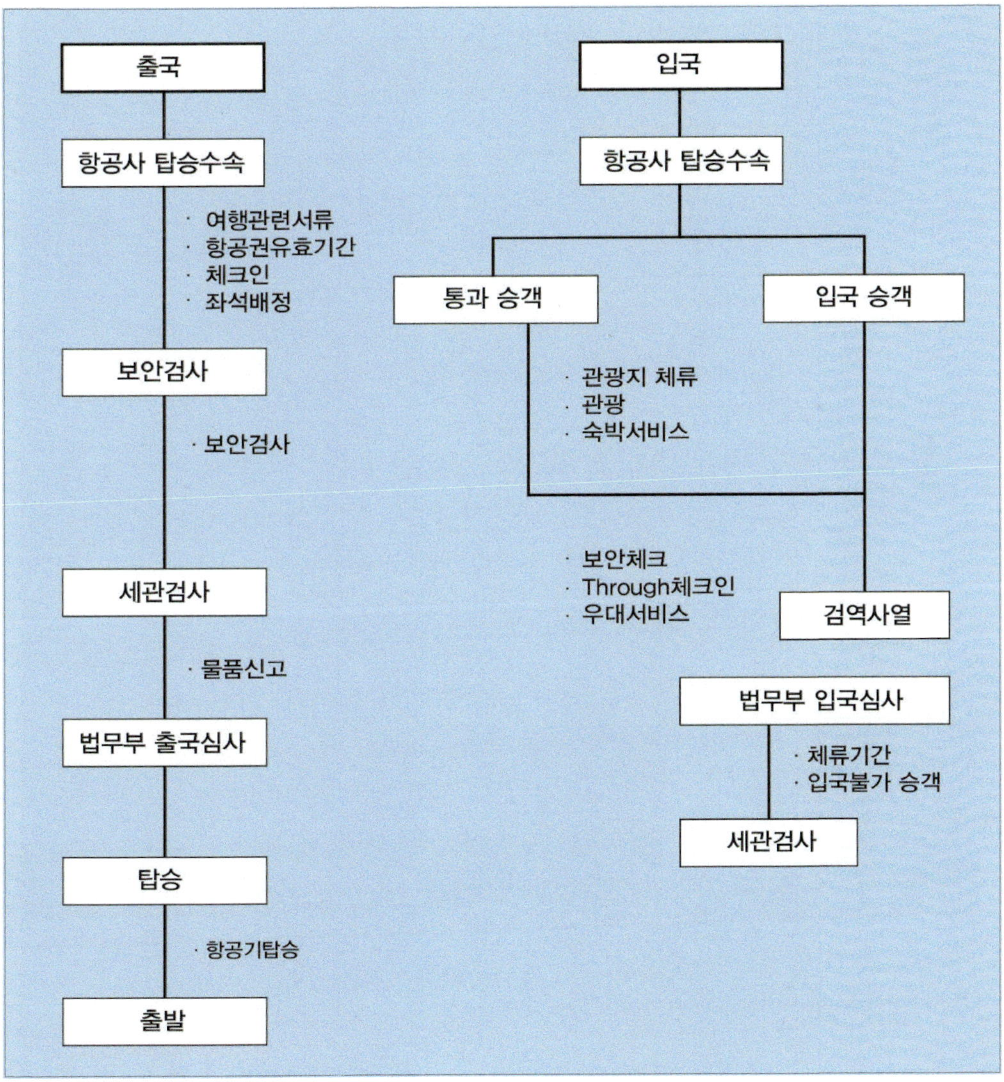

출국	비고
출국	
항공사 탑승수속	· 여행관련서류 · 항공권유효기간 · 체크인 · 좌석배정
보안검사	· 보안검사
세관검사	· 물품신고
법무부 출국심사	
탑승	· 항공기탑승
출발	

입국	비고
입국	
항공사 탑승수속	
통과 승객	· 관광지 체류 · 관광 · 숙박서비스 · 보안체크 · Through체크인 · 우대서비스
입국 승객	
검역사열	
법무부 입국심사	· 체류기간 · 입국불가 승객
세관검사	

▎출입국 승객의 흐름

01 탑승수속 준비사항

1) 항공편 정보 확인

항공편 관련 정보 확인을 위해 Check in 카운터 담당직원은 당일 항공편의 출발시간, 예약상황, 좌석배정상태, VIP(Very Important Person) / CIP(Commercially Important Person), 환자 등 특수승객 등에 대한 전반적인 정보를 숙지한다.

2) 양식 준비상태 확인

Check in시 필요한 각종 서류 및 양식을 준비하여야 하며 준비서류 및 양식에는 수하물 태그(Baggage Tag), 각종 서약서 등을 말한다.

3) Crt 작동 확인

Check in을 신속하게 하기 위해 사전 CRT 작동과 프린터와 같은 주변기기가 정상적으로 작동을 하는지에 대해 확인한다.

4) 카운터 주변의 청결상태 확인

확인 시 주요 점검사항은 카운터의 부착물 및 주변 정리·정돈 상태 등이다.

02 탑승수속 절차

1) 승객접객

승객의 항공권, 여권(비자포함)을 공손히 요구하며 동시에 수하물을 저울에 놓도록 안내하고 승객의 전자항공권을 받아서 항공편, 목적지, 여행등급 및 예약상태를 확인하고, 여권과 비자를 확인한다.

- 여권의 유효기간
- Visa 유무 / Twov 조건
- 출국신고(병무) 여부
- 휴대 반입품 유무
- 체류기간 경과 유무

2) 탑승권(Boarding·Pass) 발급

항공권의 예약을 확인하였으면 해당여정의 탑승권을 발급한다.

3) 수하물 수탁 시

위탁수하물이 있는 승객의 수하물을 저울에 놓도록 안내한다.

- 수하물의 개수, 무게를 확인하며 무료수하물 허용량 범위의 초과여부를 확인하고 초과 시 초과량을 설명한 후, 초과수하물 요금을 징수하며 수하물에 이름표(Name Label)가 부착되었는지 확인한다.
- 불필요한 꼬리표를 제거한다.
- 해당 목적지의 수하물(Baggage Tag)을 부착한다.
- Interline Tag 사용 시에는 연결편명 및 목적지를 승객에게 재확인한다.
- Bag Claim Tag을 승객의 항공권에 스테플링하며, 수하물의 개수, 목적지를 승객에게 확인시킨다.
- 휴대 수하물용 Identification Tag을 승객에게 건네준다.
- 수탁한 수하물은 Conveyor 벨트 위에 옮겨 놓는다.

4) 승객의 서류를 되돌려 줄 때

공항시설 이용권 구입을 안내하고, 여권 및 비자, 항공권 및 Bag Claim Tag,

탑승권(탑승구 번호, 좌석번호, 탑승시간 등) 사항을 승객에게 확인한다.

03 출국업무 절차

1) C.I.Q 지역 내의 안내업무

- 보안점검 구역(Security Check Area)

  혼잡사항을 수시로 점검하며 탑승제한 품목을 접수한다.(Restricted Item)
- 세관(출국)관련 Irregular 승객처리

  휴대 반입품 미소지 승객 출현 시 상황판단 및 즉시 조치한다.
- Immigration

  승객의 Line Up 및 사열업무 협조와 출입국 Card 집계 및 보고와 출국 수속 완료 후 또는 수속 중 취소된 승객을 안내한다. 자동출입국심사장을 통과할 때 작동이 미숙한 승객에게 사용방법을 안내한다.

2) 승객 Boarding

- 항공기별 Boarding 준비

  Pouch Setting 및 기내 인계품 준비, Flight 특성 및 상황 점검 후 필요시 메가폰(Mega Phone) 준비, 출발 30~50분 전에 Gate 도착하여, 승객문의에 대한 정보 제공, 객실장을 만나 탑승시간을 접수한다.
- Boarding 실시

  탑승 안내판 점등 및 탑승안내 방송 실시, 승객 줄서기, 탑승순서에 의거하여 탑승을 실시한다.
- 탑승제한품목, Flight Pouch 및 기타 서류를 객실사무장에 인계한다.
- 탑승순서

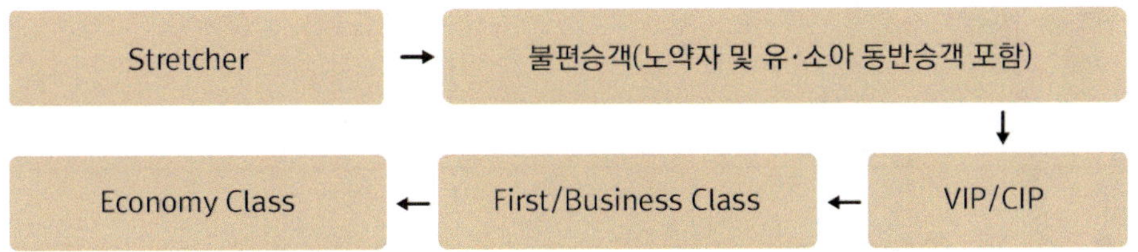

- 절취 전 Boarding Pass의 수와 승객수의 일치 여부를 확인한다.
- 탑승 완료 후, 출항 허가를 득함과 동시에 객실사무장에게 승객 수를 확인 후 항공기 문을 닫는다(Door Close).

04 입국업무 절차

항공기가 목적지 공항에 도착하여 탑승구에 주기하면, 항공기 도어를 오픈하고, 승객의 하기를 절차에 따라서 안전하게 실시한다. 승객 하기 후 객실승무원과 운항승무원도 뒷정리를 한 후 다음 승무원들에게 인계사항을 인계한 후 마무리한다. 하기가 끝나면 해당 항공기 운항업무가 종료되고, 항공기는 다른 스케줄로 운항한다.

1) 입국 업무 준비사항

- 모든 메시지 및 서류를 사전 점검한다.
- 항공기의 예상도착시간을 점검한다.
- 필요시 비행정보(Flight Information)를 관련기관/부서에 통보한다.
- HAV(Hotel Accommodation Voucher)의 준비상태를 확인한다.
- 항공기가 주기할 장소와 게이트를 체크한다.
- 필요시 공항 내 이동 버스(Ramp Bus), 휠체어(Wheelchair) 등을 사전에 준비한다.

2) 승객하기 실시

- 항공기 문 개방 전 승객용 계단이나 Boarding Bridge가 적절히 위치하였는지 확인한다.
- 항공기 내 문을 열고, Flight Pouch 및 기타 관련 정보 사항을 객 실장으로부터 인계받는다. 필요시, Cabin Attendant Service Log 에 대해 즉각 조치를 취한다.
- 노약자, 유아, 소아를 지원한다.
- 가능하다면, 휠체어 승객이나 신체 부자유자 승객은 마지막에 하기한다.
- 승객하기 순서

3) 입국안내 및 수하물 인도

- 당해국 규정이 허용하는 한, 승객이 입국절차를 용이하게 밟도록 지원한다.
- 승객 요구 시 수하물 Claim, Hotel 예약 등을 돕는다.
- 연결편(Connection) 승객의 원활한 연결(Connection)을 돕는다.
- 입국승객이 수하물을 용이하게 Pick up 하도록 안내한다.
- 수하물 Irregular 발생시 '사고 수하물 처리절차' 에 의거 처리한다.

4) 입국 후 조치사항

관련 서류는 모두 File한다.

05 연결승객 처리절차(Connection Passenger H/D)

1) 준비사항

- 승객명단 Boarding Advisory를 점검(Check)하여 동일항공사 항공기 혹은 타 항공사로 Connection되는 승객이 있는지 점검한다.
- STPC 승객[1]에 대해 HAV(Hotel Accommodation Voucher)를 준비한다.
- Inbound Flight의 지연으로 인해, Connection이 즉시 이루어져야 할 때는 승객과 수하물이 모두 Connecting 될 수 있도록 최선의 조치를 취한다.

2) 승객처리 절차

Same Day Connection(동일일자 연결편 탑승승객)인 경우 다음과 같다.

- 연결편이 동일한 항공사일 경우: 승객과 수하물(Baggage)이 적절히 연결되도록 조치한다.
- 연결편이 타 항공사일 경우: 승객을 탑승시키는 항공사의 직원에게 인도하고 수하물이 적절히 탑재되었는지 확인한다.
- 타 항공사 탑승 후 자사 항공을 탑승할 경우: 도착 항공사(Delivering Carrier)로부터 승객을 인도받고, 동 승객들의 수하물이 자사 항공기에 적절히 탑재되었는지 확인한다.

Overnight Connection(숙박 후 연결편 탑승예정승객)인 경우 다음과 같다.

- 메시지 카드나 다른 방법에 의하여, 연결편 예약, 숙소(Ground Accommodation) 및 연결편 절차에 대해 설명해 준다.

---

1) STPC(Stopover On Companys Account)는 연결편 승객을 위한 우대서비스로서 승객이 여정상 연결편으로 갈아타기 위해 도중에서 체류해야 할 경우 도중체류에 필요한 제비용을 항공사가 부담하여 제공하는 서비스를 말한다. 주로 두 지점 간의 직항편을 운항하지 않는 항공사가 직항편을 운항하는 항공사에 대하여 자사의 판매 경쟁력을 확보하기 위한 목적으로 제공되는 서비스이다. 서비스의 내용은 2·3시간 대기할 경우 음료수, 3·6시간 대기시는 음료수, 스낵 또는 식사, 시내관광 및 교통편을 제공하며 6시간 이상일 시는 음료수, 식사, 호텔 Day·time 사용, 시내 관광, 호텔 숙박 등의 서비스를 제공한다.

- STPC 승객에게 HAV를 교부한다.
- 승객의 수하물 중 몇 개를 공항에 보관하기를 원할 때, 가능하다면 Custom Bond 창고에 접수할 수 있도록 조치한다.

06 기타 승객 처리 절차

1) Stand By 및 Go Show 승객

예약이 'Wait Listed' 혹은 'Open' 상태인 대기자 승객의 경우 최종 목적지까지의 좌석이 여유 있을 경우에만 탑승할 수 있다. 만약 경유지가 있는 비행편일 경우 좌석획득이 가능한 지점까지만 승객의 동의와 적합한 여행서류 소지를 확인한 후 탑승시켜야 한다. 따라서 첫 번째 구간의 좌석이 없을 경우 대기자 승객은 좌석 유무가 확정될 마지막 순간까지 대기하여야만 한다.

2) 단체승객(Group Passage)

사전탑승수석제도(Pre-departure Arrangements)는 단체 승객의 원활한 출국진행을 위해 영업지점과 국외여행인솔자(Tour Conductor) 간의 긴밀한 접촉이 우선되어야 하며, 출발지 공항에서는 단체수속 라인을 설치하여 단체승객이 편리하고 신속히 수속할 수 있도록 지원한다.

- 단체정보(Group Information) : 단체의 인원, 특별사항 요청 등 필요정보를 사전에 확보해야 한다.
- 좌석 배열 : 같은 구역(Zone)에 좌석을 배열해야 한다.
- 양식준비 : 보딩패스(B/P), Baggage Tag과 같은 필요 양식을 별도로 준비해야 한다.
- 사전 체크인(Check in) : 가능하면, 카운터의 혼잡방지 및 Check in을 원활히

수행하기 위해 승객이 도착하기 이전에 수속을 진행한다.

- 단체승객(Group) Check in Counter : 단체승객만을 위한 별도의 단체 Check in 카운터를 배정한다.

Check in 할 때, Tour Conductor와 협조하여 승객의 정확한 인원수를 확인한다. 승객 수에 맞게 보딩패스(B/P)가 지급되는지 국외여행인솔자(Tour Conductor) 와 Cross check 점검한다. 승객 개개인이 보는 앞에서 Baggage를 점검하고, 가능한 짐 소유자에게 Baggage Claim Tag을 인계한다. 수하물 중량(Baggage Weight)이 Pooling이 될 경우, 국외여행인솔자의 항공권 상에 단체여행객의 수하물 총 무게를 기재한다.

07 Deportee(추방자) / Inadmissible(입국불가) 승객 절차

입국 불가 승객(Inadmissible Passenger)은 입국하려는 국가 당국에 의해 입국이 거절된 승객이다(No Visa, Expired Passport 소지 등). 추방자(Deportee)는 합법적이건, 불법적이건 입국했던 자가 어느 시점이 경과한 후 당국에 의해 추방명령을 받은 자를 가리킨다.

원래 승객은 본인이 여행하는 국가의 제반 규정을 준수할 책임이 있기 때문에 이러한 경우 항공사는 사실상 어떠한 책임도 질 수 없다. 그러나 현실적으로 각 국가의 Immigration 당국에서는 그 국가로 운송한 항공사에게 승객의 Return 여정에 대한 책임을 전가하고 있기 때문에 승객 운송 항공사(Delivering Carrier)가 승객의 귀국(Return)운송을 처리하고 있다.

운송제한 승객

항공기의 안전과 승객의 안전여행에 지장을 초래할 수 있는 특정승객, 즉 전염병 환자나 정신질환자 등은 운송을 제한 또는 거절할 수 있다. 이는 운송 상의 안전을 고려한 것이며 관련국가의 법률에 의해서도 출국 및 입국이 금지되기도 한다.

- 안전운항을 위해 불가피할 경우
- 법령이나 정부기관의 요구가 있을 경우
- 제3자의 도움 없이 단독여행이 어려울 경우
- 다른 승객의 여행에 지장을 줄 우려가 있을 경우

01 운송제한 승객(RPA: Restricted Passenger Advice)

특정한 부류의 승객에 대하여 운송의 제한을 두는 경우이다. 이러한 제한대상 승객은 아래와 같다.

- 육체적 질환 환자
- 정신질환 환자
- 신체부자유자 혹은 허약자
- 비동반 소아(Unaccompanied Minors)
- 임산부(Pregnant Woman)

- 맹인(Blind)
- 알콜 혹은 마약중독자
- 죄수

02 운송제한 승객(Invalid)

위에 열거한 운송제한 승객 중 ① 육체적 질환 환자, ② 정신질환 환자, ③ 신체부자유자 혹은 허약자를 Invalid 승객이라고 구분하고 있으며, 아래와 같은 승객은 항공사측으로부터 거절된다.

- 전염병 환자
- 타 승객에게 해를 끼치거나 자살의 위험성이 있는 정신질환자
- 질환상태가 타 승객에게 불쾌감을 줄 수 있는 환자
- 항공여행으로 병세가 악화되거나 생명이 위험해질 가능성이 있는 환자
- 생후 2주 미만의 신생아
- 최근 소아마비 발병 환자
- 대수술 후 10일 미만의 환자
- 이관폐쇄를 동반한 중이질환 환자
- 두개골 골절 환자
- 심한 심장질환 환자와 최근에 관동맥 부전을 일으켰던 환자

03 Stretcher 승객

Stretcher 승객의 운송조건은 다음과 같다.

- 여행 중 반드시 의사나 간호사가 동반하여야 한다.
- Stretcher 장착을 위해서 1주일 전까지 미리 예약을 하고 탑승 절차를 위해서 반드시 72시간 전에 통보되어야 한다.
- 해당운임 국제선: Economy Class 성인 편도요금의 6배
- 국내선: 성인 통상 편도요금의 6배, 성인 1명 동반 가능
- 해당 공항 점(소)장의 최종 판단 하에서 이루어지며 환자의 상태 악화로 인해 운송이 불가능할 시 운송이 거절된다.

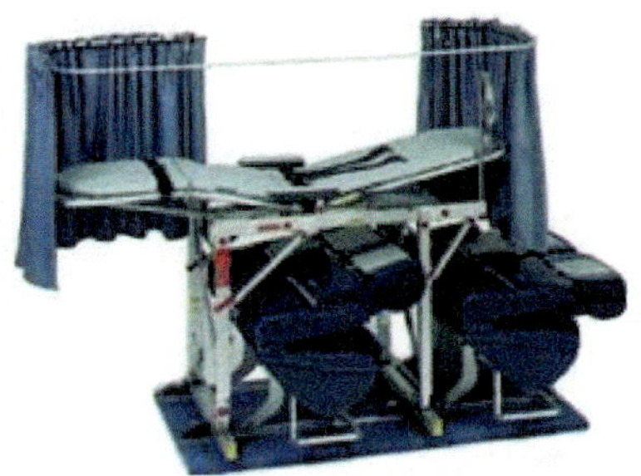

출처 : http://www.goldfinchmedical.co.uk/, http://www.air-ambulance.com/

04 임산부

항공 여행 시 산소량 부족 및 기압의 저하는 임산부에게 악영향을 미칠 우려가 있으므로 주의를 요한다.

- 구비서류는 임신 32주(8개월) 미만인 경우 의사가 반대하지 않는 한 일반 정상 승객과 동일하게 간주되며, 임신 32주(8개월) 이상인 경우 Flight 출발 전 72시간 이내에 발급된 것이어야 하며, 통상 일반 산부인과 의사가 발급한 진단서(소견서)로서 가능하며 탑승 전 항공사에서 서약서를 작성하여야 한다.
- 9개월 이상 된 임신부가 진단서 없이 항공기를 탑승하고자 할 때, 항공사는

운송을 거절할 수 있으며, 임신 개월이 진단서와 다르다고 판단될 때 의사의 진단을 받는다.

05 비동반 소아(Unaccompanied Minor: Um)

만 5세 이상 12세 미만의 유아나 소아가 성인승객과 동반하지 않고 여행을 하는 경우 이들을 Unaccompanied Minor(Um)라고 하며 성인 요금의 100%를 징수한다. Um의 운송조건 다음과 같다.

- 비동반 소아
  운송신청서 및 서약서를 제출해야 한다. 예약시 부모 또는 보호자가 비동반 소아 운송신청서 2부를 작성해야 한다.
- 비동반소아의 인도
  부모 또는 보호자가 출발지 공항까지 동반해야 하며 도착지 공항에도 보호자가 출영해야 한다.
- 사전예약
  국제선은 해당 항공편 출발 7일 전, 국내선은 성인과 동일하다.

출처 : http://www.paylessflights.com/

06 맹인 승객(Blind Passenger)

여기서 맹인이란 질병이 아닌 선천성 불구를 뜻하며 질병으로 인해 앞을 볼 수 없는 사람은 탑승제한 승객(Invalid Passenger)로 간주한다.

1) 탑승수속절차

동반맹인 승객 경우는 다음과 같다.

- 성인여객 동반자 · 정상 승객으로 간주
- SED(맹인 인도견) 동반인 경우, 정상 승객으로 간주하나 SED는 다음 조건하에서 무료로 기내 운송이 가능하다. SED는 비행 중 승객의 발 앞에 있어야 한다. SED는 입마개를 해야 한다. 목적지, 연결지 국가가 요구하는 모든 사항을 허가받아야 한다. 기내에서는 물을 제외한 음식은 제공되지 않는다.

비동반 맹인인 경우는 다음과 같다.

- 보호자나 SED를 동반도 하지 않는 맹인은 다음 조건에 부합되어야 운송이 가능하다.
- 승객은 혼자 걷거나 식사가 가능해야 하고 자기 자신도 돌볼 수 있어야 한다.
- 출/도착지에 안내할 사람이 있어야 하며, 도착지 보호자에게 확인(M/A Confirm)을 받아야 한다.
- 서약서 2장(보호자나 가족이 작성가능) · 출/도착지 공항용

07 중독환자(Intoxicated Person)

항공기의 안전운항과 타 승객의 안전여행을 위해서 알콜 중독자, 마약중독자의 경우에는 탑승이 거절된다.

08 죄수

죄수 운송 시 법률적 제한이 따르므로 관계기관과의 밀접한 협조 하에 운송이 이루어지게 된다. 반드시 2인 이상에 의해 호송되어져야 하며 관계기관과 긴밀한 협조 후에 운송된다.

비정상 운항시 승객처리

01 비정상(Irregular) 개요

기상악화, 전쟁과 같은 천재지변이나 공항사정, 정비 및 항공기 접속 등으로 정상적인 운항을 하지 못했을 경우 항공사의 관련부서는 신속하고 정확한 수습방안을 강구하여 승객의 불편을 최소화하는 데 최선의 노력을 기울여야 한다. 승객의 입장에서 볼 때 Irregular 발생은 충분히 이해하지만, 그에 대한 신속한 정보전달이 없거나 직원의 대처능력이 미흡할 경우 불필요한 고객의 불평을 야기한다.

국제선 항공편 지연이나 결항되었을 때 소비자들의 분쟁이 많아 공정거래위원회에서 보상기준을 정해놓았다. 운송이 제대로 이루어지지 않는 결항인 경우 4시간 이내 대체편을 제공하면 200달러, 4시간이 초과하여 대체편을 제공하면 400달러를 보상한다. 결항시간이 4시간을 초과하였을 경우에는 4시간 이내 대체편을 제공하면 300달러, 4시간이 초과하여 대체편을 제공하면 600달러를 보상한다. 12시간 이내 대체편이 불가하면 운임을 환급해주고 600달러를 보상해준다. 항공기가 지연되었을 경우는 항공편이 2~4시간 지연도착하면 운임의 10%, 4~12시간 지연도착하면 운임의 20%, 12시간 초과지연도착하면 운임의 30%를 보상해준다. 체류가 필요한 경우에는 숙식비와 경비 등을 항공사가 부담한다.

국내선인 경우에는 결항인 경우 3시간 이내 대체편이 제공되면 운임의 20%를 보상하고 3시간이 초과하여 대체편이 제공되면 운임의 30%를 보상한다. 지연인 경우에는 2~3시간 이내 지연도착하면 운임의 20%를 보상하고 3시간이 초과하면 운임의 30%를 보상한다. 국내선도 체류가 필요한 경우에는 숙식비와 경비 등을 항공사가 부담한다.

국제선 항공편 지연·결항 관련
소비자분쟁해결기준

상황	운항시간	조건	배상액	비고
운송불이행	4시간 이내	4시간 이내 대체편 제공	200달러	예약취소, 초과예약, NO-RECORD 체류 필요 시 숙식비 등 경비 부담
		4시간 초과 대체편 제공	400달러	
	4시간 초과	4시간 이내 대체편 제공	300달러	
		4시간 초과 대체편 제공	600달러	
	대체편(12시간 이내)제공 불가		운임환급+600달러	
	승객 본인이 대체편 거부한 경우		운임환급+최초 대체편 제공 가능시의 보상액	
운송이행	2~4시간 지연 도착		운임의 10%	체류 필요 시 숙박비 등 경비 부담
	4~12시간 지연 도착		운임의 20%	
	12시간 초과 지연 도착		운임의 30%	

자료: 공정거래위원회

▎비행편 지연에 따른 보상내역- 공정거래위원회

항공편이 취소(Cancellation)되었다고 해서 다 보상받을 수 있는 것은 아니다. 다음과 같이 불가피하거나 항공사가 충분히 사전 조치를 했다고 하는 경우에는 보상을 받을 수 없다.

- 천재지변으로 인한 불가항력적인 상황(Extraordinary Circumstances)의 경우
- 국토부가 정해놓은 항공기의 점검
- 안전운항을 위한 항공기 조치

하지만 이런 경우처럼 보상(Compensation)을 하지 않는 경우라 하더라도 항공사는 승객이 필요 시 타 항공편 예약 변경, 다른 교통수단 확보 등을 제공하고 있다.

02 비정상 운항인 경우

1) 도착 비행편 비정상 운항(Irregular)

탑승객 전원에 대해 연결 항공편이 있는 승객으로서 Miss Connection시 당일 귀가가 불가할 경우 Hotel Lay · over 서비스나 Ground Transportation을 항공사에서 제공한다.

2) 출국 비행편 비정상 운항(Irregular)

(1) 출국 수속 전

사전 예고한 2시간 이상의 지연 및 결항 시 예약부서는 승객에게 정보를 제공하고 안내문 게시 및 안내방송을 실시(한, 영, 일)하며 관계기관에 통보 및 공문배포 후 지연시간에 따른 서비스의 종류를 결정하는 등의 세부조치를 실시한다.

(2) 탑승 전 지연(출국장 입장 후)

지연운항 정보(Information) 접수 후 관계기관에 통보하고 안내문 게시 및 안내방송을(한, 영, 일) 실시하면 VIP/CIP 승객을 고려, VIP 룸을 이용하게 될 승객에 대한 통보와 항공기에 탑승한 승객을 파악한다.

- 연결 불가능한 승객

당일 대체편 예약과 불가능시 Off · load하여 Lay · over Service를 제공 혹은 도착지에서 Lay · over Service를 제공해야 하며 관련부서 및 해당 지점에 사전 전문 조치를 한다.

- 연결 가능하나 특별 관심대상인 승객

승객에게 사전 정보 전달 후 도착 해당 지점에 전문 조치한다. 탑승시 사무장에게 정보를 제공하여 선하기 조치한다. 수하물은 문 앞쪽에 탑재한 후 전문 조치한다.

3) 항공기 결항

항공기 결항은 항공사 운항관리실 통제담당이 관련부서와 협의 후 결정하며 상기 정보 접수 후 공문을 작성하여 신속히 배포하고 안내방송을 실시하며 전담반 편성 및 임무 할당(Job Assign)을 실시하고 안내방송을 한다.

4) 항공기 회항

회항 정보를 결정한 기장이 해당 항공사 관련부서(운항관리실)와 협의한 이후 결정하며 상기 사실접수 후 정부 관계기관에 구두통보하고 승기 직원 입회하에 항공기 문을 연다. 승객 취급절차는 기내 대기 시는 2시간 이내, 승객 하기는 2시간 이상시 실시하며 기종변경을 하고 Lay Over 서비스를 실시한다.

5) 도착 항공기 비정상 운항(Irregular)

도착 전 준비사항으로는 관련 정보를 접수하고 관련부서 통보 및 공문을 배포하며 운송제한승객에 대한 정보를 접수 한 후 공항 공단 의무실에 연락을 하고 Stretcher 승객의 경우 병원 및 가족, 회사와 연락 등 사전 조치를 한다.

6) 회항(Diversion) 항공기

기상상태의 불량, 항공기의 결함, 긴급환자의 발생 등 운항 중 사전에 예기치 않은 사태의 발생으로 목적지 공항으로 운항하지 못하고 다른 대체 공항으로 목적지를 변경하고자 할 경우를 말한다.

AIR TRANSPORT

수하물 업무

SECTION 01

수하물의 종류

수하물이란 항공기를 이용하는 승객이 가지고 가는 짐을 항공사에 탁송을 의뢰하거나 휴대하는 소지품 및 물품이다.

01 수하물의 종류

1) 위탁수하물(Checked Baggage)

승객이 체크인을 할 때 기내 반입이 어려운 수하물을 항공사가 수하물표를 발행하여 항공사 책임으로 수송하는 수하물이다.

2) 휴대수하물(Unchecked Baggage)

항공사에 위탁하지 않고 승객이 직접 기내로 반입하여 자신이 휴대하는 수하물을 말한다. 대부분 크기가 작거나 귀중품 또는 깨지지 쉬운 수하물은 휴대하는 것이 바람직하다.

3) 동반수하물(Accompanied Baggage)

승객의 이동하는 항공편에 같이 운송되는 수하물을 말한다.

4) 비동반수하물(Unaccompanied Baggage)

별도 수하물로서 승객의 항공편과 관련 없이 운송되는 수하물을 말한다.

02 무료수하물 허용량(Free Baggage Allowance)

1) 무료수하물 허용

무료수하물은 승객의 여정 및 항공권의 좌석 등급에 따라 무료로 허용되는 수하물의 개수와 무게가 다르고, 항공사마다 무료수하물 규정이 다르기 때문에 사전에 체크하여 허용량을 파악해야 한다.

(1) 대한항공 수하물 규정

- 무료수하물 : 세변의 합이 158cm(62in) 이내

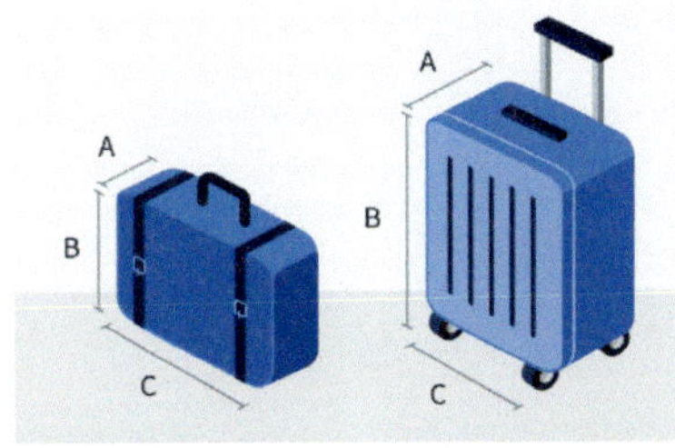

- 스포츠 장비 : 세변의 합이 158cm(62in) 이내, 일반석 기준 개별 장비 또는 세트의 무게가 23kg 이내
- 악기류 : 기내 : 세 변의 합(가로+세로+높이)이 115cm(45in) 이하, 기준에 초과하는 악기는 별도좌석 구매
- 위탁 : 세 변의 합(가로+세로+높이)이 203cm(80in), 32kg(70lb)를 초과할 경우 별도좌석 구매

(2) 아시아나항공 수하물 규정

- 기내 휴대 수하물

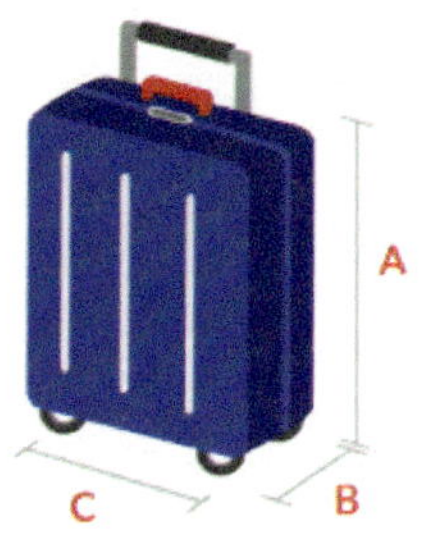

- 무게 : 10kg
- 규격기준 : A+B+C = 115cm
- 클래스별 허용 수량 : 퍼스트/비즈니스 – 2개,
  이코노미 - 1개
- 규격기준 115cm이내 : A - 55cm B - 20cm C - 40cm

- 위탁 수하물

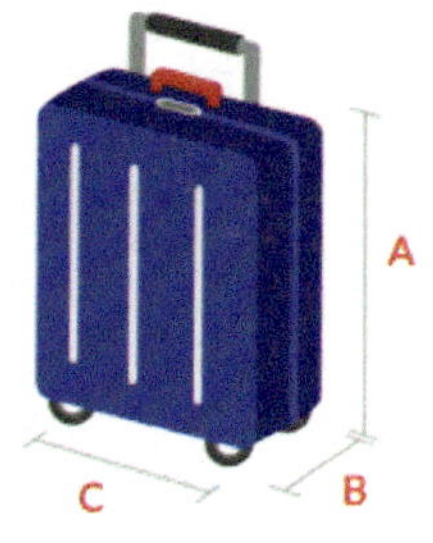

- 무게 : 클래스별로 상이
- 규격기준 : A+B+C = 158cm 이내
- 첫 번째, 두 번째 위탁 수하물 무료
- 클래스별 허용 수량 및 규격 상이 :
  퍼스트 클래스 – 32kg 이내 3개
  비즈니스 클래스 - 32kg 이내 2개
  이코노미 클래스 - 23kg 이내 2개

2) 무료 수하물 합산(Baggage Pooling)

동일편, 동일목적지로 여행하는 2명 이상의 승객이 동시에 위탁할 경우 개개인의 무료수하물 허용량을 합산한 중량에 대해 전체 무료 수하물 허용량으로 인정한다.

- 동일 항공기
- 동일 목적지
- 동일 카운터에서 동시에 Check in 실시
- 항공좌석의 Class가 동일하지 않아도 됨
- Piece System에서 개수의 Pooling만 허용되고 무게나 규격(Size)이 초과할 경

우는 해당 초과 수하물(Excess Baggage)의 추가 요금을 징수한다.

3) 운송제한 품목

발화성, 인화성 물질, 고압가스 용기, 무기 및 폭발물 종류, 독성 및 전염성 물질, 리튬전지, 드라이 아이스, 방사능 물질 등 사람이나 항공기에 해를 입힐 수 있는 물질 또는 물품을 말한다. 또한 위험물은 항공법에서 정한대로 위험물임을 신고하고 포장, 표기 및 그 밖에 엄격한 절차에 따라 운송이 되어야 하며, 위반시 2천만원 이하의 벌금 또는 과태료에 처할 수 있다.

항공운송제한품목

03 초과수하물

1) Weight System

무료수하물 허용량을 초과하는 수하물(Baggage)에 대하여 kg당 해당구간 성인 정상 요금 편도 1등석 운임의 1%씩 적용한다. 소수점 미만이 0.5kg 이하일 때에는 0.5kg으로 하고 0.5kg을 초과하면 반올림한다.

- 국제선 : 성인 일등석 요금의 1%
- 국내선 : 성인 통상 왕복요금의 1%

2) Piece System

수하물의 무게, 개수, 크기 등 제 조건을 비교하여 단위(Unit)당 징수한다.

- 개수 초과 : 초과되는 개 수당 1Unit당 추가 운임 부과(단, 무게 및 Size가 초과하지 않음을 전재)
- Size 초과 : 159~203 cm : Unit 부과, 203cm 초과: 3Unit 부과, 가방 2개의 합이 270cm초과: 1Unit 부과
- 무게 초과 : 32kg~45kg : 3Unit 부과, 45kg~55kg : 4Unit 부과, 55kg~65kg : 5Unit 부과, 65kg~75kg : 6Unit 부과

04 종가요금

승객이 항공사의 책임한계를 초과하는 물품을 운송하고자 하는 경우, 분실이나 파손으로부터 보호받기 위해 스스로 가격신고를 하고 종가요금을 지불한다.

1) 신고 대상

- Checked Baggage: kg당 USD 20,000 초과
- Unchecked Baggage: USD 600 초과

2) 종가 수하물 요율

신고 금액 중 항공사 책임한도액을 초과하는 신고가격에 대한 종가요금을 USD 100당 USD 0.50씩 징수한다. 예를 들어, 승객 A가 10kg의 수화물을 USD 1,000으로 신고했을 경우

- Declared Value: USD 1,000
- Carrier'S Liability: USD 200(USD20×10kg)
- Excess Value: USD 800(1,000-200)
- Excess Value 부과: USD 4(800/100×0.50)

3) 기타

여객 1인당 신고가격이 USD 2,500을 초과하는 수화물은 사전에 항공사와 합의가 없는 한 운송이 불가하다.

05 수하물 취급

승객의 수하물은 승객이 여행하는 동일 항공편으로 수송되어야 한다. 이를 위해서 사고 발생의 원인이 될 수 있는 Short Check in, Over Check in, Cross Check in을 방지하기 위하여 최대한의 노력을 기울여야 한다.

1) Name Label의 부착

수하물에서 Tag가 떨어지거나 기타 사고로 인하여 수하물의 소유가 분명치 않을 경우를 대비해서 Name Tag Label을 부착한다.

2) Weighting

수하물의 무게를 정확히 산정하여야 하며 초과 수하물에 대해서는 초과 수하물 요금을 징수하여야 한다. 초과수하물은 부가서비스를 이용하여 일정금액을 지불하고 무게를 추가할 수 있다. 사전에 인터넷으로 신청하면 가격이 공항카운터보다 저렴하다.

3) Tag 부착

- 승객의 최종목적지 또는 Stopover Point까지 Tagging하여야 한다.
- 각 수하물에 Tag을 부착하고 비행기 번호와 날짜 및 보안 번호를 기재한다.
- 수하물을 접수할 때 사전에 파손 가능성 및 내용품 등을 확인한다.
- 운송 중 수하물에 손상이 생길 가능성이 있을 경우 Limited Release Tag을 사용하여 승객에게 세심한 주의를 전달한다.
- 승객에게 Claim Tag 교부시 목적지를 재확인하여 Tagging 작업의 실수가 없도록 한다.
- 취급주의를 요하는 수하물은 Fragile Tag 및 기타 필요한 Tag를 부착한다.

4) 애완동물(Pet)

승객이 애완동물(Pet)을 동반하는 경우에는 사전에 예약부로부터의 'Pet Cabin' 탑재 승인 메시지(Message)를 확인하고 아래와 같은 사항에 유의하여 운송한다.

- 견고한 Cage 속에 들어있어야 한다.
- 가능한 한 수면제를 놓아 기내에서 조용할 수 있도록 한다.
- 상대방 국가의 검역을 통과해서 반드시 검역 증명서를 발급받아야 한다.

출처 : http://smartwomentravelers.com/, http://www.pitbull-chat.com/

- Bulk에 적재할 경우에는 필히 환기 가능여부를 확인한다.
- 2장의 서약서(Indemnity Letter)를 접수하여 1장은 출발지에서 보관하고 1장은 Flight Pouch에 넣어 도착지로 보낸다.
- 수하물 요금은 무료수하물 허용량에 포함시키지 않고 Piece System인 경우는 2Pc, Weight System인 경우는 Cage 무게를 포함한 전체중량에 초과수하물 요금을 부과(Excess Baggage Charge)한다.
- 도착지 항공에 애완동물 운반 전문(Pet Carriage Message)을 보낸다.
- 애완동물은 반드시 화물로 운송한다.

5) 대형 악기나 스포츠 장비류

첼로(Cello)와 같이 파손되기 쉬운 고가의 대형 악기류를 기내 수하물(Cabin Baggage)로 휴대하고자 하는 경우에는 승객의 옆 좌석 1석을 추가로 좌석을 확보해야 하며 이에 따라 별도로 항공권을 구입하여야 한다. 즉, 첼로와 같은 대형 악기류는 별도로 요금을 징수해야 하며 수하물의 무게는 75kg을 초과할 수 없다.

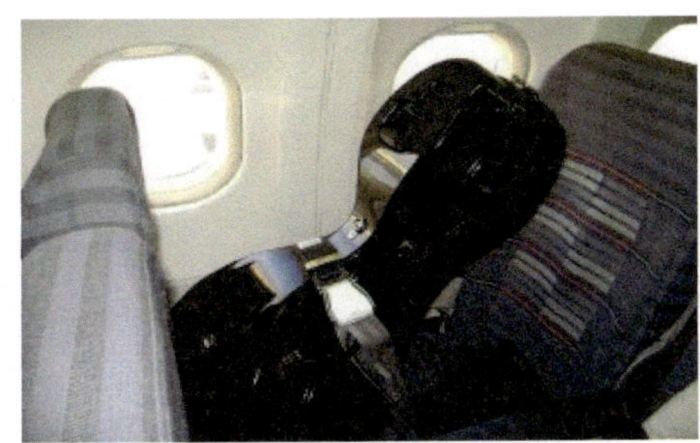

출처 : http://cellobello.com/, https://us.flyasiana.com

SECTION 02

수하물의 사고처리

01 사고 수하물

항공사에 의한 운송 또는 보관 중에 지연, 사고, 분실, 파손이 발생한 위탁 수하물로서 승객 수하물의 물질적인 손해(Actual Or Compensatory Damages)와 정신적인 손해(Moral Damages)로 나누어진다.

체크인을 하면 항공사에서 짐태그에 고유번호를 부여한 후 공항의 컨베이어벨트를 통해 지상으로 이동한 후, 지상에서 차량으로 옮겨 항공기에 싣게 된다. 이런 과정을 항공사와 지상조업사가 담당하게 되면서 수하물 사고가 발생하게 된다. 수하물 파손 되었거나 일부 분실 시에는 수취일로부터 7일 이내에 항공사에 신고해야 한다.

02 사고 수하물의 종류

1) 분실(Missing) 및 도난(Pilferage)

항공사에 위탁한 수하물이 분실되거나 도난당하여 찾을 수 없는 경우이다.

위탁수하물이 사고가 나면 항공사의 책임은 탑승한 노선의 적용 협약에 따라 배상을 한다. 중량에 의한 배상 가능액은 손님의 항공권 Bag Check난에 기재된 중량이나, Auto Bag Tag일 경우 Bag Tag상의 무게로 책정한다.

항공권에 중량이 기재되지 않았을 경우에는 승객이 직접 작성한 분실 수하물 물품 명세서를 바탕으로 IATA가 제정한 Table of Weight를 참고하여 무게를 산정한다.

일부가 분실되었을 경우에는 손님의 항공권이나 Bag Tag상에 기재된 중량에서 실제 인도된 수하물의 중량을 공제하여 실제 도난 중량에 의한 배상 가능액과 손님 청구액 중 낮은 쪽으로 보상한다.

2) 파손 및 손상(Damages)

항공사에서 위탁한 수하물을 옮기는 과정에서 내용물의 일부가 손상되거나 내용품에 손괴가 발생한 경우이다. 수하물 파손은 각 항공사의 자체 배상 약관에 따라 보상받을 수 있으나 경우에 따라서는 배상이 어려울 수도 있다.

수선(Repair)이 필요한 경우에는 수리비 영수증을 근거로 보상하고, Wet Damage의 경우도 세탁비 영수증을 근거로 보상한다. 수리가 불가능한 수하물의 파손은 원 구입가액에 연간 10%씩 감가상각액을 공제한 금액 내에서 신품을 구입하여 주거나, 현금으로 지급한다. 단, 파손된 수하물은 회수한다.

파손 및 손상에 관한 배상도 탑승하신 노선의 적용 협약의 보상 한도가 적용된다. 경미한 마모나 손상 등 정상적인 수하물 취급과정에서 발생하는 경미한 긁힘, 흠집, 눌림, 얼룩 및 일반적인 마모, 악세사리, 외부 자물쇠, 이름표, 커버, 벨트 등 부속품의 분실 및 손상에 대해서는 항공사는 책임을 지지 않는다.

3) 지연

수하물 도착이 지연되는 경우 21일 이내에 신고해야 하며, 지연 신고 시, 수하물표를 지참한다. 수하물 지연 도착 시 고객에게 1인당 1회에 한하여 일용품 구입비(Daily Necessity Fee)를 지급한다. 지급된 일용품 구입비는 수하물이 분실, 도난으로 판명되어 보상 처리하여야 할 경우 총 보상금에서 공제된다. 일회용품 구입비 지급 시 도착지가 거주지인 손님의 경우는 제외될 수 있다.

03 Claim 처리 유형

1) 사과

고객의 실수나 이미 파손된 상태로 확인되어 항공사의 과실로 인정할 수 없는 경우에 해당된다.

2) 배상

항공사의 실수로 수하물을 분실, 파손, 도난 등 항공사의 과실로 입증된 경우 금전적 배상, 또는 기타의 방법으로 처리하는 경우를 말한다.

3) 이관

다른 항공사로 트랜지트를 한 경우 항공사의 과실이 아닌 것이 입증되어 타 항공사의 책임으로 인정될 경우는 이관한다.

4) 법률적 처리

실제로 분실이나 도난, 파손일 발생할 경우 실제로 피해금액을 배상하는 것이 아닌 규정에 의한 배상합의를 하고자 할 때 고객이 동의하지 않으며 소송을 제기할 경우를 말한다.

04 Claim의 접수

신속 정확한 Claim 처리 및 허위 신고 방지를 위해 모든 Claim은 소정 기일 내에 항공사에 서면으로 이의를 제기하여야 한다. 소정 기일 내 신고 되지 않은

Claim은 항공사에 의해 거부될 수 있다. 항공사마다 기준이 다르니 참고하면 된다. 아시아나항공인 경우, 수하물에 손상이 있거나 내용품이 분실된 경우에는 수하물을 인도받은 날로부터 7일 내에, 수하물이 지연 또는 분실된 경우에는 항공사에 수하물을 위탁한 날로부터 21일 내에 해당 항공사에 서면으로 신고해야 한다. 신고시 탑승자 성명, 편명, 날짜, 수하물표, 파손된 부위 상세 사진 및 설명, 브랜드, 구입가격 등을 기입해야 한다.

- 파손 : 수하물 접수 후 7일 이내
- 지연/분실 : 수하물을 접수했어야 할 날로부터 21일 이내
- 여객이 이의 없이 수하물을 수취한 경우에는 반증이 없는 한 해당 수하물이 양호한 상태로 인도된 것으로 추정한다.

05 수하물의 보상기준

운송인은 탁송수하물의 파손, 분실의 경우 손해의 원인이 항공운송 중 발생한 경우의 손해에 대해 책임을 진다. 항공사에 위탁한 수하물의 분실, 파손 및 도난의 보상한도는 탑승하신 노선의 적용 협약에 따라 kg당 USD 20 또는 손님당 1,288 SDR이다. 단, 사전에 고가품임을 신고하고 종가요금을 지불한 경우 신고가격으로 보상하고 초과 수하물 요금을 지불하였을 경우에는 지불한 중량을 기준으로 보상하는 것을 원칙으로 하고 있다.

"SDR(SPECIAL DRAWING RIGHT)"이란 국제통화기금이 정한 특별 인출권을 말한다. SDR로 표시된 금액을 각국 통화로 환산하는 경우, 소송의 경우에는 법원의 최종 판결 일에 유효한 해당 통화와의 환율을 적용하고 소송 이외의 경우에는 지불해야 할 보상금액이 합의된 날에 유효한 해당 통화와의 환율을 적용한다.

- 배상한도액 · 위탁수하물 : kg당 FRF 250(USD 20) 또는 그 상당액

- 휴대수하물 : 1인당 FRF 5,000(USD 400) 또는 그 상당액
- 단, 승객이 사전에 보다 높은 가격을 신고하여 종가요금을 지불한 경우에는 신고가격까지 배상받을 수 있다.

06 사고수하물의 처리

1) 사고수하물에 대한 PIR 작성

분실(Missing)인 경우, PIR(Property Irregularity Report)를 발급한다.

예약시스템에 표시(Display)된 내용을 P.I.R 빈 양식(Blank Form)에 2부를 프린트한 후 승객에게 1부를 발급하고 승객의 서명을 득한 1부는 항공사 관련 지점에서 보관한다. 인터넷으로 신고할 수도 있다. Claim 접수 즉시하거나 파손된 경우에는 수취일로부터 7일 이내 해당 항공사에 신고해야 한다.

Claim 제기 시 반드시 항공사가 요구하는 증빙물(Bag Claim Tag, 승객 Ticket Coupon, Etc.)을 제시하여야 한다.:

PIR(Property Irregularity Report) 작성 시 유의사항은 다음과 같다.

- 영문 Block Letter로 기재
- 승객의 전이름(Full Name) 기재
- 수하물 총 무게(Baggage Total Piece/Weight)를 정확히 기재
- 승객 서명 날인 및 접수직원의 Full Name 기재
- D/F Fee를 지불한 경우 선지불(Advanced Paid)란에 기재
- 손상(Demage)의 경우 파손내역을 정확히 기재
- P.I.R 작성 시 손해배상청구서도 함께 작성
- 원본은 고객에게, 사본은 항공사 관련 발행지점(소)에서 보관
- 관련서류 첨부
- 항공권 복사본

- 수하물표
- 초과수하물표/종가요금 수하물표
- P.I.R 작성

수하물 보상에서 제외, 약관에 의한 제한된 보상은 다음과 같다. 이용 구간에 따라, 보상에서 제외 되거나 운송약관 또는 몬트리올협약에 의한 제한된 보상으로 한다.

- 고객에 의한 사고 또는 과실로 손해가 발생한 경우
- 너무 무겁거나 가방 용량에 비해 무리하게 내용품을 넣은 경우의 수하물 파손(수하물 파손에 동반한 내용품 파손 및 분실 포함)
- 보안검색 과정에서 발생한 잠금장치 파손이나 X-Ray 통과로 인한 필름 손상
- 정상적으로 수하물을 취급하는 과정에서 발생한 경미한 긁힘, 마모, 눌림, 흠집, 얼룩 등
- 아래와 같이 위탁 수하물로의 운송이 금지되는 물품으로 반드시 기내 반입 휴대 수하물로 운송해야 할 물품
  - 파손되기 쉬운 물품이거나 부패하기 쉬운 물품, 악기류 등
  - 건강과 관련된 의약품
  - 노트북 컴퓨터, 스마트폰, 카메라, 캠코더 등 고가의 개인 전자제품 또는 데이터
  - 현금, 보석이나 귀금속, 유가증권, 계약서, 논문과 같은 서류, 여권, 신분증, 열쇠, 견본(샘플), 골동품 등 가치를 따지기 어려운 귀중한 물건

2) Local Tracing

도착지 항공 또는 Claim 접수 지점(Station)에서 추적(Tracing)을 실시하고 배상액 지불시 승객이 소지한 PIR을 회수하고 합의서(Release Form)에 승객의 서명을 받는다.

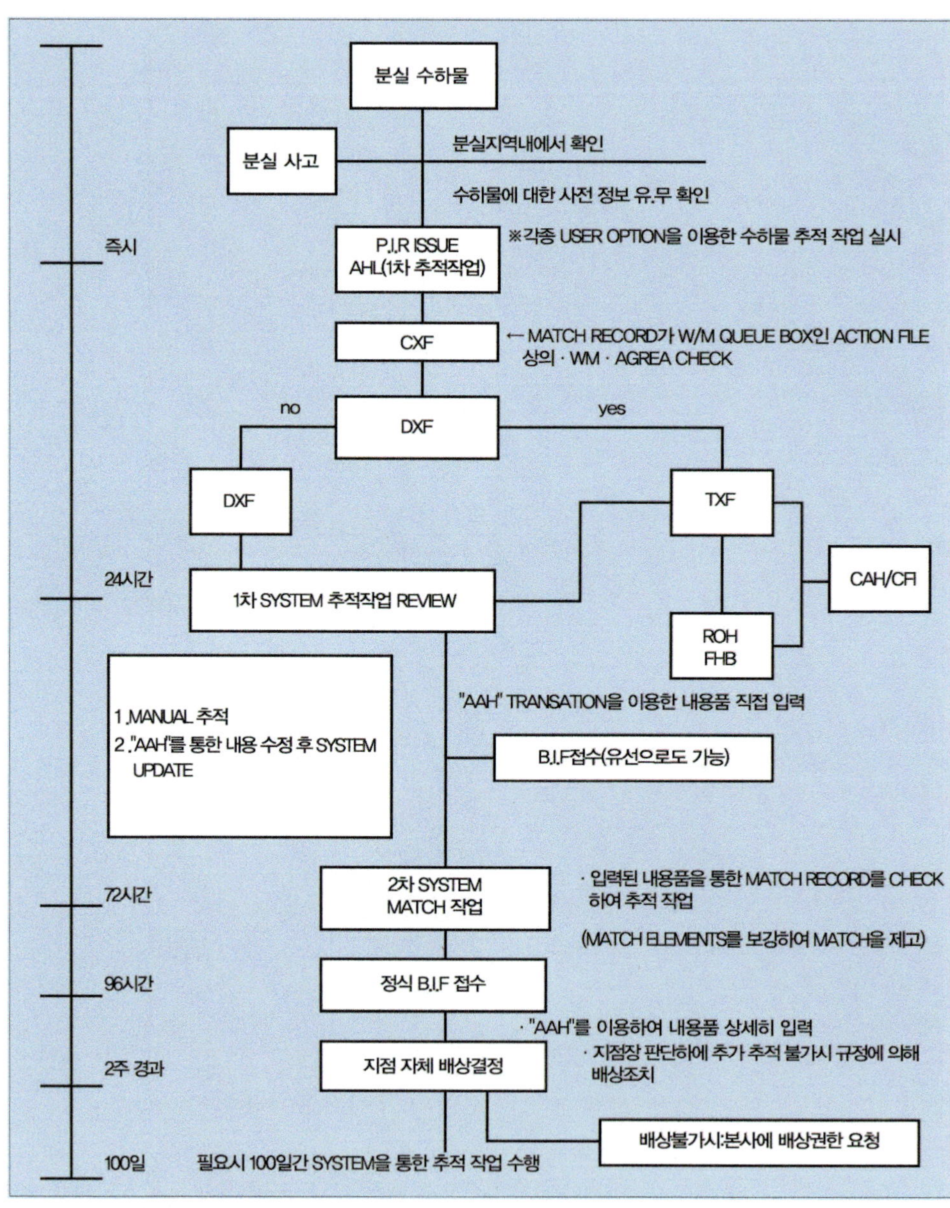

분실 수하물
분실 사고
분실지역내에서 확인
수하물에 대한 사전 정보 유.무 확인
즉시
P.I.R ISSUE
AHL(1차 추적작업)
※각종 USER OPTION을 이용한 수하물 추적 작업 실시
CXF
← MATCH RECORD가 W/M QUEUE BOX인 ACTION FILE 상의 · WM · AGREA CHECK
no
DXF
yes
DXF
TXF
CAH/CFI
24시간
1차 SYSTEM 추적작업 REVIEW
ROH
FHB
1.MANUAL 추적
2."AAH"를 통한 내용 수정 후 SYSTEM UPDATE
"AAH" TRANSATION을 이용한 내용품 직접 입력
B.I.F접수(유선으로도 가능)
72시간
2차 SYSTEM MATCH 작업
· 입력된 내용품을 통한 MATCH RECORD를 CHECK 하여 추적 작업
(MATCH ELEMENTS를 보강하여 MATCH율 제고)
96시간
정식 B.I.F 접수
· "AAH"를 이용하여 내용품 상세히 입력
2주 경과
지점 자체 배상결정
· 지점장 판단하에 추가 추적 불가시 규정에 의해 배상조치
배상불가시:본사에 배상권한 요청
100일
필요시 100일간 SYSTEM을 통한 추적 작업 수행

▌분실 수하물 처리 절차

배상 기준은 다음과 같다.

- 항공사 해당 지점장 재량권

  분실 중량에 의한 협의 불가 시, 고객 항의 확산 방지 차원에서 관련 지점의 지점장 판단 하에 탄력적으로 활용한다.

- 수하물 지연 배상금(Mishandled Baggage Cash Advance)

승객의 위탁수하물이 도착하지 않은 경우에 필요한 일용품을 승객이 구입할 수 있도록 지급하는 비용이다. 최대 USD 50까지 1회에 한해 지급이 가능하다. 국내선은 최대 20,000원까지 1회에 한해 지불이 가능하다. 수하물 지연 배상금은 최종 배상 시 배상액과는 별도로 지급한다.

AIR TRANSPORT

CHAPTER 06 

항공시스템의 이해

항공예약 시스템

01 항공예약

항공예약이란 항공사가 보유하고 있는 항공기 좌석을 특정한 항공노선에서 특정한 날짜와 시간에 사용할 수 있다는 것을 항공여행자에게 알려주는 항공기좌석 사용에 대한 사전약속이다.

항공사에서는 수요를 예측하여 여객이 원하는 노선과 날짜 및 시간에 공급 좌석의 규모를 계획하여 판매를 촉진하여 수입을 증대한다. 또한 예약상황을 파악하여 적절한 항공기를 투입하여 효율을 증진시킨다. 이에 맞춰 여행자가 항공기를 이용할 때 필요한 정보를 제공하고 관련된 서비스를 제공한다.

1) 항공예약 기능

항공예약의 기능은 항공을 이용하려는 고객과 관련된 항공노선, 탑승일자와 시간, 좌석등급, 좌석배정, 특별 기내식, 휠체어서비스, 기타서비스 등에 관한 사항을 파악하고 고객이 편안하게 이용할 수 있도록 하는 것이다. 따라서 고객은 미리 항공을 이용하려는 계획을 세울 수 있고, 항공사는 1년 전부터 예약이 가능하기 때문에 판매현황을 파악할 수 있어 예측과 통제가 가능하고 항공사의 수익을 창출하는 데 도움이 된다.

예약판매는 좌석 이용을 최대한 활용할 수 있고 초과예약상황이 발생하지 않도록 관리할 수 있어 항공사의 수익을 극대화 할 수 있다. 또한 예약고객의 특성을 파악하여 고객서비스에 활용할 수 있어 마케팅에도 도움이 된다. 최근에는 항공과 연계된 호텔, 렌터카, 교통서비스 등도 예약을 업체와 협업을 하여 진행하고 있으며 해당국가의 환율, 기상정보 등도 제공하고 있다.

2) 항공예약 절차

항공권을 구입하려는 고객은 항공사 홈페이지, 항공권발급 사이트, 모바일 앱, 항공사 발권카운터, 항공권 판매대리점, 제휴항공사 발권카운터, 등에서 구입할 수 있다. 예약된 항공권은 항공사의 종합 전산 시스템에 입력되어 관리한다.

예약을 할 때는 고객의 일정에 맞는 항공편을 확인하고, 다음 일정과 연계해 차질이 없도록 조정한다. 예약을 확인한 후 반드시 구입한 날짜와 시간을 확인한 후 결재를 해야 한다. 발권시한을 넘기면 항공예약이 자동적으로 취소된다.

(1) 컴퓨터 예약시스템(항공사 홈페이지나 모바일 앱, 콜센터)

가장 많이 항공권을 구입하는 방법은 항공사의 홈페이지나 모바일 앱을 통한 예약시스템에 접속하여 예약하는 것이다. 접근이 용이하고, 원하는 장소나 날짜나 시간, 인원수, 좌석등급을 선택하여 항공권 금액을 직접 확인한 후 바로 결재가 가능하며, 예약여부를 확정할 수 있어 고객의 입장에서는 아주 편리한 시스템이다. 인터넷활용이 어려우면 전화로 예약할 수도 있다.

(2) 항공사 발권카운터

고객이 항공사 발권카운터를 직접 방문하여 예약을 할 수도 있다.

(3) 항공권 판매대리점

여행사나 항공권 판매대리점을 직접 방문하거나 전화로 예약을 할 수 있다. 항공사에서 대행 수수료를 대리점에 지불한다.

(4) 제휴항공사의 발권카운터

고객이 제휴항공사 발권카운터를 직접 방문하여 예약하는 것이다. 항공사는 제휴항공사에 서로 상쇄되는 수수료는 제외하고 대행수수료를 정산한다.

02 컴퓨터 예약시스템(Computer Reservation System : CRS)

1) 컴퓨터 예약시스템(CRS)

세계항공운송시장의 수요가 증가하면서 신속하고 정확한 예약업무를 처리하기 위해 업무의 자동화 필요성이 대두되었다. 미국의 아메리칸항공사가 컴퓨터회사인 IBM과 공동작업으로 세계 최초의 CRS인 SABRE(Semi-Automated Business Research Environment)를 개발하였고, 다른 항공사들도 예약업무의 자동화를 추진하여 유나이티드항공의 APOLLO시스템, 델타항공의 DATAS 시스템, 노스웨스트항공과 트랜스월드항공의 PARS 등의 컴퓨터예약 시스템이 개발되었다.

이 후 크고 작은 컴퓨터예약 시스템이 개발되었으나 변화를 거듭하면서 대형 예약시스템회사로 통폐합되었고, 2000년대에 인터넷이라는 새로운 네트워크가 형성되면서 항공권의 예약 및 판매의 새로운 유통채널이 구축되었다.

우리나라에서는 대한항공이 1975년에 'KALCOS(Korean Airline Computer Online System)를 개발하여 예약업무의 자동화하였다. 초기의 버전의 발전하면서 TOPAS(Total Passenger Service System)라는 전산시스템이 탄생하였다. 이후 TOPAS는 유럽의 대형 CRS 중의 하나인 AMADEUS와 제휴하면서 항공 및 관광 관련 예약, 항공운임계산, 한글여행정보, 고객관리, 대리점업무지원을 추가하였다. 아시아나항공은 아시아 · 태평양지역의 항공사가 연합하여 설립한 전산예약 시스템인 애바커스(ABACUS) 시스템을 사용하고 있다.

이렇게 발전한 컴퓨터 예약시스템(Computer Reservation System : CRS)의 기능은 항공사의 주 컴퓨터에 연결된 전산단말기를 통하여 항공권의 예약, 발권, 운송업무, 운임 등 항공운송에 관한 종합적인 서비스를 실시간으로 제공하는 시스템이다. 컴퓨터 예약시스템은 항공사의 복잡한 예약과 발권업무 등을 대행하게 되면서 보다 더 편리하고 정확하게 업무를 수행할 수 있게 되었다. 또한 컴퓨터 예약시스템은 항공사와 고객, 여행사와 연계서비스를 연결할 수 있어 일의 효율성이 높아졌다.

2) 컴퓨터 예약시스템(CRS)의 기능

컴퓨터예약 시스템은 항공권 예약업무 외에도 호텔, 렌터카, 철도, 여객선 등의 예약서비스와 항공사와 여행사의 업무지원 및 부대기능 등도 지원하고 있다.

(1) 예약

컴퓨터예약 시스템(CRS)의 단말기를 이용하여 항공편의 좌석이나 연계된 호텔, 랜터카, 철도 등을 예약할 수 있다. 예전에는 항공노선들이 복잡하게 얽혀있어 고객이 요구하는 일정을 찾는데 시간이 많이 소요되었는데 지금은 검색만으로도 원하는 장소의 남아있는 항공권을 파악할 수 있어 시간을 절약할 수 있고 장소에 구분없이 예약이 용이하다.

(2) 항공사의 수익창출

컴퓨터예약 시스템(CRS)은 실시간으로 현재 남아있는 항공기의 좌석을 파악할 수 있고, 과거의 자료들을 분석하여 적절한 항공기의 비행일정을 계획할 수 있다. 또한 남아 있는 좌석이 많은 경우 항공기 좌석의 판매를 촉진시킬 수 있는 할인운임을 적용하는 마케팅을 펼칠 수 있어 최대한 좌석의 판매를 최대로 끌어올릴 수 있다. 인기가 많은 항공기의 좌석은 항공기를 증편하는 방법도 고려할 수 있어 항공사의 수익구조를 극대화할 수 있는 장점이 있다.

(3) 마케팅 및 정보제공

컴퓨터예약 시스템(CRS)은 항공사와 연계된 여행사에도 연결되어 있어 항공권 판매대리점인 여행사의 업무를 지원하기도 한다. 여행사는 자사의 고객을 관리하고, 여행상품에 대한 손익계산과 청구서 발행도 할 수 있어 많이 이용하고 있다. 또한 해당지역의 환율, 세관, 출입국정보, 교통편, 호텔정보 등 다양한 정보를 제공하고 있다.

03 항공권의 이해

1) 항공권이란?

항공권이란 항공기를 탑승할 승객과 항공사 간에 항공기 탑승에 관한 계약을 표시하는 계약증서이다. 항공권은 여객뿐만 아니라 수하물의 운송에도 사용된다. 항공권은 IATA에서 정한 국제적 표준양식을 사용하고 있다. 항공권의 유효기간은 1년이며 출발하는 시점의 운임을 적용한다. 항공권은 본인만 사용이 가능하며 타인에게 양도가 금지되어 있다.

2) 항공권의 종류

항공권에는 항공사의 운송약관 및 수하물 규정안내 및 운송에 관한 약정이 있으며, 운송조건과 여객과 수하물 규정안내와 정책 및 요금정보 등이 구체적인 내용들이 명시되어 있다. 고객은 항공운송에 관한 여객의 권리와 책임을 제시하는 증서이기도 하다.

(1) 여객항공권(Passenger Ticket and Baggage Check)

승객이 항공예약을 하면 항공사는 승객이 원하는 구간에 승객을 운송하고 위탁수하물도 같이 수송할 수 있는 증서이다. 우리나라는 2005년부터 전자항공권(Electronic Ticket)이 상용화되었다.

(2) M.C.O(Miscellaneous Charge Order)

지불증(유가증권)이라 하며 승객이 항공여행 중에 부대서비스를 원할 경우나 항공요금을 추가해야 하거나 환불을 할 때 사용하는 운송증표를 말한다. 항공사에서 보상 및 서비스 제공 차원에서 현금 대신 승객에게 지급하며 항공운임, 기내 면세품, 호텔 등의 부대서비스 비용을 지불할 수 있다.

(3) 초과 수하물 운임권(Excess Baggage Ticket)

항공권을 구입한 승객의 수하물이 무료허용량을 초과하면 추가로 초과 수하물 운임을 부담해야 할 때 발행하는 운송증표이다. 초과 수하물 운임은 항공사, 탑승노선, 항공사 마일리지, 탑승등급에 따라 차이가 있다.

3) 항공권의 구성

(1) 수기항공권(MIT : Manually Issued Ticket)

전자항공권이 나오기 전까지 항공권의 기재 내용을 모두 수기로 기입하는 항공권이다. 항공사 초기에는 수기 항공권이 주를 이루고 있었다. 수기 항공권은 항공사가 발행하여 항공권, 은행이 항공사를 대리하여 다수의 여행대리점을 연결하는 시스템을 갖추고 항공권의 배포, 판매대금 회수, 판매수수료 지급 등의 업무를 대신하는 대체결제 형식의 BSP(Bank and Settlement Plan)가 있다.

(2) 전산항공권(TAT : Transitional Automated Ticket)

전산시스템을 이용하여 승객이 예약을 하면 자동으로 발행되는 항공권이다. 전산항공권의 양식은 IATA에서 정한 표준양식을 사용하고 있으며, 전산시스템에 승객의 예약기록에 반영된 정보를 이용하여 발행하는 항공권이다.

(3) 탑승권겸용 항공권(ATB : Automated Ticket & Boarding Pass)

항공권에 탑승권이 같이 부착된 형태로 미국, 유럽 등의 항공사에서 사용하였다. 항공권에 항공기 편명, 탑승시간, 좌석번호 등 탑승권 기능이 표기되어 있었다.

(4) 전자항공권(ET : Electronic Ticket)

전자항공권이란 발권자가 GDS(Global Distribution System)를 통해 승객의 발권된 항공권 정보를 실시간으로 발권하는 항공사에 컴퓨터 시스템을 통해 승인 및 저장하는 방식이다. 이러한 전자항공권을 발권하기 위해서는 발권시스템과

(주)액션스쿠바

이민정(bluemjl@hotmail.com)
Tel 02-3785-3535, Fax 02-6015-4646

e-Ticket Receipt & Itinerary

TRAVELPORT Official Partner

승객정보(Traveller)

승객명(Passenger Name)	**KIM/DONGHANMR**
예약번호(Booking Reference)	4ZGNGL / 1G
항공권번호(e-Ticket Number)	**1269311974168**

여정 (Itinerary)

편명(Flight) **GA 879 (항공사예약번호:5FCUWB)** 클래스(Class): T(일반석)
가루다 인도네시아 항공 **예약상태(Status)** OK

해당 항공편은 인천공항의 제 2여객터미널에서 운항 됩니다.

출발(Departure)	**인천, Incheon Intl Arpt (ICN)**	**23SEP23**	**10:35**	**Terminal No : 2**
도착(Arrival)	자카르타, Soekarno Hatta Intl (CGK)	23SEP23	15:35	Terminal No : 3

운임(Fare Basis)	T3MKR	유효기간	Not Valid Before	
수하물(Baggage Allowance)	30Kilos		Not Valid After	23DEC23

* 기내 휴대 수하물 및 금지품목 정보 *

기내 휴대 수하물 : **1 Piece**
1st Bag:NO FEE UPTO15LB/7KG AND UPTO45LI/115LCM

편명(Flight) **GA 606 (항공사예약번호:5FCUWB)** 클래스(Class): T(일반석)
가루다 인도네시아 항공 **예약상태(Status)** OK

출발(Departure)	**자카르타, Soekarno Hatta Intl (CGK)**	**24SEP23**	**02:45**	Terminal No : 3
도착(Arrival)	메나도, Samratulang Arpt (MDC)	24SEP23	06:55	

운임(Fare Basis)	T3MKR	유효기간	Not Valid Before	
수하물(Baggage Allowance)	30Kilos		Not Valid After	23DEC23

* 기내 휴대 수하물 및 금지품목 정보 *

기내 휴대 수하물 : **1 Piece**
1st Bag:NO FEE UPTO15LB/7KG AND UPTO45LI/115LCM
* 위탁수하물 규정 안내 *
적용노선 : ICN - MDC
위탁 수하물 허용량 : **30 Kg**
1st Bag: CHGS MAY APPLY IF BAGS EXCEED TTL WT ALLOWANCE
2nd Bag: CHGS MAY APPLY IF BAGS EXCEED TTL WT ALLOWANCE
수하물 정책 및 요금 정보 - http://VIEWTRIP.TRAVELPORT.COM/BAGGAGEPOLICY/GA

편명(Flight) **GA 601 (항공사예약번호:5FCUWB)** 클래스(Class): N(일반석)
가루다 인도네시아 항공 **예약상태(Status)** OK

출발(Departure)	**메나도, Samratulang Arpt (MDC)**	**02OCT23**	**14:45**	
도착(Arrival)	자카르타, Soekarno Hatta Intl (CGK)	02OCT23	16:50	Terminal No : 3

운임(Fare Basis)	N6MKR	유효기간	Not Valid Before	26SEP23
수하물(Baggage Allowance)	30Kilos		Not Valid After	23DEC23

▌E-Ticket 발행 확인서

발권 정보의 상호연계, 발권 정보의 데이터베이스 구축, 체크인 기능의 보완, 항공권의 심사 및 판매보고 등이 모두 포함된 별도의 컴퓨터시스템이 필요하다. 승객은 이러한 컴퓨터 시스템에 접근할 수 있도록 인터넷이 가능한 곳에서 항공권을 예약하고 결재를 함으로써 항공권을 구매하고, 이메일, 문자메시지 등으로 승객에게 발권 확인증을 발급해 준다. 이러한 방식은 승객의 탑승이나 항공권 환불, 재발행 등의 업무도 자유롭게 처리할 수 있다. 분실이나 도난의 위험도 사라지고, 인터넷으로 다운받을 수 있어 시간과 인력도 단축하고 있다. 승객들이 직접 항공권을 구입할 수 있어 대행사의 판매수수료도 절감된다.

또한 전자항공권은 승객의 탑승수속을 간소화할 수 있고, 장소를 구분하지 않고 인터넷이나 모바일에서 탑승수속을 하고 탑승권도 발급받을 있어 이전에 비해 절차가 아주 편리해졌다.

04 항공권 운임

1) 항공권 운임적용

항공권은 첫 구간 여행 개시일에 유효한 운임을 적용한다. 항공운임의 적용은 일반적으로 국제선 첫 구간의 여행 개시 일에 유효한 운임을 적용한다. 항공권 발행 후 항공운임의 변동이 생기거나 여행 개시 전이라면 운임 변동 분을 추징하고, 인하 분은 환급하는 것이 원칙이며 여행 개시 후에는 항공권 유효기간 내에 한해서는 인상, 인하 등의 변화에 영향을 받지 않는다.

2) 항공운임 통화계산

모든 항공운임은 최초 국제선 출발지 국가의 화폐단위로 계산된다. 한국출발의 경우는 1995년 4월 1일부터 KRW(대한민국 통화코드, 원)을 출발지국 통화로 사용하게 되었다. 일부국가에서는 USD를 항공운임 통화로 사용하기도 한다.

3) 항공운임에 따른 유효기간 적용

항공권은 적용하는 운임에 따라 사용할 수 있는 유효기간이 상이하다.

정상운임은 여행 개시일로부터 1년이며, 여행을 개시하지 않았을 경우는 항공권 발행일로부터 1년간 유효하다.

특별운임은 요금이 제시하는 운임규정에 따라 유효기간이 상이하며 최소체류 의무기간과 최대 체류허용기간을 함께 제한하는 경우가 대부분이다.

항공권의 유효기간 계산은 여행 개시일 또는 발행일 다음날부터 계산되며, 항공권은 유효기간 만료일 자정까지 유효하다, 즉 마지막 항공권의 사용을 최종여행 만료일 자정 이전에만 개시하면 된다.

유효기간이 월(Month)로 규정되어 있을 경우에는 해당 월의 동일 일자까지 유효하고, 유효기간이 년(Year)으로 규정되었을 때는 일 년 뒤의 같은 날로 한다. 기준일이 해당 월의 마지막 일자인 경우, 만료 월의 마지막 일까지 유효한 것으로 하며, 유효기간 만료 월에 해당 일자가 존재하지 않을 경우 만료 월의 마지막 일까지 유효한 것으로 한다.

예시) · 15일 유효기간 : 01MAY - 16MAY
· 3개월 유효기간 : 30MAY - 30AUG
· 1년 유효기간 : 5MAY2023-5〈MAY2024
· 1개월 유효기간 : 30/31MAY - 30JUN
· 3개월 유효기간 : 30MAY - 31AUG

항공권을 재발행하는 경우의 유효기간은 최초발행 항공권의 유효기간 중 남은 기간에 한한다. 단, 유효기간의 변경을 전제로 운임차액을 지불한 후 재발행하는 경우 새로운 유효기간을 적용받을 수 있다.

항공권은 타인에게 양도가 불가능하며, 항공권의 모든 권한은 이름난에 명시된 승객에게만 주어진다. 항공권의 탑승용 쿠폰은 반드시 승객 보관용 쿠폰과 동일하게 명시되어 있는 순서대로 사용하여야 쿠폰순서를 바꾸어 탑승하고자 하는 경우 탑승이 거절될 수 있다.

4) 항공권 기재사항

(1) 항공권의 좌석등급

항공권의 좌석 등급은 크게 3가지 클래스로 분류된다. 최근 주요 대형항공사들은 각 등급의 또 다른 서비스를 추가하여 고객만족과 수익향상을 동시에 실행할 수 있는 정책들이 실시하고 있다.

- F: First Class(일등석)
- C: Business Class(비지니스 클래스·상용우대석)
- Y: Economy Class(일반석·보통석)

(2) 무료위탁수하물 허용량(Free Baggage Allowance)

항공권에 승객이 위탁 수하물을 무료로 처리하는 서비스가 2가지 있는데 중량제(Weight System)와 갯수제(Piece System)이다.

분류를 할 때 지역별로 적용하는 서비스가 다른데 동남아, 중국, 일본, 구주 및 대양주는 중량제가 적용되며, 미국, 캐나다, 중남미 등은 개수제이다. 무료 기내반입이 가능한 수하물은 1개이며. 가로 · 세로 · 높이 삼면의 합이 115cm 이내, 무게는 10kg 이하이다.

동일항공편으로 동일목적지로 여행하는 동일한 2인 이상의 단체인 경우 각 개인의 무료수하물 허용량의 합계를 단체승객 전원에 대한 허용량으로 무료수하물 합산(Baggage Pooling)이라고 한다.

항공발권업무

전자 항공권이 도입되면서 항공사는 승객에게 제공되는 항공권 정보를 실물 항공권이 아닌 전자 항공권 발행확인서(ITR: Passenger Itinerary Ticket Receipt)를 전송해 준다. 여행사나 예약승객은 항공권 발행 확인서나 여정표, 카드 영수증 혹은 여행사 자체보관용 문서 등의 출력할 수 있는 프린터 환경을 설정해야 한다.

전자 발권이란 발권자가 GDS(Global Distribution System)를 통해 승객의 발권된 항공권 정보를 실시간으로 발권 항공사(Issuing Carrier)의 컴퓨터 시스템(Database)을 통해 승인 및 저장하도록 하여 승객의 탑승 및 항공권 환불/재발행 등의 업무 진행 시 전산으로 자유롭게 조회하고 처리할 수 있도록 하는 발권 방식을 말한다.

01 전자 항공권

IATA에서 2005년경부터 전자 항공권 제도 시행을 시작한 후 FSC(Full Service Carrier) 항공사의 대부분이 전자 항공권을 발행하고 있다. 다만, 특정 국가의 국내선 항공 노선만을 소유한 일부 LCC(Low Cost Carrier) 항공사 또는 소규모 Local 항공사의 경우 일부는 전자 항공권을 사용하지 않는 경우도 있다고 한다.

전자 항공권을 발행하는 항공사들은 각 사가 허용하는 전자 항공권 발행의 규정 및 허용범위가 존재한다. 각 항공사는 전자 항공권 발행의 기본 규정을 인지하고 허용범위 내에서 발권 기능을 사용해야 한다.

1) 전자 항공권 : 탑승용

예약을 하고 전자 항공권을 발권한 승객이 공항에서 탑승 수속을 하려면 전자 항공권 정보를 확인해야 한다. 항공사마다 발권 규정에 따라 전자 항공권의 발행 범위나 방법은 다르지만, BSP 여행사에서 GDS를 통해 발행된 전자 항공권은 각 항공사의 시스템으로 전송되어 탑승 시 확인하게 된다.

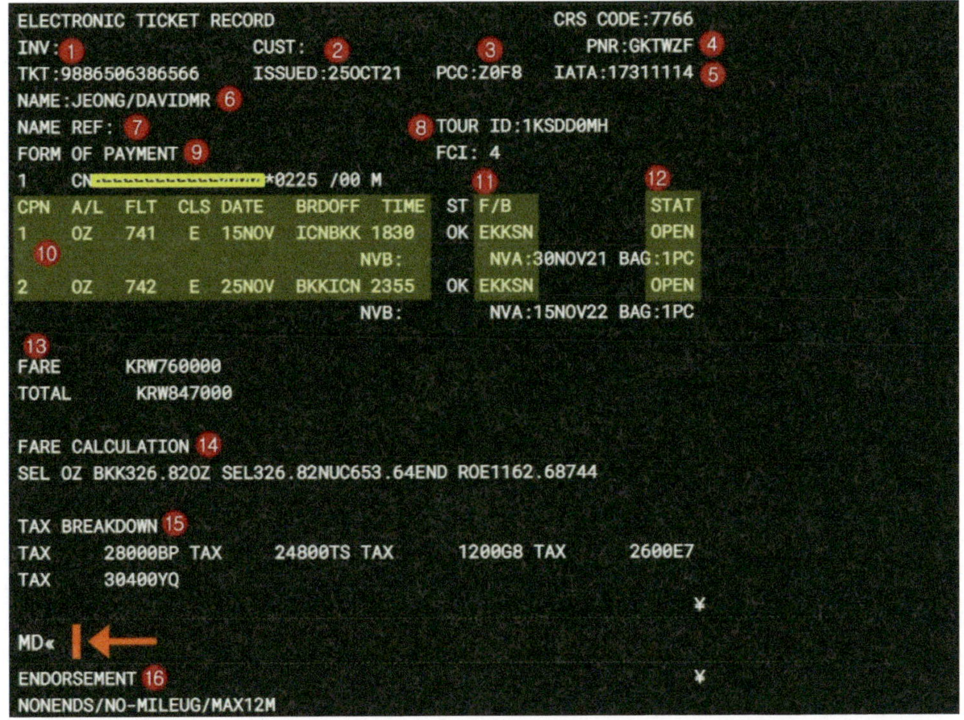

```
ELECTRONIC TICKET RECORD                         CRS CODE:7766
INV:①                CUST: ②          ③         PNR:GKTWZF ④
TKT:9886506386566    ISSUED:25OCT21   PCC:Z0F8   IATA:17311114 ⑤
NAME:JEONG/DAVIDMR ⑥
NAME REF: ⑦                          ⑧TOUR ID:1KSDD0MH
FORM OF PAYMENT ⑨                     FCI: 4
1    CN                *0225 /00 M        ⑪               ⑫
CPN  A/L  FLT  CLS DATE   BRDOFF  TIME  ST F/B             STAT
1    OZ   741   E  15NOV  ICNBKK 1830   OK EKKSN           OPEN
  ⑩                          NVB:          NVA:30NOV21 BAG:1PC
2    OZ   742   E  25NOV  BKKICN 2355   OK EKKSN           OPEN
                             NVB:          NVA:15NOV22 BAG:1PC

⑬
FARE       KRW760000
TOTAL       KRW847000

FARE CALCULATION ⑭
SEL OZ BKK326.82OZ SEL326.82NUC653.64END ROE1162.68744

TAX BREAKDOWN ⑮
TAX     28000BP TAX     24800TS TAX      1200G8 TAX     2600E7
TAX     30400YQ
                                                              ¥
MD«

ENDORSEMENT ⑯                                                 ¥
NONENDS/NO-MILEUG/MAX12M
```

① TKT : 항공권 번호 ② ISSUED : 발행일자
③ PCC : 발행 점소 ④ PNR : 발권 PNR
⑤ IATA : 여행사의 IATA(BSP) 번호⑥ NAME : 승객명
⑦ NAME REF : 승객 중 소아, 유아의 나이 부분(C05)
⑧ TOUR ID : 항공사 할인에 대한 AUTH번호 및 TOUR CODE
⑨ FOP : 지불수단(Form of Payment) ⑩ CPN AL FLT CLS DATE ... : 발행된 구간의 여정정보
⑪ F/B : 운임종류(Fare Basis) 코드
⑫ STAT : 발행된 항공권 COUPON의 사용상태 (Coupon Status)
⑬ FARE : 항공운임값(TAX 미포함) ⑭ FARE CALCULATION : 운임구성내역
⑮ TAX BREAKDOWN : 적용된 TAX 코드와 값 ⑯ ENDORSEMENT : 항공권 제한사항

출처 : 아시아나세이버(2022)

전자 항공권에는 승객의 이름과 탑승 구간에 대한 정보, 운임 정보, 지불수단, 운임에 대한 제한사항, 수하물정보 등이 기록되며, 발권 담당자는 전자항공권이 올바르게 발행되었는지 여부를 ETR 항목별로 확인을 한 후 탑승권을 발행한다.

일반 승객이 전자 항공권 정보를 표시하는 방식을 이해하기는 어려우므로 승객에게는 전자 항공권 발행 확인서(ITR)라는 형식으로 제공된다.

2) 전자 항공권 발행확인서(ITR: Passenger Itinerary & Receipt) : 승객 용

항공권을 예약하면 전자항공권 발행 확인서가 도착한다. 항공권을 발급했다는 것을 증빙하는 승객 보관용 양식이다. 출입국 시 항공권을 대체하는 증빙으로 사용될 수 있기 때문에 입국하기 전까지 소지해야 한다. 전자 항공권에 있는 정보를 승객들이 이해할 수 있도록 한 양식이다. 유의사항, 출입국 규정, 수하물 규정안내, 항공권 운임정보, 항공권 제한사항 등이 함께 전송되며, 항공권을 발행하는 GDS에 따라 ITR 양식이 다를 수 있다.

전자항공권 발행확인서(e-Ticket Passenger Itinerary Receipt)는 전자항공권을 발급받은 승객이 항공권을 소지하고 있지 않은 상태에서 여행 도중에 본인의 항공권 발급 여부를 증명해야 하거나 혹은 항공운임을 지불한 증빙이 필요한 경우 증명할 수 있는 증서이다.

특정국가 입국 시 입국법무부에서 발권된 항공권 증빙을 요구받을 경우 전자항공권 발행확인서를 제출할 수도 있다. 다른 국가 출입국 심사 시 중요한 항공권 서류가 될 수 있으므로 여행기간 동안 반드시 소지해야 한다.

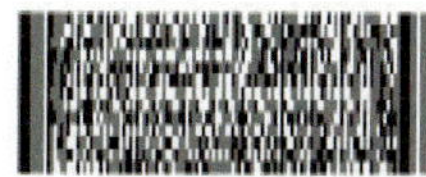

1444 / 27JAN2024

승객성명 Passenger Name	항공권번호 Ticket Number	예약번호 Booking Reference
HONG/GILDONG MR (KE11402627****)	**1802340956719**	**6719-4435 (69SAMF)**

여정 Itinerary

출발 From	도착 To	편명 Flight
ICN 서울/인천(Incheon) **10FEB2024(토) 18:50** (Local Time) Terminal No : 2	**CEB** 세부(Mactan International) **10FEB2024(토) 22:25** (Local Time) Terminal No : 2	**KE 615** Operated by KE KOREAN AIR

예약등급 Class : E (일반석)	예약상태 Status : OK (확약)	좌석번호 Seat number : 30F
운임 Fare Basis : EHEVZRKS	수하물 Baggage : 1 Piece	항공권 유효기간 Validity : -10AUG2024
기종 Aircraft Type : Boeing 777-300	비행시간 Flight Duration : 04H 35M	SKYPASS 마일리지 SKYPASS Miles : 1,887

출발 From	도착 To	편명 Flight
CEB 세부(Mactan International) **17FEB2024(토) 00:10** (Local Time) Terminal No : 2	**ICN** 서울/인천(Incheon) **17FEB2024(토) 05:35** (Local Time) Terminal No : 2	**KE 616** Operated by KE KOREAN AIR

예약등급 Class : B (일반석)	예약상태 Status : OK (확약)	좌석번호 Seat number : 30G
운임 Fare Basis : BHE0ZRKS	수하물 Baggage : 1 Piece	항공권 유효기간 Validity : -10AUG2024
기종 Aircraft Type : Boeing 777-300	비행시간 Flight Duration : 04H 25M	SKYPASS 마일리지 SKYPASS Miles : 1,887

- 스케줄, 기종 및 좌석등급(서비스클래스)는 부득이한 사유로 사전 예고없이 변경될 수 있습니다. 또한 항공기 교체등의 부득이한 사유로 선택하신 좌석이 변경될 수 있으니 탑승수속 시 기종 및 좌석번호를 재확인해 주시기 바랍니다.

유의사항 Notice

- 항공사가 제공하는 운송 및 기타 서비스는 운송 약관에 준하며, 필요시 참조하실 수 있습니다. 이 약관은 발행 항공사를 통해 확인하실 수 있습니다. 운송약관 및 고지사항
- 본 e-티켓 확인증과 함께 제공된 법적 고지문을 반드시 참고하여 주시기 바랍니다.
- 대한민국 항공보안법 규정에 따라 탑승구에서 여권과 탑승권을 확인하고 있사오니 협조하여 주시기 바랍니다.

e-티켓 확인증 관련

3) Agent Coupon : 여행사 보관용

전자 항공권을 발급한 BSP 여행사는 자체적으로 발행한 항공권 기록을 보관해야 한다. 발권한 승객의 여정 변경 또는 환불 절차를 진행할 때 실제 판매한 항공권 정보가 필요하기 때문이다. 항공예약발권 시스템인 GDS별로 발권된 항공권의 여행사 보관용 증빙을 파일로 보관하거나 시스템 서버에 보관할 수 있는데 이것을 Agent Coupon이라고 한다. Agent Coupon에는 실제 판매금액 및 발권 수수료 정보, 상세 지불수단 정보 등이 추가로 제공된다.

** AGENT COUPON **

TKT NBR ① : 2206506386575:1 ISSUED BY : LUFTHANSA ②
ISSUING ③ : 26OCT21 / 17311114 / ABACUS TRAINING ROO SEOUL KR
NAME ④ : PARK/TESTMS PNR : ULFUSJ/1B Z0F8/40126
ENDS/RSTR ⑤ : FARE RESTRICTION MAY APPLY

C	ST	CAR	FLT	CLA	FROM	TO	DATE	TIME ⑥	STATUS	FARE BASIS	NVB	NVA	B/A
1		LH	713	Y	ICN	FRA	01NOV	1510	CONFIRMED	YRCKR		01NOV22	1PC
2	O	LH	712	Y	FRA	ICN	11NOV	1735	CONFIRMED	YRCKR		01NOV22	1PC

FARE CALCULATION : SEL LH FRA1214.25LH SEL1214.25NUC2428.50END ROE11 62.68744
FARE : KRW 2,823,600 ⑦ EQV : TAX : 28000BP 13700DE 46800RA 80700OY 26100YR 494400YQ
TOTAL : KRW 3,513,300
FOP ⑧ : CAXXXXXXXXXXXX4444 M12345678 XX/XX
ORIGINAL ISSUE : TOUR CODE :
EXCHANGED TICKET : OB FEE :
NEW TICKET :
CONTROL NBR : [7766/] [FCI00]

⑨

REMIT	CARD	CASH	DC	COMM	TAX
KRW	3,513,300	0	0	G0	689,700

① TKT NBR 항공권 번호 ② ISSUED BY 발행 항공사
③ ISSUING 발행일/IATA 번호/발행 점소명 ④ NAME 승객명
⑤ ENDS/RSTR 항공권 제한사항(Endorsement)
⑥ 항공권 여정정보 탑승편, 탑승일자, 구간, 좌석상태, Fare Basis, 무료 수하물 정보 외
⑦ FARE / TAX / TOTAL 항공운임 / TAX / 합계 금액
⑧ FOP 지불수단 정보(Form Of Payment)
⑨ REMITTANCE 실제 지불 금액, 할인 금액(DC), 발권 수수료

출처 : 아시아나세이버(2022)

4) BSP 전자지불증 - EMD (Electronic Miscellaneous Document)

항공사의 지불증인 MCO와 동일한 기능을 가진 운송증표이다. 2014년 초부터 전자 항공권인 ET와 동일한 개념인 EMD(Electronic Miscellaneous Document)로 보급되기 시작했으며, 2014년 11월부터 전 BSP 여행사에서 EMD로 일원화되어 사용되고 있다. EMD의 기능으로는 여정변경으로 인한 차액징수, 환불 및 항공사별 기내/운송 서비스 관련 비용 징수 등에 주로 사용된다.

02 항공권 발권

전자항공권을 발권하기 위해서는 우선 항공권 확보를 위한 배정신청 및 전자발권이 가능한 항공사의 정보조회, 각 항공사의 전자발권 규정 등을 확인해야 한다. 발권 담당자는 사전에 확인하여 발권 오류를 최소화해야 한다.

최종적으로 올바른 발권이란 승객의 여정에 맞는 조건을 이용하여 올바른 운임을 저장한 이후에 항공사가 제시하는 발권 규정에 알맞은 내용으로 항공권을 발행함으로써 승객의 여행이 무사히 진행될 수 있도록 지원하는 것이다.

1) 항목별 발권기능

항공별 기본 기능

조건내용	입력형태
발권 지시어 기본 형태	W¥PQ¥AYY¥FCASH¥KP0
저장 운임 및 승객 지정 모든 승객 발권(동일 승객 유형)	PQ
1번 운임(PQ)과 2번 승객(N)지정 발권	PQ1N2
2번 운임(PQ)과 2-5번 승객(N)지정 발권	KP
발권 항공사 지정(A)	AOZ
지불 수단 지정(F)	FCASH F*CA5555111122223333/0225*E03
발권 수수료(KP)	KP0 혹은 KPN3
할인 금액(NET/D)	NET/D150000 NET/D150000/F*21SELIT12345 (할인과 동시에 TOUR CODE 입력시) NET/D150000/CC350000(할인과 동시에 카드 지불시: 1인당 카드금액 입력요망)
•항공권 제한 사항 기본 입력(EO/) •기존 ENDS 내용에 추가 입력(ED) *총147자 까지 입력 가능 - 기호 포함	EO/NON ENDS/NON RRT/ REF CHRG KRW50000 ED DOB10JAN22
TOUR CODE/ AUTH 번호(UN*) *총14자 입력 가능-기호 포함	UN*21SELIT12345 (할인금액 없이 TOUR CODE만 입력시)

항공사의 각종 발권 규정 및 판매규정에 따라 항목별 지시어를 활용하여 항공권 발행을 진행할 수 있다. 발권을 위한 기본 지시어는 W¥이며 복수의 기능을 연결하여 사용 시 ¥(Cross of Loraine)를 사용한다. 기본 지시어 외에 사용하는 최소 필수항목으로는 운임 및 승객 지정(PQ), 지불수단(F), 발권수수료(KP)이다.

(1) 저장운임 및 승객지정

PNR에 저장운임을 사용해야 하며 승객유형에 따라 각 승객에게 알맞은 운임이 저장되어 있어야 한다. 발권 시 승객번호와 저장운임을 동시에 지정해야 한다.

(2) 발권항공사 지정

PNR 자동운임계산 시 발권 항공사가 자동으로 지정되어 PQ 운임 정보에 저장되며, "VALIDATING CARRIER"로 지정된 항공사가 자동으로 발권 항공사가 된다. 만약, PQ 상의 운임 계산 항공사와 발권 항공사를 다르게 지정하는 경우에는 발권을 할 수 없다.

(3) 지불수단 지정

승객이 항공운임을 지불하는 방법에는 현금과 카드가 있으며 혼합해서 지불하여 사용할 수도 있다. 신용카드만으로 지불하는 경우 시스템이 운임정보(Fare Record)상의 Fare 금액과 Tax, 발권 지시어 상에 입력되는 할인금액을 자동으로 계산하여 발권시점에 카드사로 승인을 받는 금액을 전송한다.

(4) 발권수수료 입력

항공사별로 지정된 발권 수수료 징수 규정을 확인하여 기준 금액에서 %로 징수되도록 입력하는 기능으로 항공권(ETR)상에는 표기되지 않는다.

공시운임이 아닌 추가 할인된 판매금액을 기준으로 징수하는 경우 반드시 할인금액 입력 기능(NET/D)과 함께 사용해야 하며, PRIVATE FARE 발권인 경우에는 공시운임 자체가 판매금액이므로 KP로 징수한다.

(5) 할인금액 입력

공시운임으로 판매하지 않고 할인을 통하여 판매하는 경우 공시운임과 판매금액 간의 차이를 계산하여 해당 금액을 할인금액으로 입력한다. 할인금액이 존재하는 경우 발권 수수료는 KPN3과 같은 형식으로 함께 사용해야 한다.

공시운임을 그대로 판매하는 경우나 PRIVATE FARE로 판매하는 경우에는 추가로 입력할 필요가 없다.

(6) 항공권 제한사항

항공운임별로 항공사가 정해 놓은 규정에 따라 발권 및 운송과 관련된 제한사항을 수동으로 입력하는 기능이다. 대부분의 항공사가 운임등록 시 규정에 따른 제한사항을 시스템상에 Filing해 놓은 경우가 많아서 자동운임계산 시 운임정보(Fare Record)상에 자동으로 반영되어 있으나, 사용자가 임의로 수정해야 하는 경우가 발생하거나 소아, 유아 발권 시 추가정보를 입력해야 하는 경우 사용할 수 있다. 최대 가능 입력글자 수는 147자이다.

단, 이미 FARE RECORD상에 자동 등록된 제한사항이 있음에도 불구하고 사용자가 EO/를 이용하여 내용을 입력하는 경우에는 수정 입력한 내용이 덮어쓰기(OVERRIDE)되므로 유의해야 한다.

(7) 항공사 AUTH번호 및 TOUR CODE입력

항공사가 할인금액을 제공하는 경우나 혹은 단체여행에 대한 증빙번호 등이 부여 되는 경우 입력하는 기능으로 항공권상에 TOUR CODE 위치에 입력된다. 최대 14자리까지 입력이 가능하며, '–' 과 같은 기호나 띄어쓰기는 입력되지 않으므로 필요한 경우 ' / ' 로 대신하여 사용할 수 있다.

Private Fare의 경우 자동으로 PQ RECORD 상에 TOUR CODE가 저장되어 있으므로 수정하거나 입력할 필요가 없다.

2) 항공권 발권 절차

항공권 발행에서 가장 중요한 부분은 적절한 운임계산이다. 승객의 여행조건에 적합하면서 저렴한 운임을 사용할 수 있도록 진행하는 것이다. 그것을 위해서는 PNR을 작성하는 시점부터 사용 가능한 운임조건에 맞는 CLASS를 선택하는 것이 발권 업무의 시작이다. 위의 단계와 판매가 조회 기능을 참고하여 다음의 조건에 맞는 PNR작성과 운임계산 그리고 그에 따른 발권을 진행한다.

▌항공운임 지시어

순서	내용	지시어
1단계	여정조건에 맞는 구간운임 조회 및 Booking Class 확인	FQSELSIN10DEC-SQ
2단계	Booking Class에 맞게 PNR 작성	*ABCDEF
3단계	PNR 자동운임계산	WP
4단계	운임의 선택	PQ
5단계	PNR 저장	ER
6단계	저장운임 조회 및 확인	*PQ
7단계	발권조건에 맞는 발권 지시어 실행	W¥PQ¥ASQ¥FCASH¥KP0
8단계	PNR 재조회	*RR
9단계	Ticketing Field 조회 및 ETR 확인	*T → WETR*2

3) 발권 관리

항공권을 발권한 승객이 발권 이후 여정변경이 발생하면, 환불이나 판매취소를 요구하게 된다. 판매취소는 판매 당일에 한해서이며, 만약 판매가 이루어진 익일에 판매취소를 요구하는 경우에는 환불처리를 통해 판매금액을 돌려줘야 한다. 항공권은 발권한 후에도 승객들의 상황에 따라 정보를 변경할 수 있어 데이터관리가 필요하다.

(1) 여정변경과 Revalidation

Revalidation이란 승객이 결정한 여정으로 항공권을 발권한 뒤 승객의 요청에 의해 발권된 일자 및 시간을 변경하는 경우가 발생한다. 이때 이미 발권된 항공권 즉 ETR은 PNR상의 여정이 변경되더라도 자동적으로 발권된 여정내용이 변경되지 않는다. 따라서 발권 담당자가 PNR의 여정만을 변경한다면 승객은 예약상의 여정과 항공권 상의 여정이 달라 승객이 여행 도중에 변경된 여정이 취소될 수도 있어 변경된 PNR여정과 동일하게 항공권 데이터를 일치시키는 기능이 Revalidation이다. 이 기능은 항공사마다 여행사가 직접 처리할 수 있도록 허용하는 경우와 그렇지 않은 경우가 있어 상황에 맞게 잘 처리해야 한다.

Revalidation 허용범위

- 운임의 변화가 없는 범위 내에서의 여정변경이 가능(일자나 편명)
- 운임이 같더라도 발권된 쿠폰의 개수가 변경되는 경우는 재발행
- Revalidation 하고자 하는 쿠폰의 상태가 OPEN 상태이어야 함
- 승객별, 구간별로 나누어서 진행해야 함

Revalidation 절차

- PNR의 여정을 변경 및 저장
- Revalidation을 진행할 ETR을 조회
- ETR 내의 쿠폰 상태를 확인
- 일치시킬 PNR구간 번호와 ETR의 쿠폰 번호를 지정하여 진행

(2) 판매취소(Void)

승객이 항공권을 발권한 이후에 판매취소를 요구하는 경우 혹은 발권자의 실수로 발권오류가 발생한 경우 해당 판매내역을 취소하는 기능이다.

판매취소는 항공권을 발권한 당일에만 허용된다. 전자항공권을 발권하는 시점에도 해당 항공사가 ET규정을 검증하고 발권에 대한 승인을 처리하는 것처럼 판

매취소도 해당 항공사에서 판매취소에 대한 승인번호를 전송한다. 이것을 ESAC (Electronic Settlement Authorization Code)라고 하며 ETR내에 생성된다.

(3) 환불(Refund)

발권한 승객이 판매일 익일 이후에, 발권된 항공권에 대해 사용을 취소하고 지불한 금액을 돌려받고자 할 때 진행하는 절차를 환불이라고 한다. 승객이 구입한 항공권의 전부나 일부를 사용하지 않은 상태에서 운임을 반환하는 것이다. IATA는 2008년부터 한국지역에서 Manual에서 AUTO로 환불방식을 변경하여 절차의 효율성을 높이고 있다.

AUTO REFUND의 특징은 여행사가 환불 내역을 입력하면 자동적으로 BSP에 보고되어 별도의 증빙을 제출할 필요가 없어 관리가 용이하다. 당일 발권된 항공권은 환불 처리가 불가하고 환불 진행시 환불금 계산 및 환불 수수료가 자동 반영된 내역을 제공하여 전체과정을 자동으로 처리할 수 있다. AUTO REFUND가 불가한 항공권은 MANUAL REFUND방식으로 항공권(ETR)쿠폰만 환불 상태로 변경 후 BSP Link 사이트를 통해 별도 정산 보고를 진행해야 한다.

항공운임업무

항공기로 승객이나 화물을 운반하고 대가를 받는 것을 항공운임이라고 한다. 항공운임은 국제항공운송협회(IATA)가 효율적인 기준으로 항공지리 및 방향지표를 정하여 적용되고 있다. IATA는 항공운임 및 관련 규정의 결정을 위해 편의상 세계를 3개의 지역(Area1,2,3)으로 분할하여 각 지역별로 운송회의를 운영하고 있다.

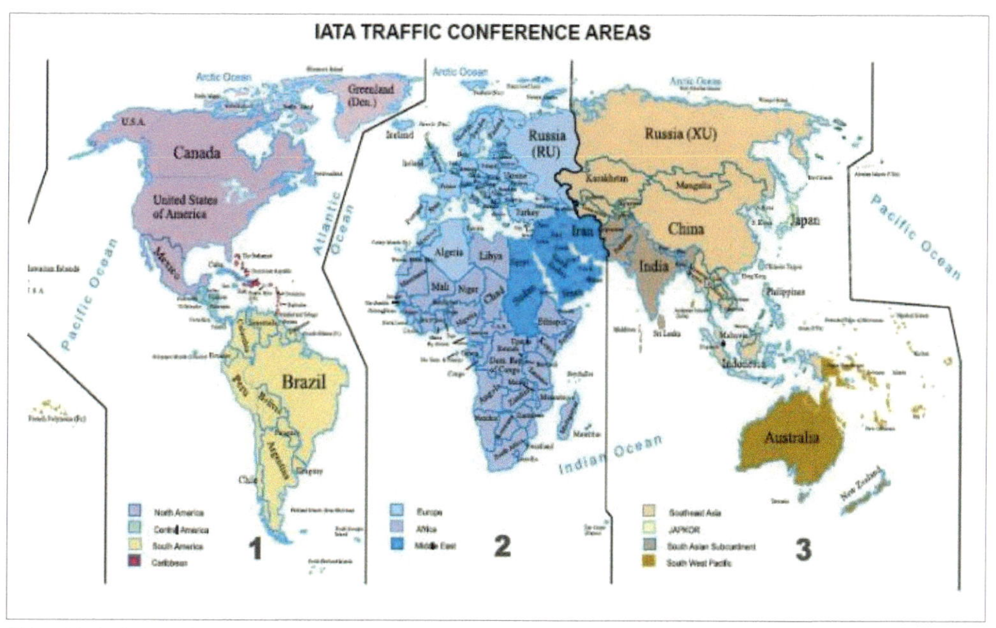

❙ IATA TC1, TC2, TC3
출처 : http://www.iata.org/

01 항공운임의 결정

1) 항공운임의 적용

일반적으로 국제선의 항공운임은 출발지를 기준으로 운임을 공시하고 있으나 동일한 구간이라도 운임의 적용 방향에 따라 운임이 다를 수 있다. 먼저 운임은 여정의 진행방향으로 운임을 적용한다. 출발지 국가에서 돌아올 때는 반대방향으로 적용한다. 단순 왕복 구간이라도 승객이 실제로 어느 지역에서 항공권을 발권하는가에 따라서 운임이 다를 수 있다. 따라서 정확한 운임을 적용하기 위해서는 승객의 여행의 방향성을 지표로 표시하는 방향지표(GI: Global Indicator)를 참고한다.

또한 각 국가마다 물가 및 화폐가치가 다르기 때문에 같은 국제선 운임은 출발지의 운임을 원칙으로 적용하고 있다. 하지만 여러 나라를 거치는 경우에는 운임계산이 복잡해져서 통화조정을 하는 운임중립단위제 제도를 사용한다. 때로는 항공권을 출발지국이 아닌 곳에서 발권을 하게 되면 정확한 운임산출을 위하여 항공권의 판매지표를 적용한다.

2) 항공운임 결정요소

국제선 항공운임은 IATA 운임 조정회의에서 결정되며, 이것을 각 국가의 정부가 승인함으로써 효력을 갖는다. IATA는 전 세계적으로 사용되는 항공운임이 변화될 때 조정회의를 거쳐서 결정하며 다음과 같은 요소를 감안한다.

(1) 운항거리

항공운임에서 가장 기본적인 요소는 운항거리이다. 항공운임은 운항거리에 비례해 값이 상승한다. 운임이 증가하는 폭은 완만하게 책정된다.

(2) 출발지국가의 경제력

항공운임은 출발지 국가의 화폐단위로 결정되기 때문에 출발지 국가의 통화가치 및 경제력을 고려하여 결정한다.

(3) 기존 노선의 수요와 탑승실적

기존에 운항되고 있던 노선이 있다면 해당 노선의 탑승실적 및 항공편의 수를 감안하여 설정한다. 새로운 노선은 지역의 상황을 판단하여 예측하여 결정한다.

(4) 국가와 항공사의 정책

운항하는 국가의 교통정책과 해당 항공사의 판매정책도 운임을 설정할 때 반영한다.

(5) 운송 소요비용

노선을 운항하는데 소요되는 비용들을 적용하여 반영한다. 도시간의 유류비나 해당공항의 세금정책 등을 감안한다.

02 항공운임 계산

항공운임의 계산은 일반적으로 적용되는 마일리지시스템과 경유 도시와 운항하는 항공사를 명시하여 운임을 적용하는 경로 시스템의 방식이 있다.

1) 마일리지 시스템

일반적으로 항공을 이용하는 승객은 출발지에서 목적지까지 갈 때는 편도나 왕복을 선택한다. 하지만 목적지까지 가는 도중에 중간지점을 경유하는 여정도 있다. 이때 가장 단순한 방법은 가는 곳의 구간을 더해서 운임을 설정하는 것이다. 하지만 구간이 많아지면 운임이 정비례적으로 증가하게 되어 이를 조금 더 효율적으로 산정하기 위해 도입된 것이 마일리지 제도이다.

마일리지제도는 승객이 여행한 도시 간의 이동거리를 기준으로 운임을 산정하는 방식이다. 실제로 승객이 중간지점을 포함한 여행한 거리(Ticketed Point Mileage - TPM)의 합과 최대허용거리(Maximum Permitted Mileage - MPM)를 비교하여 출발지에서 목적지까지의 운임을 그대로 적용할 것인지 아니면 운임을 할증하여 추가로 더 받을 것인지를 계산하는 방식이다.

마일리지시스템을 산정하는 데에는 아래 3가지 요소가 사용되고 있다.

- 발권구간거리(Ticketed Point Mileage-TPM)

구간별로 승객이 실제 이동한 거리이며 이것의 합계를 산출하여 최대허용거리와 비교한다.

- 최대허용거리(Maximum Pointed Mileage-MPM)

출발지에서 최종 목적지인 두 도시간의 공시운임을 사용할 수 있는 최대허용거리이다.

- 초과거리 할증(Excess Mileage Surcharge-EMS)

출발지부터 목적지 사이에 여러 개의 중간지점을 경유하게 되면 승객이 실제 이동한 거리인 총 합이 출발지와 최종목적지 사이에 설정되어 있는 최대허용거리의 합보다 크게 될 경우에는 출발지와 목적지 간에 설정되어 있는 공시운임을 그대로 사용할 수 없어 특정한 비율의 할증을 적용하는 것을 초과거리 할증이라고 한다.

2) 경로 시스템

승객이 미리 지정된 여정에 따라 여행하는 경우에만 출발지와 목적지 간의 운임이 적용되는 방식이다.

- 해당 구간의 여정에서 항공편 연결 등으로 특정도시가 경유지로 사용되는 경우이다.

- 항공사의 노선연결이 어려울 때 승객의 운임을 마일리지 시스템으로 계산했을 때 높게 산출되는 경우에 경로시스템으로 운임을 산출하면 운임 수준도 낮아진다.
- 다른 항공사와 항공운임을 정산할 때 특정 도시를 경유하도록 하거나 특정 항공사를 이용하도록 하는 조건을 설정할 필요가 있을 경우이다.

03 항공운임 여정

항공운임 계산규정은 여정의 종류별로 운임적용의 차이가 있으므로 정확한 항공운임을 산출하고 적용하기 위해서는 승객의 여정 종류를 구별하는 것이 중요하며, 아래와 같이 5가지 종류로 구분될 수 있다.

1) 편도여정(OW: One Way)

편도여정은 왕복여정과 일주여정을 제외한 모든 여정이 이에 해당된다. 예를 들면, SEL/HKG/TYO와 같은 여정이다. 편도운임을 적용한다.

2) 왕복여정(RT: Round Trip)

출발지와 도착지가 동일한 여정이다. 출발여정과 도착여정의 운임이 동일하게 적용된다. 예를 들면, SEL/HKG/SEL 등과 같이 원래 출발지로 되돌아오는 여정이다.

3) 일주여정(CT: Circle Trip)

일주여정은 출발지와 도착지가 동일한 여정이다. 여정 중에 최초 출발도시로 되돌아 올 때 동일한 노선을 사용하지 않는다. 여정 중에 운임마디가 두 개 이상으로 구성된 여정이다. 왕복여정과 일주여정의 구분이 어려운 경우가 많다.

예를 들면 SEL/TPE/MNL/HKG/SEL 등의 여정이 여기에 속할 수 있다.

4) 세계일주여정(RTW: Round The World Trip)

출발지에서 동쪽이나 서쪽으로 진행되며 태평양 및 대서양을 횡단하면서 이루어지는 여정이다. 예를 들면 SEL/HKG/LON/LAX/SEL 등의 여정이다.

5) 가위벌린여정(OJT: Open Jaw Trip)

왕복여정과 유사하지만 여행일정의 연속성이 중단된 형태이다. 국내의 출발지점과 도착지점이 다르거나, 타국 내의 도착지점과 출발지점이 다른 여정이다. 예를 들면, SEL/OSA - OSA/PUS, SEL/BKK - HKG/PUS 등의 경우이다.

04 항공운임 종류

국제선 항공운임은 승객의 여행형태, 여행목적, 여행조건 등에 따라서 정상운임과 특별운임으로 나눌 수 있다. 특별운임은 여행자의 신분 등에 의한 할인운임과 항공사 판촉활동의 일환으로 적용되는 판촉운임 등 3가지로 구분할 수 있다.

1) 정상운임(Normal fare)

정상운임은 항공사마다 정해진 요금으로 주중과 주말이 다르며 비수기와 성수기의 요금이 다르다. 정상운임 항공권 구매 후 예약내용, 일정변경 등이 가능하다. 항공권의 유효기간은 발권 후 첫 구간을 1년 이내에 사용해야 하며, 나머지 구간도 1년 이내 모두 사용해야 한다.

2) 특별운임/판촉운임(Special / Promotional Fare)

정상운임이 아닌 나머지 운임이 특별운임으로 구분될 수 있다. 승객의 여행조건이나 신분에 따라 운임이 저렴해 질 수 있다. 항공사에서 판매촉진의 수단으로 특정구간의 수요나 공급좌석 수 등을 고려하여 탄력적으로 운영하는 운임이다. 다만 여행일정 변경, 환불, 사전구입 등의 조건을 제한한다. 신혼부부나 이민자, 대형여행사와의 여행상품 등이 이에 속한다.

3) 할인운임(Discounted Fare)

정상운임이나 특별운임에도 적용되며 일반적으로 승객의 나이나 신분에 따라 할인 혜택을 받을 수 있는 운임이다. 항공운임을 반영할 때 성인의 구분은 만 12세 이상인 경우이다. 나이기준인 소아와 영아, 신분과 나이의 제한인 학생, 선원, 여행의 조건에 따른 단체인솔자, 이민자 등은 노선의 특성에 따라 지정된 할인을 제공한다.

(1) 유아운임(IN)

최초 여행 개시일 기준으로 만 14일 이상 만2세 미만의 좌석을 점유하지 않는 승객이다. 운임수준은 성인운임의 10%를 적용한다. 다만 국내선 구간은 나라마다 규정이 다르게 적용되므로 확인이 필요하다. 무료수하물은 3변의 길이의 합이 158cm 이내여야 하며, 접혀지는 유모차 1개는 추가할 수 있다.

(2) 소아운임(CH)

최초 여행일 기준으로 만2세 이상 만12세 미만으로 성인 보호자가 동반하는 승객이다. 성인운임의 75%를 적용하며, 무료수하물허용량은 성인과 동일하다. 소아운임은 항공사마다 다를 수 있다.

(3) 비동반 소아 운임(UM)

최초 여행일 기준으로 만5세 이상 만12세 미만으로 성인 보호자 없이 혼자 여행하는 승객이나 동반소아라도 보호자와 동반소아가 다른 CLASS에 탑승했을 때이다. 성인운임의 100%를 적용하며, 무료수하물허용량은 성인과 동일하다. 사전에 예약을 해야 하며 출발지와 도착지에서 보호자의 확인이 필요하다. 또한 항공사에서 사전에 승인을 받아야 한다.

(4) 학생운임(SD)

최초 여행일 기준으로 만12세 이상 만26세 미만으로 목적지의 정규교육기관에서 6개월 이상의 교육과정에 등록된 학생이다. 할인율은 성인운임의 75%이다. 목적기국의 학생증빙서류가 있어야 한다.

(5) 단체인솔자운임(CG)

15명 이상의 단체승객을 인솔하는 승객이다. 단체구성원의 수에 의해 할인율이 결정된다. 단체인원 중 소아 2명은 어른 1명으로 간주한다. 단체운임은 항공사로부터 별도의 승인을 받아야 발권이 가능하다.

(6) 항공사대리점운임(AD)

항공사와 대리점 계약을 체결한 대리점직원과 그 배우자로 한정한다. 본인은 정상운임의 25%, 배우자는 50%를 적용한다. 항공권의 유효기간은 발행일로부터 3개월이다. 이 운임을 적용하려면 대리점의 사용신청서, 항공사 승인서, 해당 항공사 동의서가 필요하다.

(7) 선원운임(SC)

조업과 관련해 여행하는 선원에게 적용되며, 개인은 정상운임의 75%, 단체선원은 정상요금의 60%가 적용된다. 선박회사가 발행하는 해당국적 선박취업 선원증명서가 필요하다.

CHAPTER 07

화물운송 서비스

SECTION 01

항공화물운송의 개념

항공화물이란 항공기에 의하여 운송되는 물품으로서 우편물과 여객이 휴대하는 수하물(Passenger's Baggages)을 제외한 모든 물품을 말한다. 따라서 여객이 휴대하지 아니하는 비 동반수하물(Unaccompanied Baggage)도 항공화물에 속한다. 이러한 항공화물운송의 특성을 이해하는 데는 여객운송과의 차이점과 해상화물운송과의 차이점을 비교하고 항공화물운송의 특징이 무엇인가를 파악함으로써 쉽게 이해될 것이다.

01 화물운송과 여객운송의 차이

1) 일방운송(One Way Traffic)의 특성

화물은 여행 후 출발지로 되돌아오는 여객과는 달리 일단 목적지까지 운송된 화물은 다시 되돌아오지 않는 일방운송(一方運送)의 특성을 가지고 있다. 다만 예외적으로 운송되었던 화물이 되돌아오는 경우는 운송을 한 물품을 운송의뢰인에게 되돌려주는 반환품, 판매한 물품의 수리를 위하여 제작회사나 공장에 수리를 의뢰하는 기계류, 미술품과 같이 전시목적의 물품을 전시 후에 다시 가져가기 위한 경우 등과 반제품을 수출하여 다른 나라에서 완제품으로 만든 후에 그 물품의 판매하기 위하여 원래의 제작회사로 되돌아오는 경우가 있다.

2) 동일물품의 많은 수량 및 반복운송 특성

화물운송은 1회성 여행으로 끝나는 여객운송과는 달리, 고정된 구매자가 있을 경우에는 동일한 물품이 1회 운송으로 끝나지 않고 계속적인 거래관계의 유지에 따라 동일한 물품을 반복적으로 운송하게 되는 특성이 있을 뿐만 아니라 어떠한 물품에 대한 구매자가 많을 경우에는 동일한 물품의 많은 수량을 대규모로 운송하는 특성이 있다.

3) 지상조업(Ground Handling)의 필요성

화물은 스스로 움직일 수 없기 때문에 화물운송은 여객운송과는 달리 화물을 항공기에 탑재(搭載)하거나 항공기에 탑재된 화물을 내리기 위한 Loading, Unloading, Build-Up, Break-Down 등의 지상조업을 필요로 하며, 이와 같은 지상조업을 위하여 Cargo Loader, Cargo Conveyer Car, Transporter, Dolly 등의 지상조업장비를 필요로 한다.

4) 운송상의 특성

여객은 항공권에 명시된 구간에 따라 여행을 하지만 화물운송은 출발지에서 목적지까지 어떠한 경로로 수송되든 관계가 없으며, 우회경로를 통하여 수송되었다고 해서 화주가 운송비를 추가부담 하는 일은 없다. 그러나 화물의 도착예정시간을 준수하고 양질의 대 고객서비스를 위해서는 통상적으로 목적지까지 제일 빠른 경로를 택하여 수송하는 것이 보통이다. 또한 항공화물운송은 여객운송이 주로 낮에 이루어지는 것과 달리 주로 야간에 운송되는 특성이 있다.

주간에 탁송(託送)된 화물이라도 공항의 슬롯이나 공항운영의 효율성을 높이기 위하여 특별한 경우를 제외하고 화물전용기는 야간에 운항토록 하는 것이 세계적인 관행이다.

02 화물운송과 해상운송과의 차이

1) 신속운송이 필요한 물품에 유리

항공화물운송은 운송시간이 짧아 신속성이 있는 반면 해상화물운송은 운송시간이 길어 신속성이 요구되는 물품운송에는 부적합하다.

항공화물운송은 운임부담능력이 높은 중량화물이나 부피가 큰 화물, 벌크화물 등의 운송에는 부적합하지만 고부가가치상품과 시한성이나 긴급성을 요구하는 과일, 화훼, 생선, 혈액, 장기 및 의약품 운송에는 절대적인 우월성을 지니고 있다. 이러한 이유로 최근에 제품의 소형화와 경박화(輕薄化) 및 고부가가치화 추세와 시간가치의 증대에 따라 항공화물운송이 증가되고 있는 실정이다.

2) 안전성과 경제성이 높은 특성

항공화물운송과 해상화물운송의 차이점에 대하여 안전성, 경제성, 이용편리성 및 신속성 등을 비교해 보면 항공화물운송은 운임이 비싼 반면 소형화물이나 고부가가치화물수송에 있어서는 정기 도착성, 안전성, 신속성, 이용편리성, 면에서 해상화물운송보다 유리하다는 것을 알 수 있다.

| 항공화물운송과 해상화물운송의 비교

구분	항공 운송	해상 운송	비고
운송시간(신속성)	짧다(미주 2일, 구주 2일)	길다(미주 15일, 구주 20일)	
적기 도착성	높다	낮다	
안전성	높다	낮다 -충격에 의한 파손 우려 -장기 수송에 따른 도난, 변질, 부식 우려	※ 보험요율 -항공 : 0.09 % -해상 : 0.4 %
운임(경제성)	비싸다	싸다	
이용편리성	높다	낮다	
적재용이성	제한적	비제한적	
수요예측	출하 전까지 예측 불확실	예측가능	
화물시장규모	3%이내	97% 이상	

항공화물운송의 특징

01 항공화물운송의 특징

항공화물운송의 특성은 다음과 같다.

1) 일방운송(One Way Traffic)

여행 후 출발지로 되돌아오는 여객과 달리 일단 목적지까지 운송된 화물은 다시 돌아오지 않는 일방운송이다.

2) 대규모 구매자 및 반복 거래

항공운송은 대규모의 고정 구매자가 있으며, 대부분 1회로 거래가 끝나지 않고 반복적인 거래가 유지된다.

3) 지상조업(Ground Handling)의 필요

여객과 달리 화물운송에 있어서는 Loading, Unloading, Build-Up, Break-Down 등의 지상조업이 필요하다.

4) 신속·정시성

항공운송의 가장 큰 특성은 신속, 정시성이다. 또한 항공운송은 해상운송에 비해 정시운항(On Time Operation)을 최우선으로 하고 있다.

5) 안정성

모든 운송수단이 안정을 중요시하지만 항공운송은 특히 안정성 확보를 최우선으로 하기 때문에 타 운송수단에 비해 안정성이 높다.

6) 경제성

운임 면에서 해상운송에 비해 항공운송이 훨씬 높지만, 간접비, 시간 절약 등 종합비용(Total Cost)을 고려하면 항공운송이 경제성이 높다고 할 수 있다. 화물에는 그 크기나 규격에 제한이 없기 때문에 작은 물품부터 자동차까지 운송 대상 수요가 다양하게 되었다. 항공화물의 대상이 되는 주요 품목을 아래와 같이 제시하고 있다.

- 급송을 요하는 품목
- 긴급 수요가 발생한 것
- 선박, 항공사, 공장의 기계부품, 혈청 등 의학상 긴급을 요하는 물품
- 상품견본, 계절유행상품, 재해지역에 대한 긴급 구호물자 등
- 생선, 식료품, 생 동물, 꽃, 방사성 물질 등 단기간 운송이 요구되는 품목
- 뉴스필름, 잡지, 신문, 정기 간행물 등 판매시기를 놓치면 상품가치가 떨어지는 품목
- 중량에 비해 운임부담이 있는 부가가치가 높은 화물
- 귀금속, 미술품, 시계, 전자제품, 광학제품, 약품, 컴퓨터 등
- 항공운송수단이 다른 운송수단 보다 저렴하거나 동일한 정도인 것
- 유통관리나 마케팅 전략에 따른 물품

02 항공화물운송의 장·단점

1) 항공화물운송의 장점

(1) 물류상의 장점

- 긴급화물, 소형화물의 운송에 적합
- 수요기간이 짧은 물품의 운송에 적합
- 운송시간의 단축으로 비용절감 및 화물의 손해발생기회 감소
- 포장비의 절감
- 통관의 간소화

(2) 비용 상의 장점

- 포장의 경량화에 따른 운임절감
- 육상운송에 비해 저렴한 보험료
- 운송중인 상품에 대한 투자자본의 비용 절감
- 신속성으로 인한 보관비 절감
- 하역처리 빈도가 적어 도난, 파손위험의 발생률 저하
- 보관기간이 짧아 창고시설 임차료, 관리비의 절감

(3) 서비스 상의 장점

- 갑작스런 수요 증가에 대처
- 변질성 상품의 시장 확대 가능
- 판매기간이 짧은 상품도 시장 경쟁력 확보 가능
- 운송중인 상품의 위치 파악용이
- 고가, 소형 상품의 운송에 유리하다.

- 물품의 손상이 적다.
- 포장이 간단하여 포장비가 저렴하다.
- 운송속도가 빠르다.
- 긴급화물, 유행 민감 상품의 운송에 적합하다.
- 화주의 경우 재고관련비용이 절감된다.

2) 항공화물운송의 단점

항공운송의 단점은 다음과 같다.

- 대형, 대량화물의 운송에는 부적합하다.
- 운임이 비싸고 화물의 중량제한이 있다.
- 기후의 영향을 가장 많이 받는다.
- 이용가능지역이 제한된다(공항이 없는 중소도시는 이용불가).
- 운송의 완결성이 부족하다.

03 항공화물운송의 판매경로

항공화물이라는 상품의 판매경로는 자사영업장, IATA대리점, 혼재업자, 총판매대리점, 타 항공사 등 다섯 가지로 분류할 수 있다. 일반 항공사의 경우 대부분 항공화물대리점을 통한 영업을 하고 자사의 직접 영업에 의한 항공화물의 집화가 거의 이루어지지 않고 있다. Fed-Ex, UPS 등과 같은 통합캐리어의 경우 자사의 영업조직에 의한 항공화물의 판매를 하고 있다.

항공화물대리점업(Air Freight Forwarding Business)이란 항공사의 항공기를 이용하여 타인의 화물을 유상으로 자신의 명의로 운송하는 사업이다. 항공화물대리점은 항공사 또는 항공사의 총대리점(GSA)과의 계약을 통해 계약항공사를 대리하여 항공사의 운송약관 및 요율에 의해 대리판매를 하면서 화물판매 수수료(전체운임의 5%)

를 수취하며, 통상적으로 수출 및 수입화물에 대해 트럭 등에 의한 내륙운송과 세관의 수출입 수속, 창고(보관)관련 업무를 대행하는 등 항공물류의 흐름을 원활하게 하는 역할을 수행한다.

국제항공화물은 거의 90% 이상이 IATA에 가맹한 항공사의 의해 수송되고 있다. 그러나 항공사가 직접 판매하는 경우는 아주 적고 대부분이 IATA에 의해 인가된 화물대리점에 의해 집화, 판매되고 있다. 혼재업(Consolidator)은 다수의 대리점으로부터 소형화물을 집하(Consolidation)하여 항공사에는 대형화물로 운송케 하여 항공사에 지불할 중량별 할인운임과의 차액을 확보하는 업무를 전문으로 하는 포워더를 일반 포워더와 구분하고 있다. 혼재업은 IATA대리점이 단독으로 또는 수개사가 협력하여 복수의 화주로부터 복수의 화물을 집화하여 이것을 하나의 화물로서 항공사에 수송을 의뢰하여 중량할인을 받아 그 차액으로부터 이익을 얻는 사업이다.

04 항공화물운송의 참여자

항공화물운송의 참여자로는 화주, 보세운송업자, 조업자, 항공사, 포워더, 보세창고 운영업체, 세관, 관세사 등이 있다.

1) 화주

수출화물의 실제 송화인, 또는 수입화물의 실제 수화인이다.

2) 보세운송업자

내륙지 세관에서 통관한(할) 수출(수입)물품을 보세운송하고 공항세관에서 통관할 국내화물을 운송한다.

3) 조업사

항공사의 지시를 받아 수출입화물을 보세구역에 반출입하는 업무와 화물을 항공기에 탑재, 또는 항공기로부터 하기하는 업무를 수행한다.

4) 항공사

항공화물을 실제로 항공기를 이용하여 운송하는 실제 운송인의 역할을 수행한다.

5) 포워더

화주의 요구에 의하여 수출입화물을 자기 책임 하에 운송, 보세구역에 반출입시키고 항공기 기적을 예약하는 등의 업무를 수행한다.

6) 보세창고 운영업체

항공기에 탑재할 화물을 반입, 혼재하는 작업과 항공기로부터 입항한 화물을 보관, 국내 반출하는 작업을 수행한다.

7) 세관

항공화물의 통관 업무를 수행한다.

8) 관세사

화주를 대신하여 통관 업무를 대행한다.

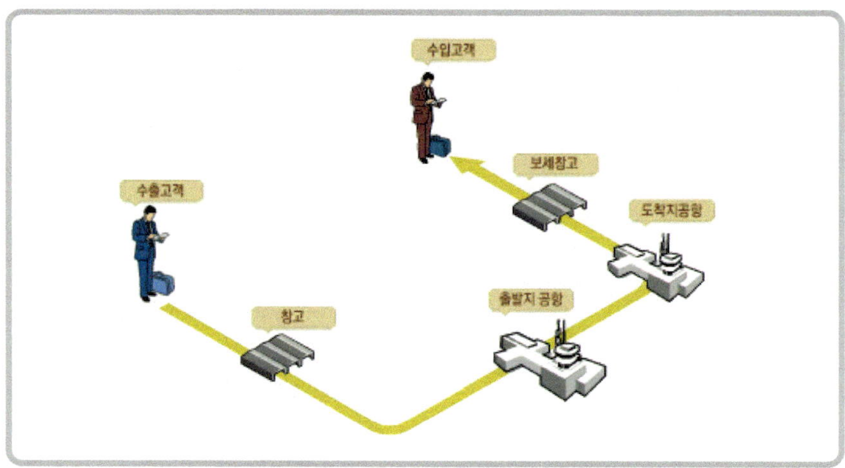

항공서비스 Flow

수출화물과 수입화물의 흐름은 다음과 같다.

수출화물의 흐름

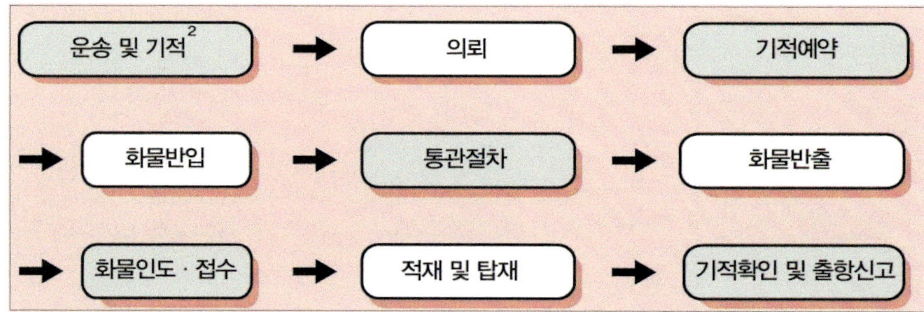

수입화물의 흐름

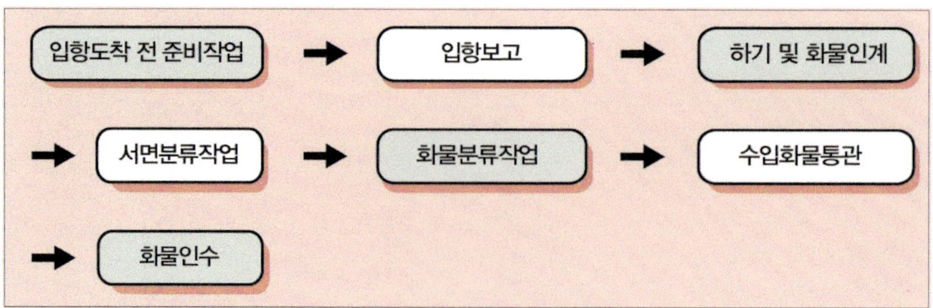

항공화물 유통구조는 크게 직접판매, 간접판매, 항공사 간의 판매로 구성된다.

직접판매

간접판매

항공사 간 판매

AIR TRANSPORT

항공화물사업자

SECTION 01

대한항공 카고

01 개요

대한항공은 인천국제공항을 중심으로 하여 유럽, 아프리카, 아시아, 오스트레일리아, 북아메리카를 운항하는 국제선과 김포국제공항을 중심으로 한 국내선을 운영하고 있으며 스카이팀의 창설 회원사이다.

대한민국의 주요 국적항공사는 대형항공사 1개와 저비용항공사 9개이며, 대형항공사인 대한항공이 수출입항공화물의 수송을 전담한다. 그리고 에어인천이 대형항공화물항공사로 편입되어 아시아나 항공의 화물부분을 운영한다. 대형항공사는 중대형 여객기 및 B747 화물기 위주의 대형화물기 확보 및 운영으로 항공화물 운송 사업을 확장해 오고 있다. 대한항공뿐만 아니라 아시아나항공 양대 국적항공사는 항공운송사업 중 항공화물운송 부문의 비중이 큰 항공사이다.

대한항공은 1996년 이래 5년 연속 국제선 항공화물 수송 세계 2위를 기록하며 항공화물업계의 선두주자가 되었다. B747-400F를 위주로 하는 최신형 화물전용기단으로 아시아, 북미, 유럽과 대서양의 주요 도시를 운항하고 있으며, 최신 운송설비와 IT에 대한 투자를 계속하고 있다. 또한 세계 최대의 항공화물 동맹체 스카이팀 카고의 회원사이다.

스카이팀 카고는 국제선 항공화물 수송 2위의 대한항공과 4위의 에어프랑스 그리고 델타, 아에로멕시코, 알리탈리아, 체코 항공이 결성한 세계 최대의 항공화물 동맹체이다. 스카이팀 카고의 고객들은 전세계 114개국, 512개 도시를 연결하는 막강한 노선망, 1,226대의 항공기로 일일 8,217편을 운항하는 편리한 스케줄을 이용하고 있다.

02 운항항공기

대한항공 카고의 항공기는 B747-8F, B747-400Erf, B747-400F, B777F 등이 있다. 대한항공 B747-8F는 기본 정보는 다음과 같다.

B747-8F 화물기

Length 전장	76.3M	최대 화물탑재량	130T
Wing Span 전폭	68.5M	최대 화물 탑재용적	27,542Cuft
Height 전고	19.41M	최대탑재 Pallet수 (Main Deck)	34 개
Max. Range 최대 항속거리	8,130Km	최대탑재 Ld3수 (Lower Deck)	40 개
Cruising Speed 순항속도	1,030 (Km/H)		

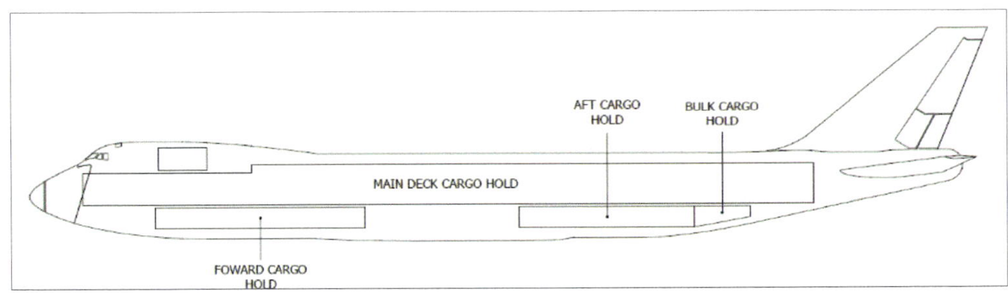

Cargo Compartments

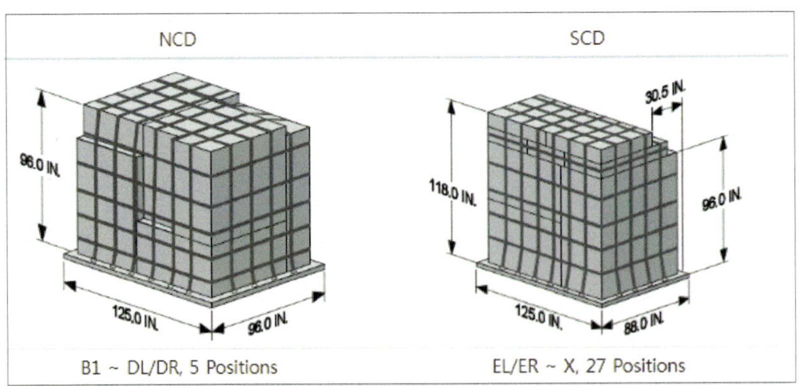

Contour Type (Maindeck Pallet)

대한항공 B747-400Erf는 기본 정보는 다음과 같다.

B747-400Erf 화물기

Length 전장	70.66M	최대 화물탑재량	117.55T
Wing Span 전폭	68.5M	최대 화물 탑재용적	24,923Cuft
Height 전고	19.41M	최대탑재 Pallet수 (Main Deck)	30 개
Max. Range 최대 항속거리	8,415Km	최대탑재 Ld3수 (Lower Deck)	32 개
Cruising Speed 순항속도	916 (Km/H)		

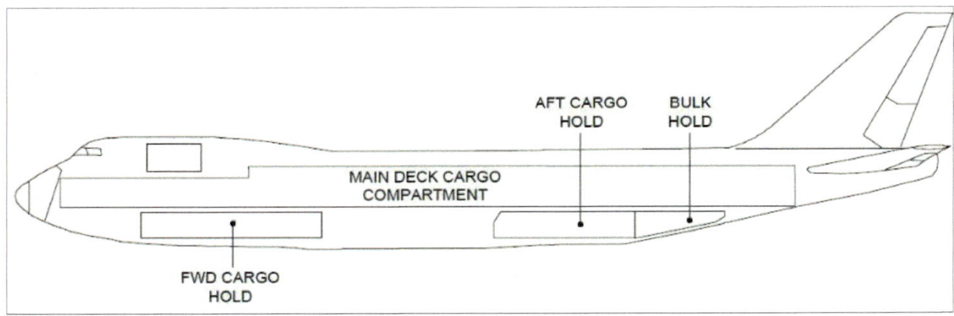

Cargo Compartments

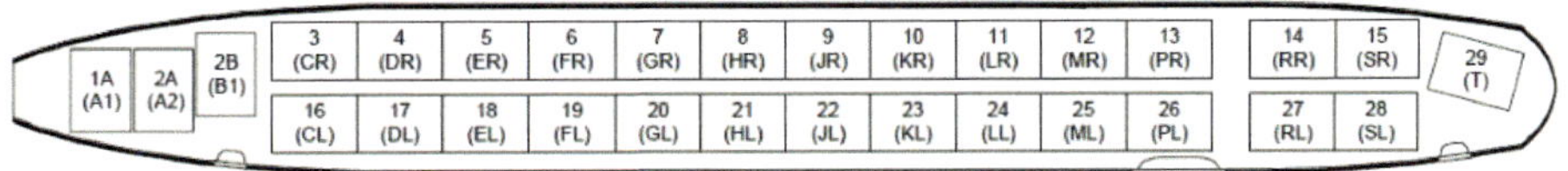

Main Deck Configuration

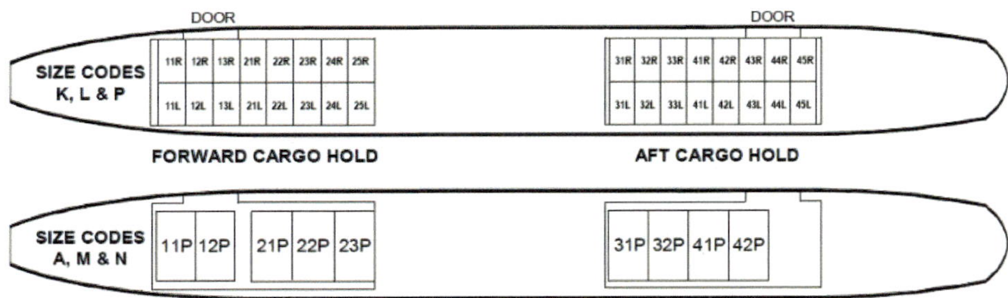

Lower Deck Configuration

03 터미널 현황

대한항공은 인천국제공항을 비롯하여 동경, 오사카, 로스앤젤레스, 뉴욕 공항 등에 당사 전용 화물터미널을 운영하고 있으며, 작업환경의 자동화를 통하여 신속하고 정확한 운송서비스를 제공하고 있다. 전용 화물터미널에는 화물을 보다 안전, 정확, 신속하게 처리할 수 있도록 각종 시설물 및 장비를 갖추고 있으며, 공항 특성에 따라 보냉 및 냉동창고, 귀중품 창고 등 특수화물 창고 시설을 별도로 운영하고 있다.

터미널에는 화물을 보관창고 내에서 쉽게 이동시키는 자동 승강 장치(E.T.V), 터미널 내부에서 곧바로 화물기에 화물을 탑재할 수 있도록 설계된 모빌로더(Mobile Loader), 공기오염과 소음공해가 없는 전동 지게차(Forklift), 견인차(Tug Car) 등의 최신장비를 갖추고 고객들의 화물을 보다 안전, 정확, 신속하게 처리하고 있다.

인천 제1터미널은 연간 143만 톤의 처리능력을 가지고 있으며, 제2터미널은 26만톤의 처리능력을 가지고 있다. 대한항공 화물 터미널은 동북아지역의 핵심 물류 허브로서, 지속적으로 증가하는 항공화물 수요에 부합하도록 탄력적인 서비스를 제공하고 있다.

04 장비 현황

Warehouse 장비는 Etv, Etv Rack, Tv, Work Station, By-Pass, Truck Dock Leveler, Scissors Lift 등이 있다.

E.T.V (Elevating Transfer Vehicle) : ULD 화물을 수평/수직 이동시키는 설비

Etv Rack (Elevating Transfer Vehicle Rack) : ULD Ctnr 및 Pallet를 보관하는 설비

T.V (Transfer Vehicle) : ULD 단위 화물을 수평 이동시키는 설비

Truck Dock Leveler : Skid & Loose Pcs Truck 상·하차 지원 설비

Scissors Lift(Truck Dock Motor Roller Deck) : ULD 단위 접수된 화물의 반입 및 반출 설비

Work Station : 화물의 Build-Up 및 Break-Down 작업을 하는 설비

▎By-Pass : ULD 단위로 접수된 화물을 Land Side 에서 Ramp Side 로 반출하는 설비

지상장비는 Tow Tractor, Main Deck Loader, Lower Deck Loader, Cargo Conveyor, Air Start Unit, Ground Power Unit, Refueler, De-Icing Truck, Air Conditioning Unit, Potable Water Truck, Lavatory Truck, Tug Car, Step Car, Tail Stanchion, Nose Tethering 등이 있다.

▎Towing Tractor : 항공기의 Push Back 및 견인시 사용하는 장비

▎Towing Bar : 항공기 Push Back 및 견인시 Towing Tractor와 항공기를 연결

▎Lower Deck Loader : 항공기의 Low Deck 화물의 상, 하역시 사용

▎De-Icing Truck : 항공기 제빙(De-Icing) 및 방빙(Anti-Icing)을 하는 장비

▌Main Deck Loader : 항공기의 Main Deck 화물의 상·하역시 사용

▌Cargo Conveyor : 항공기 Bulk 에 탑재된 수화물 의 상·하역시 사용

▌Air Start Unit : 항공기 엔진에 공기를 주입하여 시동을 원활하게 하는 장비

▌G.P.U (Ground Power Unit) : 항공기 지상 주기시 전원공급 장치

▌Refueler : Ramp의 급유pit로 부터 A/C에 항공유를 공급

▌Air Conditioning Unit: 항공기 기내에 온기나 냉기를 넣어주는 장비

Potable Water Truck : 항공기 기내에 식수를 넣어주는 장비

Lavatory Truck : 항공기 기내오물 처리시 사용하는 장비

Tug Car : 수화물 또는 화물을 Dolly등을 이용하여 견인하는데 사용

Step Car : 항공기 Remote 주기시 승객 승하기에 사용

Tail Stanchion : 항공기 Tipping 방지를 위해 항공기 후미에 설치하는 장비

Nose Tethering : 항공기 Tipping 방지를 위해 Nose Gear에 설치하는 장비

SECTION 02

아시아나항공 Cargo

01 개요

금호아시아나그룹 계열의 한국 민간항공사인 아시아나항공은 1988년 설립된 국내 2위의 국적항공사로서, 세계 최대의 항공사 동맹체인 스타얼리앙스를 통해 전 세계를 연결하는 글로벌 네트워크를 구축하고 있다. 현재, 인천국제터미널에서 110만톤의 화물을 처리하고 있으나 조만간 에어인천으로 화물사업이 이관될 예정이다.

최근 화물분야서는 중국 노선 화물기 증편, 장거리 노선 가격인상, 임차기를 활용한 미주 노선 증편 등을 통해 수입을 증대시키고 있으며, 국내외 우편물, 글로벌특송화물, 외교문서 등 고가 화물 비중 확대 및 화주 대상 Charter 운영 확대 등을 통해 수익성을 높이고 있다.

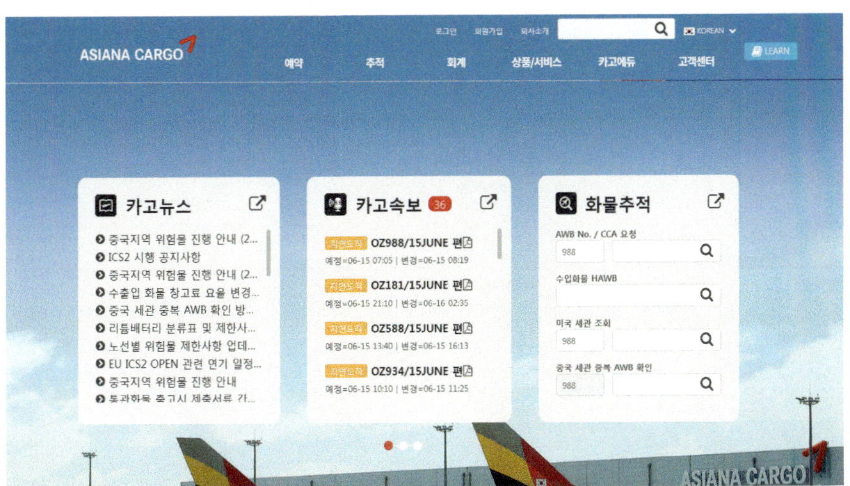

02 운항항공기

아시아나 Cargo는 747-400과 767-300 화물기를 운항하고 있다.

747-400화물기

길이	68.13M	화물최대탑재중량	117.000kg
항속	915Km/H	날개길이	64.44M
높이	19.41M		

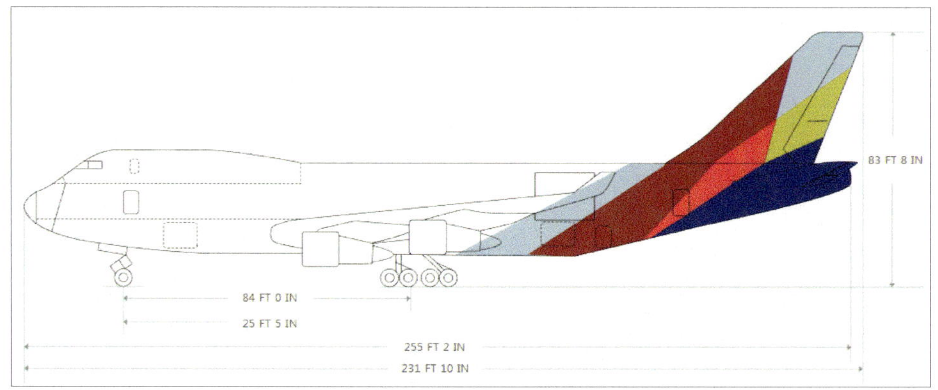

Dimension

출처 : 아시아나항공 카고 홈페이지

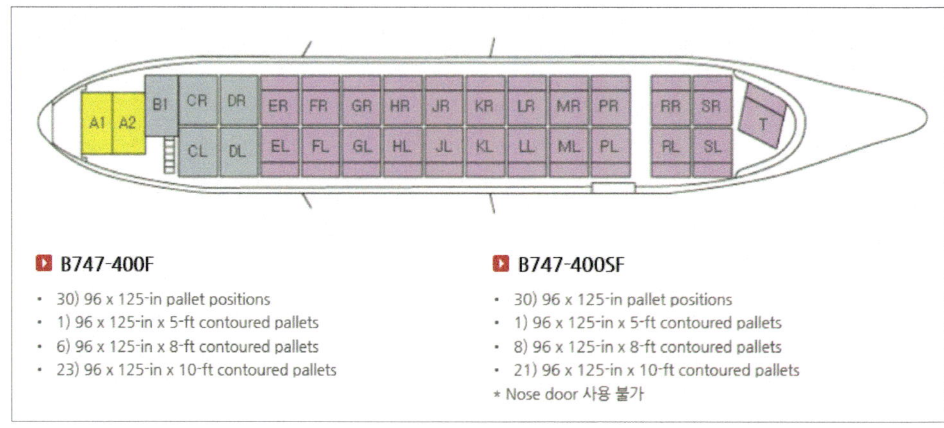

Main Deck Configuration

출처 : 아시아나항공 Cargo 홈페이지

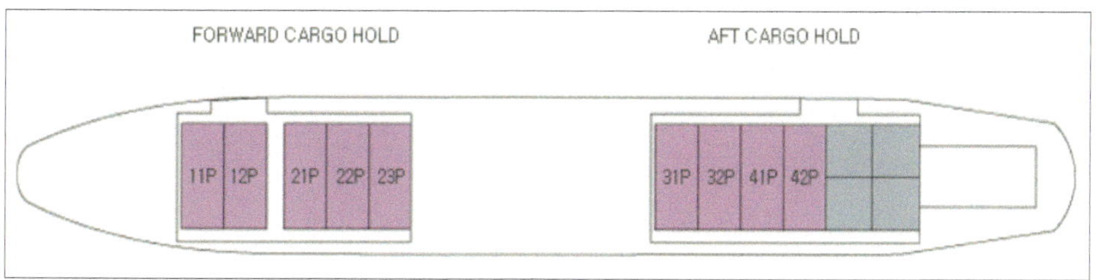

Ⅰ Lower Deck Configuration

출처 : 아시아나항공 카고 홈페이지

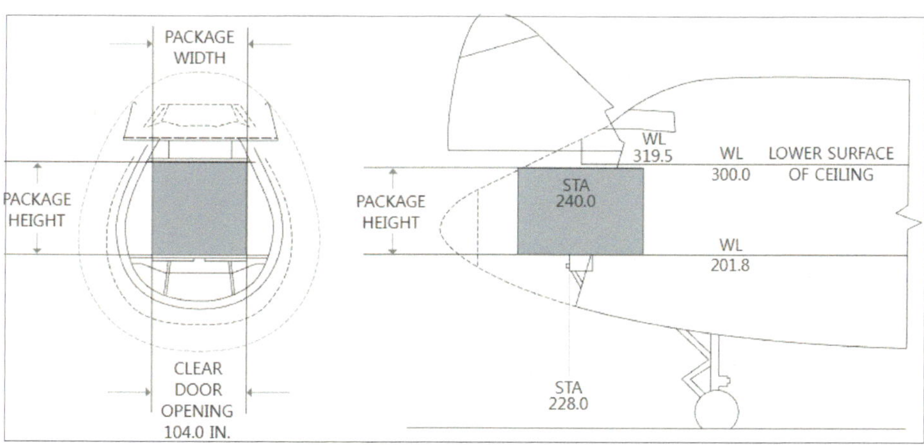

Ⅰ Nose Door

출처 : 아시아나항공 카고 홈페이지

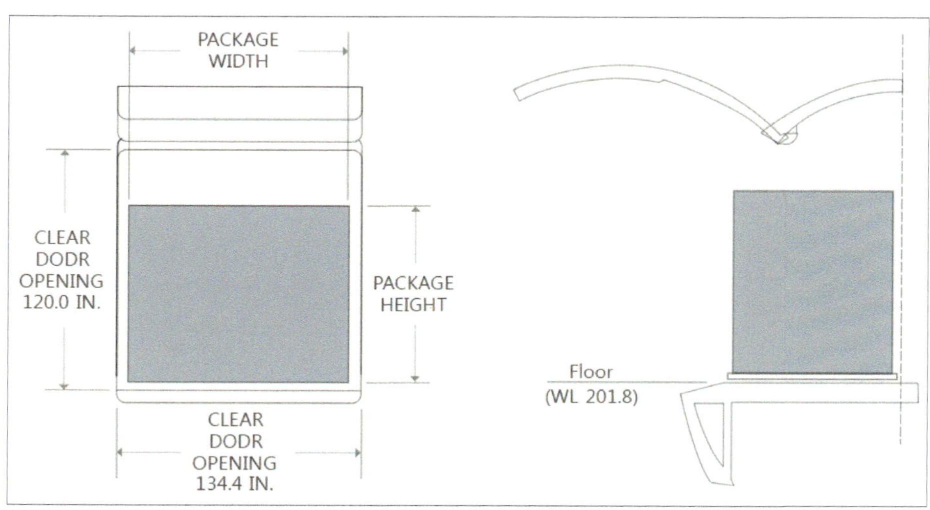

Ⅰ Main Deck Door

출처 : 아시아나항공 카고 홈페이지

03 단위탑재용기

단위탑재용기는 컨테이너와 팔레트로 구분된다.

컨테이너는 AKE, RKN, AMP, ALF, AMA, DQF, HMJ, AKH, RAP 등이 있다.

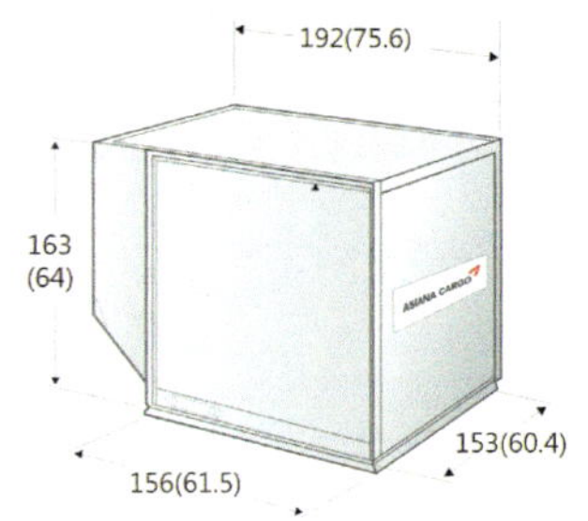

LD3 컨테이너

타입 : AKE
BUC 타입 : 8
치수 : 60.4 X 61.5 X 64 Inch
최대탑재중량 : 1,588kg
자체중량 : 88kg
용적(큐빅피트) : 153
탑재가능기종 : B747, B767, B777, A330, A350, A380

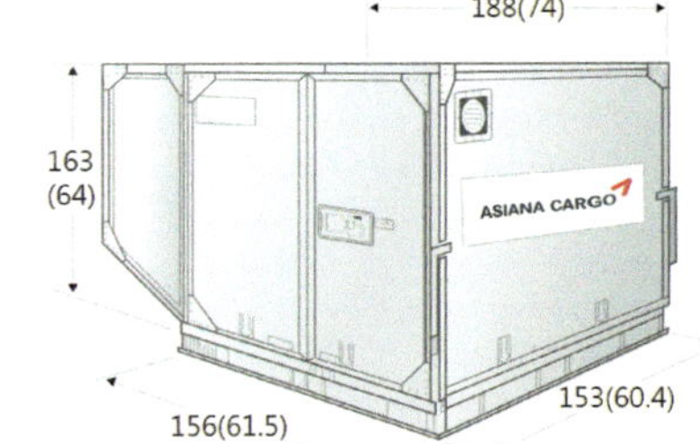

Rf3 냉동 컨테이너

타입 : RKN
BUC 타입 : 8
치수 : 60.4 X 61.5 X 64 Inch
최대탑재중량 : 1,588kg
자체중량 : 250kg
용적(큐빅피트) : 141
탑재가능기종 : B747, B767, B777, A330, A350, A380

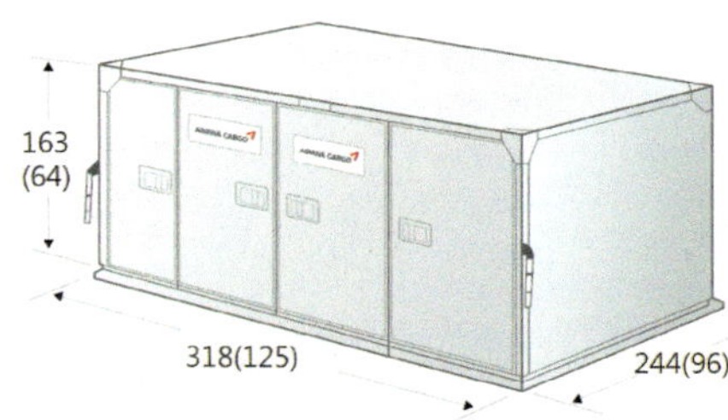

Ld9 의복용 컨테이너

타입 : AMP
BUC 타입 : 5
치수 : 96 X 125 X 64 Inch
최대탑재중량 : 6,033kg
자체중량 : 306kg
용적(큐빅피트) : 393
탑재가능기종 : B747, B767, B777, A330, A350, A380

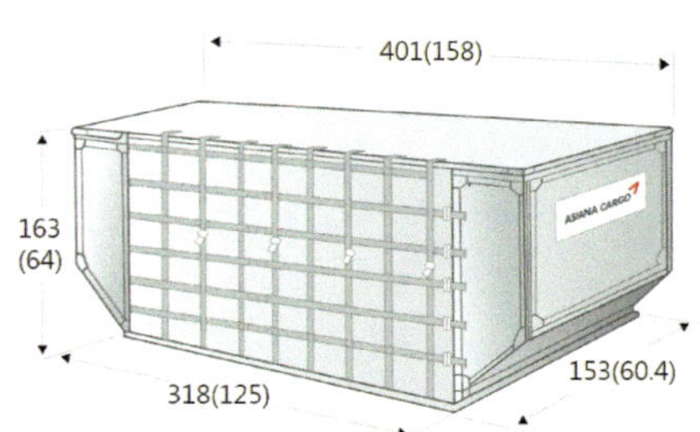

Ld6 컨테이너

타입 : ALF
BUC 타입 : 6
치수 : 60.4 X 125 X 64 Inch
최대탑재중량 : 3,175kg
자체중량 : 175kg
용적(큐빅피트) : 312
탑재가능기종 : B747, B777, A330, A380

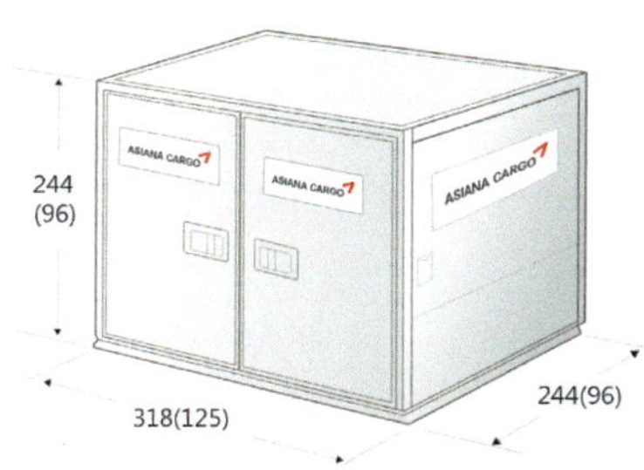

M1 의복용 컨테이너

타입 : AMA
BUC 타입 : 2
치수 : 96 X 125 X 96 Inch
최대탑재중량 : 6,804kg
자체중량 : 387kg
용적(큐빅피트) : 605
탑재가능기종 : B747 (M/D용)

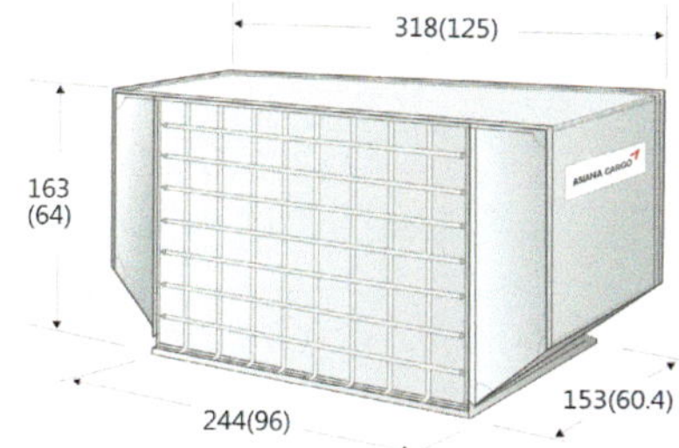

LD8 컨테이너

타입 : DQF
BUC 타입 : 8
치수 : 60.4 X 96 X 64 Inch
최대탑재중량 : 2,449kg
자체중량 : 127kg
용적(큐빅피트) : 243.7
탑재가능기종 : B767, B767F

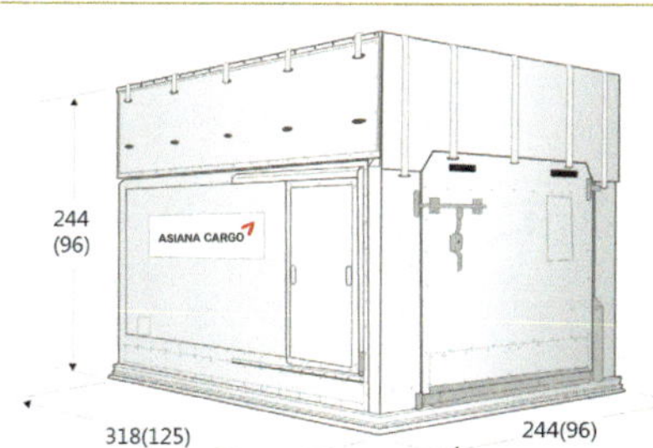

말 수송용 컨테이너

타입 : HMJ
BUC 타입 : 8
치수 : 96 X 125 X 96 Inch
최대탑재중량 : 6,804kg
자체중량 : 750kg
용적(큐빅피트) : 153
탑재가능기종 : B747(M/D용)

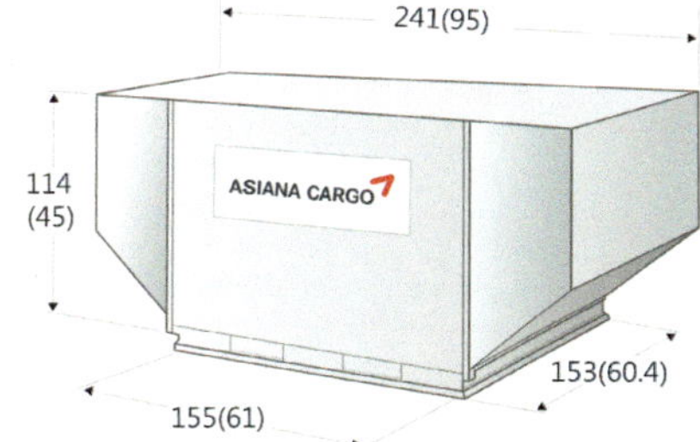

LD3-45 컨테이너

타입 : AKH
BUC 타입 : 8A
치수 : 60.4 X 61 X 45 Inch
최대탑재중량 : 1,134kg
자체중량 : 75kg
용적(큐빅피트) : 45
탑재가능기종 : A321, A320

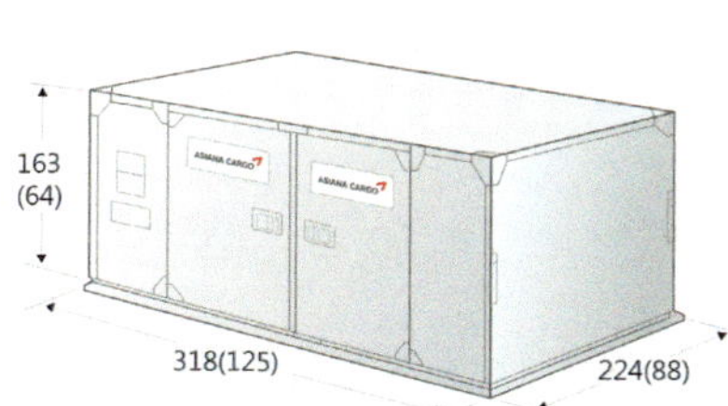

RF9-Cooltainer

타입 : RAP
BUC 타입 : 8
치수 : 88 X 125 X 64 Inch
최대탑재중량 : 6,033kg
자체중량 : 431kg
용적(큐빅피트) : 343
탑재가능기종 : B747, B767, B777, A330, A350, A380

팔레트는 PAG, PMC, PGE, PRA, PKC 등이 있다.

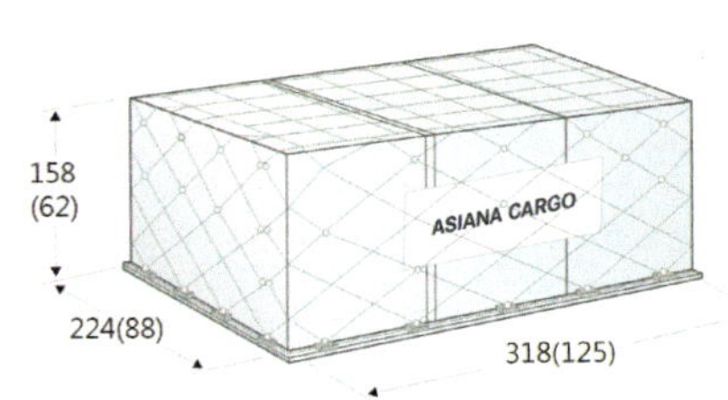

88인치 팔레트

타입 : PAG
밑면 치수 : 318 X 224 cm(125" X 88")
내부면 치수 : 304 X 210 cm(120" X 83")
자체중량 : 93kg
탑재최대중량 : 6,033kg
탑재가능기종 : B747, B767, B777, A330, A350, A380

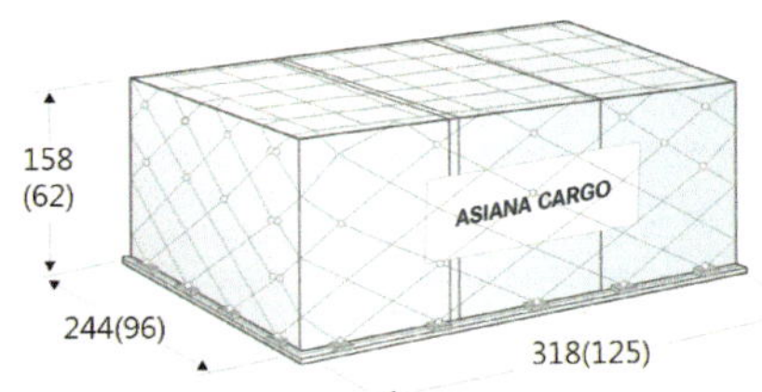

96인치 팔레트

타입 : PMC
밑면치수 : 318 X 244 cm(125" X 96")
내부면 치수 : 304 X 230 cm(120" X 91")
자체중량 : 104kg
탑재최대중량 : 6,804kg
탑재가능기종 : B747, B767, B777, A330, A350, A380

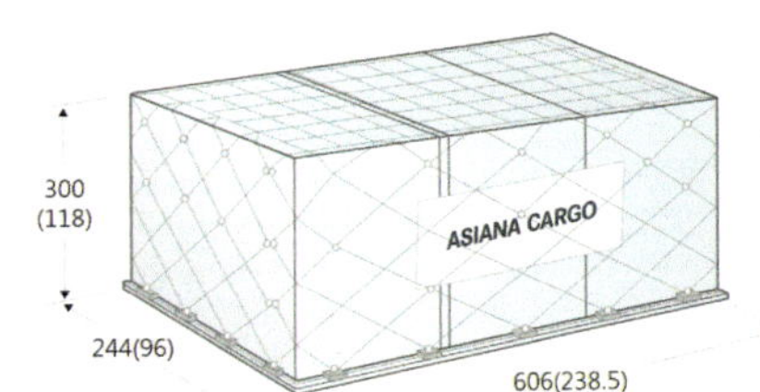

20피트 팔레트

타입 : PEG/PGA/PGF
밑면치수 : 606 X 244cm (238.5" X 96")
내부면 치수 : 592 X 230cm(233" X 91")
자체중량 : 506kg
탑재최대중량 : 13,608kg
탑재가능기종 : B747, B747콤비(M/D)

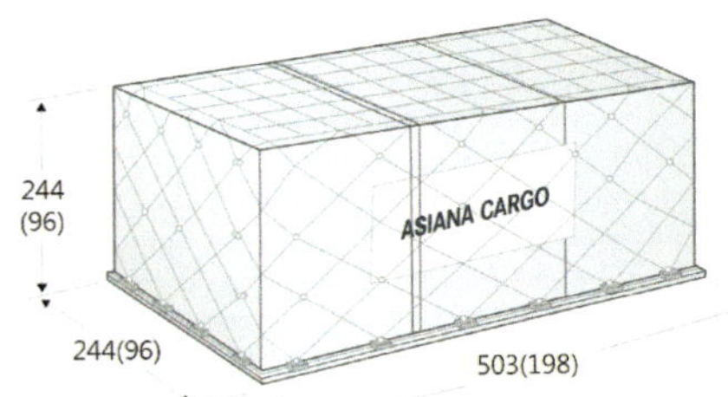

16피트 팔레트

타입 : PRA/PRF
밑면치수 : 503 X 244cm(198" X 96")
내부면 치수 : 484 X 230 cm(191" X 91")
자체중량 : 398kg / 877Lb
탑재최대중량 : 11,340kg
탑재가능기종 : B747(M/D), B767(M/D), B747콤비

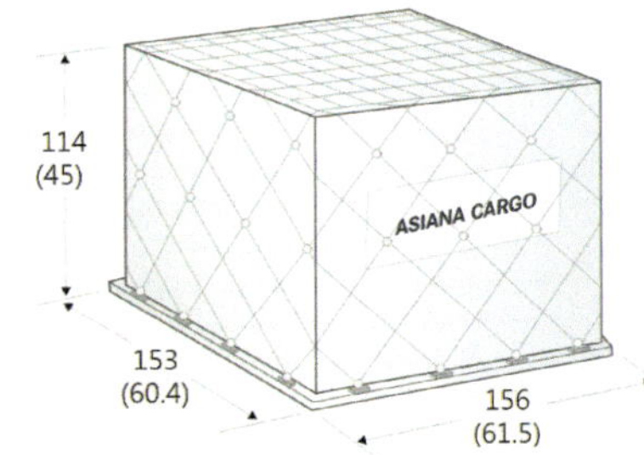

61인치 팔레트

타입 : PKC
밑면치수 : 153 X 156cm(60.4" X 61.5")
내부면 치수 : 150 X 146cm(59.0" X 57.5 ")
자체중량 : 35kg / 77Lb
탑재최대중량 : 1,588kg
탑재가능기종 : A321

에어인천

2014년 2월에 출범한 에어인천(Air Incheon)은 대한민국의 유일한 화물 항공사로 허브 공항은 인천국제공항이 있다. 운항 기종은 보잉 737-800SF 화물기로 운항하고 있으며 운항 구간은 인천국제공항에서 중화인민공화국과 러시아의 사할린으로 오가는 화물 노선을 운항하고 있다. 에어인천은 조만간 아시아나 화물사업을 승계하여 운영한다.

에어인천이 운항하는 도시는 동경, 사할린, 청도, 울란바토르 등이 있다.

출처 : http://www.air-incheon.com/

SECTION 04

국제특송서비스

01 DHL

DHL은 항공기를 주로 이용하여 전 세계로 택배물을 운송하는 독일의 국제적인 운송 회사이다. 본래 미국 기업이었으나, 독일의 도이치포스트가 지분을 인수하여 현재는 독일의 회사로 되어 있다. DHL은 전 세계 220여 개 국가 및 영토에 존재하여 세계 최고의 국제기업으로 자리매김을 하고 있으며, 285,000명을 초과하는 인력을 갖춘 회사이다. DHL은 세계 최고의 우편 및 물류 그룹인 Deutsche Post DHL의 일부이며, DHL Express, DHL Global Forwarding, Freight 그리고 DHL Supply Chain의 세 가지 사업부문으로 구성되어 있다.

출처 : http://ko.wikipedia.org/

DHL은 크게 4가지 특징이 있다.

1) Express

특송은 220여 개 국가에서 긴급 서류와 물품을 도어-투-도어로 정시에 믿을 수 있게 배송하며, 가장 포괄적인 글로벌 특송 네트워크이다.

2) Global Forwarding

글로벌 포워딩의 일상 업무는 표준화된 물류 운영과 멀티 모달 운송 솔루션에서부터 개별 산업 프로젝트에 이르기까지 다양한 고객의 물류 필요를 처리한다.

3) Supply Chain

웨어하우징, 관리형 운송 및 부가가치 서비스를 제공함으로써 계약 물류에서 시장 선두를 차지하며 기업 정보 및 커뮤니케이션 관리에 대한 솔루션을 제공한다.

4) Global Mail

5개 대륙에 세계 최대의 배송 네트워크 중 하나를 유지하며 우편 및 B2C 소포에 대한 맞춤형 솔루션을 제공하는 DHL의 세계적인 전문기업이다.

02 TNT

TNT는 세계적인 특송 서비스 기업으로 네덜란드 암스테르담에 본사를 두고 있는 TNT N.V.의 자회사로서 8만 3000명의 TNT 직원들은 전 세계 220여 개국에 품격 높은 서비스를 제공하고 있다. TNT는 연간 2억여 건의 소포, 서류, 화물을 약 1,200곳에 이르는 물류창고, 허브, 분류센터 네트워크를 이용하여 배송하고 있다. 특히 유럽 중심도시 550개 물류거점을 중심으로 유럽 내 최다 운송 망을 형성하고 있으며, 이러한 막강한 인프라와 서비스를 보유한 TNT는 우편 사업을 기반으로 한 업체 중 최초, 최대의 상장기업이다.

03 UPS

UPS(United Parcel Service)는 미국 조지아 주 샌디 스프링스에 본사가 있는 국제적 운송업체로, 전 세계 220개가 넘는 나라에서 9만 1700대의 차량, 500여 대의 항공기 등으로 매일 평균 6100만 고객에게 1500만 건의 운송 서비스를 하고 있다. 1922년 UPS는 소포와 비슷한 비용으로 일일 픽업 전화, 추가 배달 시도, 배달하지 못한 물품의 자동 반송 등 경쟁 회사와는 차별화된 서비스를 제공하며 고객을 확보하고 있다. 국내에는 1980년대 후반 진출하였고, 1996년 대한통운과 합작으로 UPS대한통운을 설립하였다. 2008년 6월 대한통운의 지분을 인수하여 단독 출자한 한국법인 한국UPS가 있다.

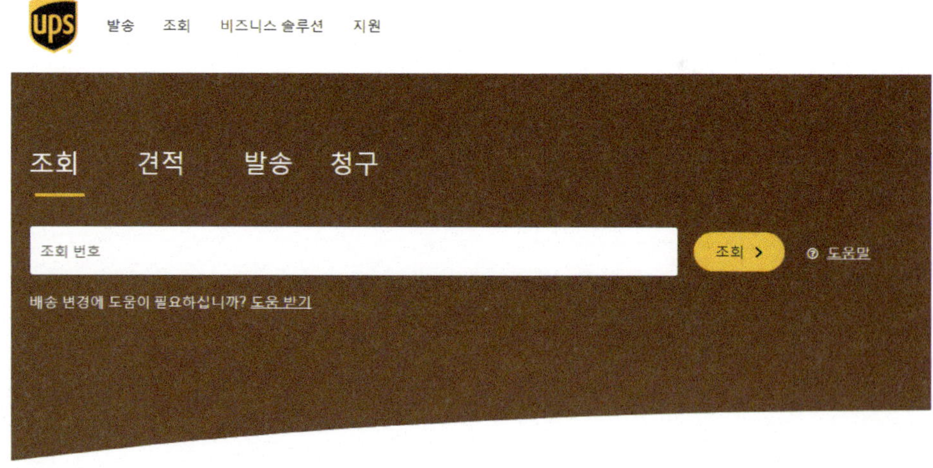

04 Fedex

페덱스(Fedex)는 항공 교통과 지상 교통을 통해 무겁고 큰 화물, 문서 등의 물류 서비스를 제공하는 세계 최대의 물류 특송 서비스 업체이다. 페더럴 익스프레스

(Federal Express)의 약자이며, 정식 명칭은 페덱스 주식회사(Fedex Corporation)이다. 1971년 미국의 테네시 주의 멤피스에서 프레더릭 W. 스미스에 의해 창립되었고, 1973년 4월 17일부터 서비스를 개시하였다.

하루에 320만 개 이상의 화물을 처리하며 전 세계 220개국, 138,000명 이상의 종업원과 50,000개 이상의 지역의 사무소, 671여 대의 항공기 그리고 41,000여 대의 차량을 운용하고 있다. 1988년에 화물 운송 전용 항공사인 플라이 타이거 라인을 인수 후 1989년에 합병 하면서 항공 운송 서비스가 가능하게 되었다. 1998년 1월에는, 로버츠 익스프레스, 바이킹 운송 및 칼리버 시스템을 인수했다. 이후 아메리칸 프라이트웨이즈를 인수하여 현재의 페덱스란 이름으로 통합 되었다.

Fedex에서 E와 X사이에 흰 화살표가 숨어 있는데 이것은 페덱스의 의도적인 표시이다. 경쟁사는 DHL, UPS다.

포워더의 특징

01 포워더의 종류

포워더(Forwarder)는 혼재업자, 이용운송사업자라고도 한다. 자체적으로 실제의 수송수단을 가지지 않지만 다수의 화물주로부터 모은 화물을 정리, 화물주를 대신하여 발송인이 되어(Forwarding 업무) 운수회사와 운송계약을 체결하여 전반적인 운송책임을 맡는 업자를 말한다.

▌포워더의 종류

명칭		업무내용 및 특징
우리말 표기	영문 표기	
복합운송업자	2개국 간 2개 이상의 운송수단 이용	1. 2개국 간 2개 이상의 운송수단 이용 2. 거래편익 및 경제적 이익 제공
항공화물대리점	Air Cargo Agent	1. 국내선 화물취급 2. 거래상의 편익만 제공
항공화물혼재업[1]	Air Freight Onsolidator	1. 항공화물 혼재업무 전문 2. 경제적 이익 제공
중간운송주선인	Reforwarding Agent	1. 중간지점에서 통과화물 혼재업무 2. 경제적 이익제공
상업서류송달업 (통관운송업자)	Integrator (Courier)	1. 운송수단 보유 2. 운송 및 포워딩 기능 포함
수입화물업자	Break-Bilk(B/B) Agent	1. 콘솔수입화물 분류 2. 통관 및 인도

1) 혼재업은 항공법에서 항공화물운송주선업이라 부르고 항공화물운송주선업은 타인의 수요에 응하여 유상으로 자기의 명의로서 항공운송사업자항공기를 이용하여 화물을 운송하는 사업이다. 대부분의 대형 화물취급업자들이 속해있다.

항공, 해운, 육운 등 각각의 수송수단마다 포워더가 존재하는데 특히 혼재항공화물을 다루는 항공화물 대리점이나 서로 다른 운송수단을 조합, 국제수송책임을 맡는 국제복합일관 수송업자 등이 대표적인 예이다. 상법에서는 "주선업자" 라 하고, 화물유통촉진법에서는 "복합운송업자" 라 부르며, 항공법에서는 "상업서류송달업자" 라 한다. 주선업자와 복합운송업자는 영어표기로 "Forwarder" 라 한다.

02 포워더의 장단점

1) 항공화물 포워더의 장점

(1) 전문성

포워더는 특정 영역에서 특화한 정보를 제공하는 서비스 산업이다. 포워더는 기본적으로 국제무역의 수속들을 잘 파악하고 있다. 또한 물류뿐만 아니라 광범위한 영역에서 잘 알고 있다. 특정의 시장영역 혹은 운송형태 혹은 화물형태와 같은 전문영역도 있다.

(2) 중개

목적지에서 포워더가 가지고 있는 중개역할은 특히 수출자가 인도조건의 계약을 할 때 중요하다. 영국에서는 포워더의 중개수출입 상에서 중요한데, 포워더는 운송업자, 세무국, 관리당국, 창고업자 및 다른 대리인과 같은 공식적인 조직과 같은 것이다. 그러나 가장 중요한 것은 개인적인 경우인데 포워더의 개별 중개는 개별적인 문제를 해결능력, 또한 문제가 일어났을 때, 신속한 해결을 해야 한다.

(3) 시설

대부분의 포워더는 실제 물품이동은 물론, 보관, 포장, 제포장, 분류, 검사 등을 포함하여 무역업자의 물품을 위해 광범위한 물적 시설의 제공 혹은 수배를 할 수 있다. 하지만 세관 시스템이 컴퓨터화함에 따라, 직접무역업자 입력(Direct Trader Input) 시스템을 활용하는 포워더의 컴퓨터시설이 중요하다. 이것은 공인된 대리인에게 세관 컴퓨터에의 접촉을 가능하게 한다. 또한 전자자료교환(Edi)의 발전이 종이 대신에 전자 메시지의 이용은 보다 정교한 컴퓨터 시스템을 요구하고 있다.

(4) 편리성

편리성은 포워더 이용의 강력한 장점이다. 무역업자가 대리인을 활용하는 주요 이유는 편리성으로 볼 수 있다. 많은 수출업자는 물품제조, 물품조달, 해외판매 등을 최적으로 행하고자 하면서, 물류문제는 제3자(Third Party)에게 하청을 주고 있다.

2) 항공화물 포워더의 단점

(1) 코스트의 증가

제3자가 개입하기 때문에, 무역업자로서는 그들 자신이 행하기보다 중개인을 이용하는 것이 보다 많은 비용이 든다. 대리인이 가져오는 절약이 그 비용보다 크다. 하지만 업무만 적절하게 하면 무역업자는 비용을 줄일 수도 있다.

(2) 컨트롤의 상실

어떤 수출업자들은 제3자가 그들의 사업을 관리하거나 사업에 접근하는 것을 인정하기가 어렵다고 보면서, 모든 것을 자사 내에서 관리하려고 노력한다. 전형적인 포워더는 많은 무역업자를 대표하지 않는다. 실제로 상황은 아주 다양하다. 어떤 회사들은 포워더를 전혀 사용하지 않고, 모든 수속을 자사 내에서 관리한다.

어떤 경우에는 이것은 사외로부터 경험을 지닌 포워딩 스태프를 선별적으로 고용하여 진행한다. 다른 회사들은 그들의 운송 업무를 외부 위탁하는 것을 결정하고, 어떤 포워더에 대해 연간 계약으로 진행한다. 그 포워더는 회사의 선적부서에 상당하는 기능을 하고 있다. 가장 전형적인 상황은 무역업자가 소수의 포워들 사용하는 것인데, 운송수단별 혹은 목적지 혹은 출발지에 의거하고 있다.

마지막으로 이상적인 것은 아니지만, 존재하는 현상은 소수의 무역업자가 그들의 물류를 거의 컨트롤할 수 없는 것이다. 그것은 무역업자가 대리인을 선택하기보다 대리인이 무역업자를 선택하는 것과 다를 바 없다.

SECTION 06

포워더 사업자

01 포워더의 업무구성

포워더는 항공수출관리, 항공수입관리, 수입(Revenue)관리, 경영분석관리 등의 업무로 구성된다.

포워더의 업무구성

항공수출관리	항공수입관리
오더 관리 스케줄 관리 & 통지 Packing & Invoice 관리 견적서 관리 화주, 항공사 단가관리 AWB (B/L) 진행 관리 실적관리 등	오더 관리 스케줄 관리 & 통지 도착통지 관리 견적서 관리 화주, 파트너 단가관리 AWB (B/L) 진행 관리 D/O관리 실적관리 등
수입(Revenue)관리	**경영분석 관리**
국내매출입 결재관리 해외매출입 결재관리 매출거래, 처리, 잔액관리 매입거래, 처리, 잔액관리 해외거래, 처리, 잔액관리 항공사, 선사, 대리점정산관리 전자세금계산서관리 회계자동 매출입 전표관리 기간별, 건별 마감관리 등	지역별, 국가별현황 영업사원별, 화주별현황 전년, 전월, 목표대비실적 등

02 범한 판토스

1977년 설립 이래 30여 년간 지속적인 성장을 거듭하여 국내항공, 해운 수출입 물동량 1위 기업으로서 업계를 이끌어나가고 있으며, 국내외 유수기업들과 물류 파트너로 활약하고 있으며 전 세계적인 글로벌 네트워크, Iso품질경영, 선진 물류 정보시스템, 우수한 물류 전문가를 통하여 해운, 항공, 수출입뿐만 아니라, 복합운송, 국내물류, 창고업, 물류 컨설팅까지 종합물류 서비스 제공하고 있다.

03 CJ대한통운

국내 물류업체 중 최대인 16개국 71개의 해외 거점을 보유한 CJ대한통운은 글로벌 네트워크를 바탕으로 차별화된 글로벌 물류 서비스를 제공하고 있다. CJ대한통운은 Contract Logistics(계약물류), 포워딩, 항만하역, 국제특송 사업 분야에서 SCM(공급망 관리), IT 컨버전스 기술과 지식을 바탕으로 한 물류 전문가들이 기업의

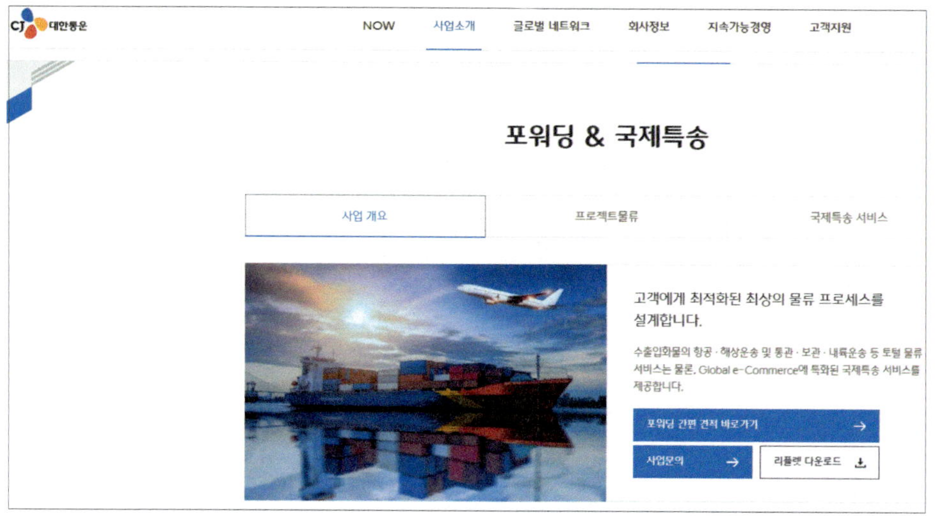

SCM 가치 창출을 위한 차별화된 통합 물류 서비스를 제공한다.

주요 사업에 대한 설명은 다음과 같다.

1) Contract Logistics

원재료의 조달에서 완제품의 소비에 이르는 공급체인의 전체 또는 일부를 위탁받아 대행하는 물류 활동이다.

2) 포워딩

무역거래 당사자들을 대신해 국제 간 무역거래 화물에 대한 운송수단을 동원, 국제 운송을 수행하며, CL사업과 연계해 최종목적지까지 인도하는 서비스이다.

3) 택배/국제특송

소형, 소량 화물의 운송을 개인 또는 기업고객으로부터 의뢰받아 고객이 원하는 곳까지 다양한 운송수단을 통하여 받는 고객에게 인도하는 서비스이다.

4) 항만하역

항만에서 선박의 화물을 내리고 싣거나 창고 EH는 하역장에 반입 또는 반출하는 직업 및 제반업무를 담당한다.

04 KCTC

1973년 창업된 KCTC는 컨테이너 터미널 운영을 시작으로 수출입 항만하역, 보세장치장 운영, 컨테이너 내륙운송, 중량물 육·해상 운송, 소화물 보관배송, 국제복합운송, e비즈니스 등의 사업영역 확장을 통해 완벽한 일괄 수송체계를 확립하였다. 모바일 등 첨단 IT 기술을 도입한 물류정보시스템과 ISO 9001 및 ISO 14001 인증획득을 통한 환경품질경영시스템을 갖추고 있다.

05 삼성전자 로지텍

삼성전자 로지텍은 One Samsung으로서 고객 접점에서의 이미지를 통일하고, 물류전문성(Logistics)과 첨단 디지털 기술력(Technology)이 결합하여 고객이 감동하는 최상의 물류서비스를 제공하는 물류전문회사로서의 의미를 담고 있다. 삼성전자로지텍주식회사(SELC)는 삼성전자의 종합 물류관리 대행기업으로서, 최적의 물류 시스템 구축으로 최고 수준의 물류서비스를 창출함으로써 최상의 고객만족 실현을 위해 '98년 4월 삼성전자 물류 조직에서 분사한 기업이다. 주요 물류서비스는 삼성전자 전 생산제품 및 서비스 자재를 대상으로 국내판매물류, 해외판매물류 및 B2B설치의 전략 및 운영 업무를 전담하여 수행하고 있다.

06 현대 Glovis

현대글로비스의 전신은 2001년 2월 세워진 한국로지텍(주)이다. 한국로지텍은 현대자동차와 기아자동차의 물류 전문 기업으로 출발했다. 2003년 회사 이름을 글로비스(주)로 바꿨다. 글로비스는 '글로벌(Global)'과 '비전(Vision)'의 합성어다. 이 해에 글로비스는 오토에버닷컴이 갖고 있던 중고차 경매 사업을 인수하며 유통업에 진출했다. 2006년 유럽법인과 인도법인을 세웠고 2007년에는 체코, 터키, 홍콩, 미국 조지아 법인을 각각 세웠다. 2011년 11월 현대글로비스로 상명을 변경하였다.

현대글로비스의 주요 사업 분야는 종합물류와 유통판매 두 가지이다. 종합물류 분야에서는 현대자동차그룹에서 생산한 자동차를 주로 운반한다. 유통판매업 분야에서는 자동차 부품을 수출하는 CKD(Complete Knock Down)와 중고차 판매가 주요 사업이다. CKD의 경우 현대자동차 앨라배마 공장, 체코 공장, 터키 공장과 기아자동차 슬로바키아 공장, 조지아 공장 등에 부품을 공급하고 있다.

AIR TRANSPORT

항공 특수화물운송

특수화물운송

특수화물운송은 접수, 보관, 탑재 시 특별한 주의를 필요로 하는 화물로서, 위험품, 생동물, 부패성(예: 치즈, 고기, 꽃 등) 화물, 고가화물 등이 해당된다. 항공사 카고에서는 Variation 서비스를 제공하고 있다. Variation은 식품류, 생동물, 귀중품 등과 같이 별도의 전문적인 운송절차를 요하는 화물을 위한 서비스이다.

특수화물(벌크화물, 냉동·냉장화물, 생·동·식물화물, 위험물 등 특별한 운송장비 또는 취급이 필요한 화물) 작업요청서를 접수하여 내용을 확인하며 하역작업 가능시간을 확인하고 통보한다. 특수화물 취급방법에 따라 적절한 하역장비와 인원을 배치한다. 그 다음 하역현장을 점검하며, 컨테이너 야드 차량에 상차작업을 확인한다. 마지막 작업완료 후 수입면장을 작성하여 진행한다.

화물의 품목과 특성에 따라 세분화

종류	내용
Variation-Art	습기, 충격, 손상으로부터 보호가 필요한 예술품 운송 서비스
Variation-Big	화물 전용기로 수송해야 하는 대형 화물 또는 중량 화물 운송 서비스
Variation-DGR	IATA의 규정에 의거, 별도의 안전 수송 절차를 요하는 위험품 운송 서비스
Variation-Fashion	고급 의류 완제품을 특수 봉인된 컨테이너로 수송하는 서비스
Variation-Fresh	출하 시의 상품가치를 그대로 유지해야하는 신선화물 운송 서비스 (Fresh 1, 2, 3)
Variation-Live	수송 과정 중에 안전과 건강 유지가 필수적인 생동물 운송 서비스
Variation-Safe	도난 방지와 보안 유지가 필요한 귀중 화물 운송 서비스 (Safe 1, 2)
Variation-Wheels	오토바이, 자동차와 같은 차량 운송 서비스

01 Variation-Art

예술품을 안전하게 수송하기 위해, 보안 유지와 외부 충격으로부터의 보호를 최우선으로 한다.

- 모든 예술품은 전문적인 화물처리 지침에 따라 안전하게 운송된다.
- 비행 중뿐만 아니라, 지상 이동 중에도 세심한 서비스로 외부 충격을 최소화 한다.
- 화주가 원하는 경우, 언제든지 화물의 전 조업과정을 참관할 수 있다.
- 보다 세심한 서비스를 위하여 "Sensitive" 라벨을 부착하고, 별도로 관리 한다.
- 일반 화물보다 우선적으로 비행편에 탑재된다.
- 화물이 도착하면 수하인에게 전화로 알린다.

02 Variation-Big

대형 화물이나 중량 화물과 같이 화물 전용기로 수송해야하는 화물을 위한 서비스이다. 항공사은 대형/중량 화물 운송에 필요한 모든 시설과 장비를 갖추고 있다(20 FT 팔레트용 Elevating Transfer Vehicle, High Loader, Wire Strap 등). 항공사의 화물 운송 전문가들은 비행기의 종류에 따른 수송 가능성과 안전한 탑재/하기 방법을 사전에 제시하여, 고객이 최적의 화물 수송 계획을 세울 수 있도록 돕는다. 화물이 도착하면 수하인에게 전화로 알린다. Variation-Big은 아래의 조건을 초과하는 화물을 대상으로 한다.

- 20Ft 팔레트 적재 중량 11,364kg (25,000 Lbs)
- 길이 6.05M (238.5Inch)
- 너비 2.65M (104Inch)
- Linear Metre당 중량 3,000kg/M
- Square Metre당 중량 2,000kg/M

03 Variation-DGR

IATA의 규정에 의거, 별도의 안전 수송 절차를 요하는 위험품 운송 서비스로, 항공사는 위험품을 가장 안전하게 운송을 위해 노력하고 있다

- 항공사의 위험품 취급 전문가들은 철저한 교육을 통하여 IATA와 세계 각국의 위험품 규정을 숙지하고 있다. 또한, 전문적인 운송 노하우로 고객이 위험품 수송 준비를 신속하게 마칠 수 있도록 돕는다.
- 여객기에 탑재할 수 없는 위험품인 경우, 화물 전용기를 이용하여 세계 각지로 안전하고 신속하게 운송한다.
- 창고에서도 위험품은 별도로 지정된 장소에 안전하게 보관된다.
- 화물이 도착하면 수하인에게 전화로 알린다.

04 Variation-Fashion

해외로 수출되는 고급 의류를 출발지에서 목적지까지 원형 그대로 신속하게 운송하여 상품 가치를 극대화시키는 서비스이다.

- 고급 의류 완제품을 제작된 원형 그대로 수송해야 하거나, 신상품 출시를 위해 디자인 정보 유출을 방지해야하는 경우, Variation-Fashion을 이용하면 된다.
- 의류 수송용 특수 컨테이너인 GOH(Garment On Hanger)를 고객에게 제공하여 주며, 운송 전 구간에서 컨테이너를 봉인하여 보안 유지 및 도난 방지를 보장한다.
- 비행편 도착 3시간 이내에 화물 인도가 가능하다(공항 현지 사정에 따라 달라질 수 있다).
- 일반 화물보다 우선적으로 비행편에 탑재된다.
- 화물이 도착하면 수하인에게 전화로 알린다.

05 Variation-Fresh 1

의약품, 식료품과 같이 항상 최적 온도를 유지해야 하는 화물을 위한 서비스이다. 최신 기술로 제작된 자동 온도 조절 컨테이너인 Kooltainer를 이용하여, 온도 변화에 민감한 화물을 최상의 상태로 운송한다.

- Kooltainer에 부착된 자동 온도 조절 장치는 출발부터 도착까지 화물의 온도를 일정하게 유지시킨다.
- －20℃에서 +20℃까지 조절 가능하며, 설정된 온도는 최대 72시간까지 유지된다.
- 비행편 도착 3시간 이내 화물 인도가 가능하다(공항 현지 사정에 따라 달라질 수 있다).
- 예약에서 인도까지 화물 운송 전 과정에서 일반 화물보다 우선적으로 처리된다.
- 화물이 도착하면 수하인에게 전화로 알린다.

06 Variation-Fresh 2

- 냉장/냉동 보관이 필요한 화물에 대해 완벽한 운송을 보장한다.
- 신선 화물 수송 시 항공사의 전용 냉장 컨테이너를 이용할 수 있으며, 항공사 화물 창고 내에 있는 냉동/냉장 보관 시설을 이용할 수 있다.
- 예약에서 인도까지 화물 운송 전 과정에서 일반 화물보다 우선적으로 처리된다.
- 비행편 도착 3시간 이내 화물 인도가 가능하다(공항 현지 사정에 따라 달라질 수 있다).
- 화물이 도착하면 수하인에게 전화로 알린다.

07 Variation-Fresh 3

일반 신선 화물을 안정적이고 경제적으로 운송한다.

- 화물 운송 시, 일반 표준 조업 장비 및 시설을 이용한다.
- 상품성에 영향을 미칠 수 있는 직사광선, 습기 등 외부 기후 조건으로부터 안전하게 보호한다.
- 예약에서 인도까지 화물 운송 전 과정에서 일반 화물보다 우선적으로 처리된다.
- 화물이 도착하면 수하인에게 전화로 알린다.

08 Variation-Live

생동물 수송 시 안전과 편안함, 위생을 고려하여 최적의 운송을 보장한다.

- 생동물 운송 전문가들은 동물의 종류와 화주의 요청에 따른 최적의 운송 서비스를 제공한다.
- 운송 중에는 생동물의 안전과 건강 상태를 최우선시 한다.
- Horse Stall과 같은 생동물 수송에 적합한 탑재용기를 보유하고 있으며, 화주가 요청하면 필요한 장비를 제공한다.
- 필요 시 동물 사육사나, 수의사가 비행편에 동승할 수 있다.
- 비행편 도착 3시간 이내 화물 인도가 가능하다(공항 현지 사정에 따라 달라질 수 있다).
- 화물이 도착하면 수하인에게 전화로 알린다.

09 Variation-Safe 1

IATA가 귀중화물로 규정한 품목에 대하여 안전 운송을 보장하는 서비스이다.

- 보석류, 금, 유가증권, 신용카드, 여행자 수표 등을 대상으로 한다.
- 철저하게 봉인된 컨테이너를 사용하여 도난을 방지한다.
- 소형 귀중화물의 경우, 운항 승무원의 관리 감독 아래 직접 조종실에 탑재되어 수송된다.
- 항공기 출발 전과, 도착 후 화물 인도전까지, 화물 창고에서도 별도의 귀중품 보관소에서 안전하게 보관된다.
- 비행편 도착 3시간 이내 화물 인도가 가능하다(공항 현지 사정에 따라 달라질 수 있다).
- 화물이 도착하면 수하인에게 전화로 알린다.

10 Variation-Safe 2

첨단 장비 또는 상품 가치가 높은 화물에 대하여 보안 유지 및 외부 충격을 방지하여 안전하게 운송하는 서비스이다.

- 운송 도중, 화물의 보안 유지와 도난 방지를 최우선시 한다.
- 화물창고에서도 상시 감시 체제 아래 보관된다.
- 보다 세심한 서비스를 위하여 "Sensitive" 라벨을 부착하고, 별도로 관리한다.
- 일반 화물보다 우선적으로 비행편에 탑재된다.
- 화물이 도착하면 수하인에게 전화로 알린다.

11 Variation-Wheels

자동차, 오토바이 등 각종 차량을 항공기로 안전하게 운송하는 서비스이다.

- 자동차 운송용 특수 장비를 이용하여 자동차의 안전한 탑재/하기와 운송 중의 충격 방지로 생산 당시의 상품성을 지킨다.
- 항공사 홈페이지를 통하여 어떠한 크기의 차량도 사전에 수송 가능 여부를 확인할 수 있다.
- 전문가가 작성한 "Car Check List"를 기준으로 운송 과정 중 화물의 상태를 수시로 확인한다.
- 화물이 도착하면 수하인에게 전화로 알린다.

위험물화물운송

01 폭발성 물질(Explosives)

폭발성 물질 / 6개의 Division으로 구분 / Division 1.4는 제한적으로 항공기로 운송하며 대부분 운송을 금지한다.

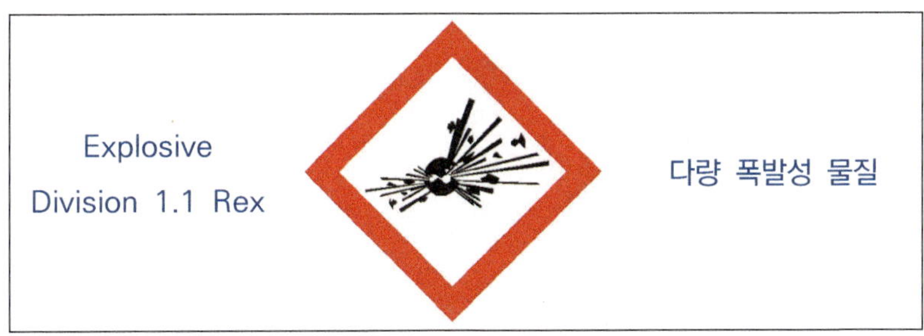

02 가스(Gases)

가스류 / 3개의 Division으로 구분 / Division 2.3의 경우 독성가스로 대부분 항공 운송을 금지한다.

03 발화성 액체(Flammable Liquid)

인화성 액체 / Division 구별은 없으며 Packing Group로 구분 / 항공기로 운송되는 위험물의 약 70% 차지한다.

04 발화성 고체(Flammable Solids)

인화성 고체, 자연발화성 물질, 물과 접촉시 인화성 가스를 방출하는 물질 / 3개의 Division으로 구분한다.

Flammable Solid Division 4.1 Rfs	 	쉽게 발화되거나 발화를 야기시키는 고체물질과 마찰시 화염을 발생시킬 수 있는 고체물질(인화성 고체)

05 산화성 물질 및 유기 과산화물

산화물질, 유기과산화물 / 2개의 Division으로 구분

Organic Peroxide Division 5.2 Rop	 	유기(탄소를 함유한)물질, 일부 물질은 다른 물질과 위험한 화학 반응을 일으킴(과산화 유기물질)

06 독성 및 전염성 물질(Toxic and Infectious Substances)

독성물질, 전염성물질 / 2개의 Division으로 구분한다.

Infectious Substance Division 6.2 Ris	 	인간이나 동물에게 병을 야기시키거나 병원균을 포함하고 있다는 것이 알려져 있는 물질

07 방사능 물질(Radioactive Material)

방사능 물질 / Division은 없으며 3개의 Category로 구분한다.

08 부식성 물질(Corrosive)

부식성 물질 / Division은 없음 / 접촉시 피부조직을 파괴하거나 다른 물질에 부식을 야기하는 물질이다.

09 기타 위험물질(Miscellaneous Dangerous Goods)

기타 위험 물질/ DGR 분류상 다른 Class에 분류되지 않으나 위험성을 가지고 있는 물질

Magnetized Material Class 9 Mag	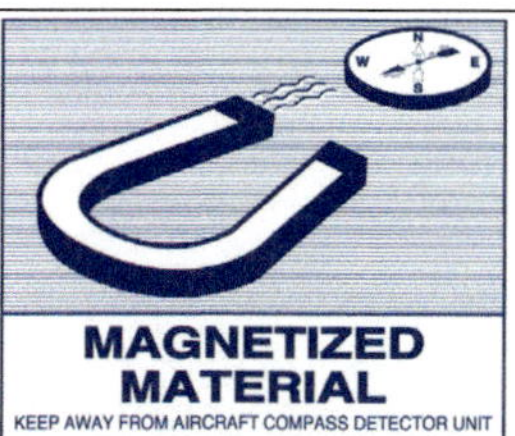	상대적으로 높은 자성을 가지고 있는 자성물질

라벨(Labelling) 및 마킹(Marking) 위험물의 종류와 취급방법에 따라 위험성 라벨(Hazard Label) 및 취급성 라벨(Handling Label)로 구분할 수 있다. 위험물 포장표시는 위험물 관련규정을 충족할 수 있도록 하여야 하며, 이는 화주의 책임사항이다. 모든 공항에 위험물을 운송할 수는 없다. 위험물 운송 금지 및 제한 노선은 다음과 같다.

❙ 위험물 운송금지 및 제한노선

구분	노선
미주지역	Spn, Hnl
일본지역	Akj, Fks, Fsz, Hij, Ibr, Kmi, Kmj, Myj, Oka, Sdj, Tak, Toy, Ygj
동남아지역	Bki, Ceb, Crk, Del, Pnh, Rep, Sgn, Dps, Jkt, Rgn
C.I.S 지역	Ala, Khv, Tas, Uus, Vvo
중국지역	Cgq, Ctu, Dlc, Hgh, Hrb, Kwl, She, Szx, Tao, Ynj, Weh, Ynz
구주지역	Ist

* 아시아나항공 카고 기준

액체위험물 Overpack 규정이 존재한다. 액체성 위험물을 포함하고 있는 Single Packaging 및 Composite Packaging은 Strong Wooden Crate를 이용하여 해당 위험물을 보호할 수 있는 Overpack 작업을 실시한다. 단, 일부 위험물 순량이 20L가 넘지 않는 것은 Strong Wooden Crate를 이용하여 Overpack을 실시하고, 위험물 순량이 20L가 넘는 것은 상/하단에 목재 및 플라스틱 보호판 또는 서포트를 이용하여 Overpack 작업을 실시할 수 있다.

(Strong Wooden Crate)

(상/하단 목재 및 플라스틱 보호판)

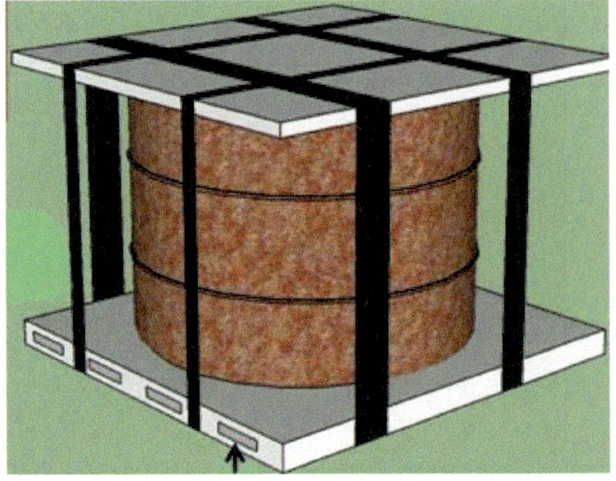

Overpack 작업 사례

생동물운송

모든 생동물은 IATA LAR 규정에 의거하여 생동물 교육을 받은 전담자에 의하여 안전하게 취급한다. 또한 CITES(야생 동식물의 국제 거래에 관한 협약) 운송 제한 품명 여부를 확인한다.

01 생동물 접수 시 확인사항

개, 고양이, 애완용 새인 경우 수하물 가능여부를 확인할 필요가 있다. 각 항공사의 여객 애완동물 동반 안내를 참조한다. 그 외 생동물일 경우 아래의 내용 확인해야 한다.

첫째, 해당 국가 검역 확인–도착지 국가의 수입 규정 및 검역 규정을 확인한다.

둘째, CITES(Convention On International Trade In Endangered Species of Wild Flora and Fauna, 멸종위기에 처한 야생 동, 식물종의 국제거래에 관한 협약) 운송 제한 품명 여부를 확인한다.

- 부속서 i 에 속한 종 : 멸종위기종, 비상업적 목적으로만 운송, 수입/수출 허가서 필요
- 부속서 ii 에 속한 종 : 규제 없을 시 멸종 될 수 있는 종, 수출 허가서 필요, 몇 EU 국가에서는 수입/수출 허가서 모두 필요
- 부속서 iii 에 속한 종 : 멸종위기는 아니나, 엄격한 운송 제한, 수출 허가서 필요, 몇 국가에서 발행한 출발지 증명서 혹은 재수출 증명서도 인정됨.

셋째, 각종 필요 서류 준비(수출입 자격/허가증, Live Animal Check List, 면책각서(Declaration of Indemnity), 화주신고서(Shipper'S Certification For Live Animals), Cites 서류, 등)

02 탑재용기(운송 Cage) 확인

1) 개 또는 고양이

Cage 크기 = Dog Size + 여유 공간 확보(길이 6 Inch, 높이 4 Inch 이상) Cage의 6면 전체가 철망 형태로 이루어진 것은 국제항공운송규정상 사용 불가하며, 최소 2면 이상(바닥과 천장은 필수)이 단단한 면으로 제작되어야 한다.

30kg(Dog의 실중량) 이상의 대형견 또는 Pitbull 등과 같은 난폭한 개는 Cage가 단단한 목재나 철제인 경우만 접수 가능(단단한 플라스틱 재질도 접수 불가)

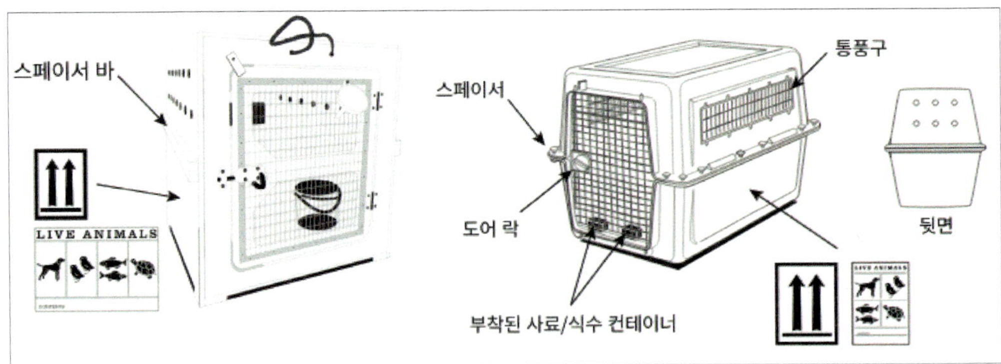

출처 : 아시아나항공 카고 홈페이지 생동물

2) 새(Bird)

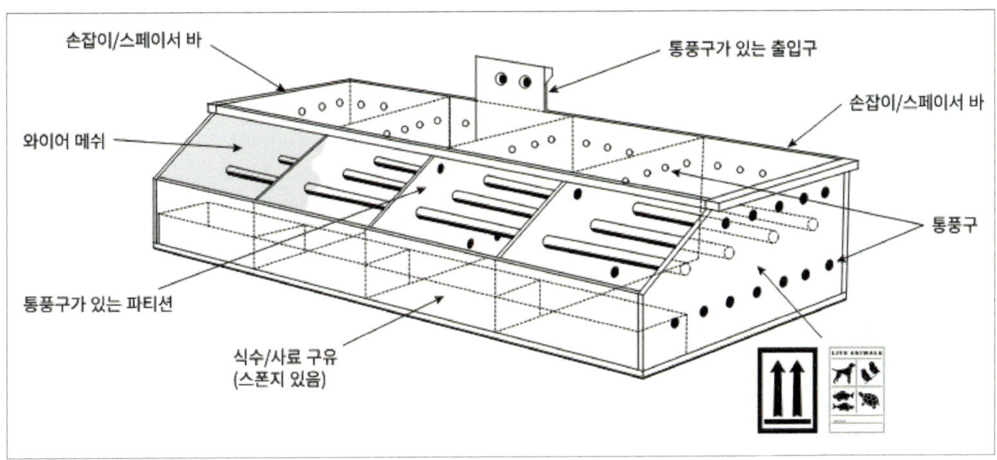

출처 : 아시아나항공 카고 홈페이지 생동물

3) 물고기(Fish)

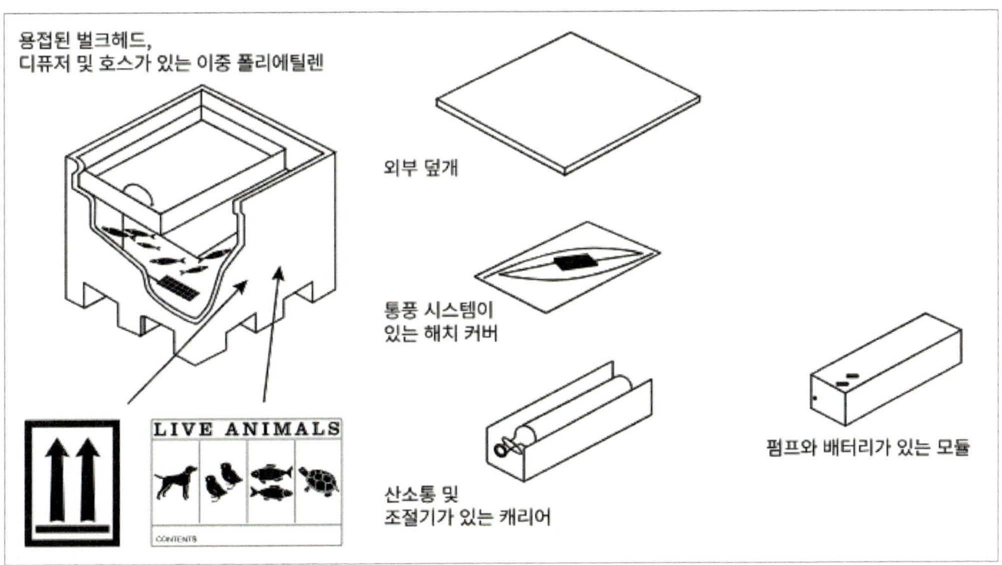

출처 : 아시아나항공 카고 홈페이지 생동물

03 운송금지 생동물

1) 설치류

- 항공기 안전을 위해 설치류 동물 운송을 금지
- 설치류 종류 : 쥐, 햄스터, 두더지, 다람쥐, 비버, 친칠라, 기니피그, 토끼 등
  ※ 고슴도치, 족제비는 운송 가능

2) 영장류

- 멸종위기에 처한 동물 보호를 위해 실험용 목적으로 운송되는 영장류 동물 운송을 금지
- 영장류 종류 : 원숭이, 오랑우탄, 침팬지 등

※ 단, 동물원, 애완용등 특수 목적의 원숭이 수송은 가능

3) 상어 부산물

- 동물 보호를 위해 상어 지느러미 운송을 금지

4) 여객기 수송 금지 생동물

- 돼지, 염소, 양 : 악취 및 소음으로 인해 여객기로 운송될 수 없음
- 뱀 : 승객들에게 혐오감을 줄 수 있으므로 여객기로 운송될 수 없음

SECTION 04

DGR

01 IATA DGR 개요

출처 : http://www.iata.org/publications/dgr/pages/posters.aspx

비행중인 항공기 안에 실려 있던 화물 때문에 항공기에 화재나 합선 등 안전사고가 발생할 경우 항공기는 상당히 위험하다. 특히 항공관련 사고는 사소한 요소로도 발생한다. ICAO와 IATA는 항공기에 실리는 위험물이 어떠한 경우에도 항공기 내부에서 유출되거나, 그 보관용기가 파손되지 않도록 여러 사항들을 채택, 규정화하고 있다. 모든 항공사들에게 규정에 따라 운항하고 있다.

규정사항에는 위험물 분류, 위험물 포장방법, 포장물 및 소재의 성능, 포장에 쓰이는 마킹과 라벨링, 관련 수속 서류, 취급절차, 위험물 취급 교육과정, 위험물 취급자격이 대표적이다. 이 규정들을 IATA DGR(Dangerous Goods Regulations)에서 설명하고 있다.

국토해양부 운항관리과의 항공위험물 운송기술기준은 항공법 제59조(위험물 운송), 제61조(위험물 취급에 관한 교육)에 따라 항공기에 의하여 운송되는 폭발성 또는 연소성이 높은 물건 및 물질의 포장, 적재, 저장, 운송 또는 처리하는 자의 위험물 취급 절차 및 방법 등에 관하여 ICAO 부속서 18 및 기술지침서 필요한 사항을 규정함을 목적으로 한다.

IATA에서는 위험물을 항공으로 운송하는 데 있어 반드시 준수해야 할 국제 규정인 IATA DGR에 대한 교육을 통해 운송 준비와 제반 지식을 부여, 위험물을 보다 안전하고 효과적으로 운송될 수 있도록 하고 있다.

02 DGR 항공 위험물 규정

항공수송의 위험물질은 총 9단계로 분류되어진다. 여객기에 수송하여도 문세가 되지 않는 것부터 항공수송자체가 허락되지 않는 것까지 다양하다.

IATA에 의해 위험품목으로 정해진 품목은 다음과 같다.

- 폭발성 물질(Explosives)
- 가스(Gases: 가연성 불연성 독성 가스)
- 인화성 액체(Flammable Liquids)
- 인화성 고체(Flammable Solids)
- 과산화물(Oxidizing Substances and Organic Peroxides)
- 독극물(Toxic Substances: 전염성 물질 포함)
- 방사성 물질(Radioactive Material)
- 부식성 물질(Corrosives)
- 기타 위험 품목(Miscellaneous Dangerous Goods) 등

위험물사고(Dangerous Goods Accident)는 위험물 항공운송과 관련된 사고로서 사람의 사망 또는 중상, 주요 재화의 손실 및 환경에 유해를 초래한 사고이다.

위험물준사고(Dangerous Goods Incident)는 항공기 탑재 상태에서 발생한 범위로만

국한되는 것은 아니며, 위험물 항공운송과 관련하여 사람에 대한 상해, 재산상의 손실, 화재, 파손, 액체의 유출, 방사선의 누출 등이 발생한 사건이며, 포장의 무결성이 유지되지 못한 흔적이 나타난 경우에도 포함된다. 위험물 운송과 관련하여 항공기나 그 탑승자를 위태로운 상황에 처하게 하거나 환경에 유해를 초래한 경우도 위험물 준사고로 간주한다.

항공사는 위험물 사고 및 준사고 보고 의무가 있다.

- 항공운송사업자는 위험물에 의한 사고 또는 준사고 보고절차를 수립하여야 하며, 위험물사고 또는 준사고 발생 시 위험물 사고/준사고 보고 양식에 따라 해당 국토해양부장관 및 공항소방기관에게 보고하여야 한다.
- 항공운송사업자는 위험물 사고 또는 위험물 준사고가 대한민국영토 밖에서 발생한 경우, 발생한 국가 당국에도 알려야 한다.
- 항공기 운항 중에 위험물로 인하여 사고가 발생하였을 경우 항공철도사고조사위원회의 절차에 따른다.
- 항공운송사업자는 위험물사고 또는 준사고가 발생하였을 경우, 동 위험물 사고 또는 준사고 재발방지 대책을 수립하여 국토해양부장관에게 보고하여야 한다.
- 항공운송사업자는 항공법 제2조 제11호의 항공기사고 또는 제12호의 항공기 준사고가 발생하였을 경우 위험물 탑재여부 및 위험물 종류, 수량 등을 국토해양부장관 및 항공철도사고조사위원장에게 통보하여야 한다.

항공기 사고 또는 준사고 발생 시 항공사가 제공해야 하는 정보는 다음과 같다.

- 항공기에서 사고 또는 중대 준사고가 발생하는 경우, 해당 항공기의 화물에 위험물이 포함되어 있는 경우 기장에게 서면으로 제공한 사본의 내용과 동일한 탑재 중인 위험물에 관한 정보를 지체 없이 사고 또는 중대 준사고 대응 서비스 팀에게 제공하여야 한다. 또한 동일 정보를 가능한 신속하게 항공운송사업자의 국가 및 사고 또는 중대 준사고가 발생한 국가의 해당 당국에 제공하여야 한다.

- 항공기 준사고 시에도 위의 내용과 같다.
- 항공운송사업자는 이 모든 규정을 관련 매뉴얼 및 사고 대책 계획에 수록하여야 한다.

출처 : IATA-DGR Posters & Signage

03 DGR 교육

DGR 교육은 다음과 같은 사항을 고려해야 한다.

- 항공법 제61조 제3항의 규정에 의하여 위험물 취급 전문교육기관으로 지정받은 교육기관의 장은 위험물 취급자에 대하여 초기교육 및 정기교육을 포함한

교육훈련규정을 제정 또는 개정할 시에는 국토해양부장관의 승인을 받은 후 운영하여야 하며, 교육자료는 최신 개정내용을 반영한 교육교재를 사용하고 있다.

- 항공운송사업자는 자신을 대신하여 업무를 수행하는 대리인을 포함하여 모든 관련 직원이 위험물의 운송과 관련한 책무를 수행하기 위하여 세부요건에 따른 교육을 이수시켜야 한다.
- 항공운송사업자는 기술기준에서 규정한 직원의 위험물 훈련프로그램을 수립하여 유지하고 국토해양부장관의 승인을 받아 운영, 유지하여야 한다.
- 위험물을 운송하지 않는 항공운송사업자도 직원의 위험물 교육훈련 프로그램을 수립하여 국토해양부장관의 승인을 받아 운영, 유지하여야 한다.
- 항공운송사업자의 위험물 교육훈련 프로그램에 따라 교육을 실시하는 강사의 자격은 ICAO, IATA, 위험물취급전문교육기관 등에서 위험물교관교육과정을 이수한 자 또는 교육대상 별 교육내용의 직무구분에 대한 초기교육과 정기교육을 이수하고 해당 직무에 2년 이상 근무경험이 있는 자로서 항공운송사업자의 장이 강사로 적합하다고 인정하는 자를 말한다.
- 강사는 자격을 유지하기 위하여 24개월 내에 교육대상 별 교육내용의 직무구분에 대한 위험물 초기교육 또는 정기교육을 위한 강의 경력이 있어야하며, 강의 경력이 없을 시에는 직무구분에 대한 위험물 보수교육을 받아야한다.
- 일반 규정을 포함하여 모든 규정이 숙달되도록 하는 친숙화 교육
- 위험물 취급자 기량 향상에 필요한 내용을 교육하는 특정기능 교육
- 위험물 안전취급 및 비상조치절차 등 위험물 안전교육

IATA의 교육 프로그램은 다양한 DGR 설명서 및 방법 섹션 때 적용하는 학생에 익숙해 위험물 규정과 함께 사용할 수 있도록 설계되었다. 우리의 교육 통합 문서 IATA 위험물 모든 ICAO의 요구 사항을 포함 규정, 등의 실용적인 응용 프로그램을 기반으로 한다.

- 위험물 교육 프로그램, 워크 북 1 : 화주, 포장업자, 위험물 수용 인원, 화물 에이전트
- 위험물 교육 프로그램, 워크 북 2 : 설계사 및 운항 승무원
- 위험물 교육 프로그램, 워크 북 3 : 여객 취급 직원 및 승무원, 승객 처리 및 검사 직원
- 위험물 교육 프로그램, 워크 북 4 : 로드 및 창고 인사
- 위험물 교육 프로그램, 워크 북 5 : 일반화물 수용 인원

출처 : http://www.kreisler-publications.nl/iata-dangerous-goods-regulations-2015-cd-rom.html

CHAPTER 10

항공기 운항 절차

SECTION 01

항공기 운항

항공기의 운항절차를 살펴보면 출발하는 공항에서 운항하기 전 준비단계, 운항 전 단계, 항공기가 이륙해서 도착할 때 까지 운항 중 단계, 착륙한 운항 후 단계로 구분할 수 있다.

운항하기 전 준비단계에서는 항공기 운항에 중요한 요소인 기상 및 이동항로 등 비행정보와 항공기에 대한 분석자료, 항공기에 탑재되는 연료 및 승객과 수하물 중량, 객실내 필요한 물품, 기내식음료 탑재 등을 확인해야 한다. 운항관리사가 작성한 비행계획서를 항공교통관제센터에 제출하고, 운항승무원과 객실승무원은 합동브리핑을 진행한다. 탑승시간이 다가오면 지상요원은 승객의 탑승을 지원하며 이륙하기 위한 절차를 마무리하면 탑승자 명단을 운항승무원에게 전달한다.

승무원들은 출국절차를 마치고 항공기에 탑승하면 운항승무원은 항공기에 시동을 걸고 객실승무원은 이륙준비를 하기 위해 객실의 기내점검을 실시한다.

승객이 지정된 자리에 착석하고 탑승자를 확인한 후 항공기의 출입도어를 잠그면 이륙하기 위한 준비단계가 마무리 된다. 준비가 끝나면 승무원은 승객에게 운항스케줄을 방송하고, 비상사태가 발생 시 대응요령과 대피요령을 안내한다. 대기하다 관제탑의 지시가 떨어지면 탑승교를 이동해 유도로를 걸쳐 활주로로 진입한 후 이륙한다.

운항 중 단계에 접어들어 일정한 고도에 들어서면 안전벨트를 해제하고, 승객에게 기내서비스나 기내면세품 판매가 이루어진다. 항공기가 목적지공항에 도달하기 전에 기장이 착륙시간 안내와 목적지의 날씨상황을 안내하고, 객실승무원은 입국절차에 필요한 서류를 배포한다. 최근에는 정보통신기술이 발달하면서 사전에 입국절차 및 비자신청 등을 인터넷으로 신고할 수 있어 절차가 간소해졌다.

항공기가 관제탑의 지시를 받아 활주로에 착륙하면 유도로를 주기장에 주기하면서 운항절차가 마무리된다. 항공기 운항은 기본적으로 안전을 최우선으로 여겨야 하며 경제성과 정확한 항공기 출발도착시간, 승객을 위한 쾌적한 객실서비스 등 철저한 사전 준비가 필요하다.

01 비행계획

비행을 시작하기 전에 비행계획을 수립하여 항공교통관제센터에 제출하여야 한다. 긴급출동 시 시작전에 비행계획을 제출하지 못한 경우에는 비행 중에 제출할 수 있다. 또한 항공기는 비행 시 제출된 비행계획을 지켜야 한다. 만약 비상상황이 발생하여 비행계획을 지키지 못한다면 긴급조치를 한 즉시 항공교통관제기관에 통보하여야 한다.

1) 비행계획의 준비

(1) 기상 및 비행정보의 수집, 분석

항공기의 운항시간이 확정되면 출발공항, 경유항로 및 교체공항의 제반적인 기상상태, 항공기 운항 및 안전에 관련된 제반 시설 및 절차의 운용개시, 폐기, 운용시간 변경, 내용 변경 등을 운항종사자가 운항에 적용할 수 있도록 공항 또는 관련 당국에서 제공하는 정보를 수집하여 운항이 가능한 상황인지 운항을 제한을 해야 하는지 여부를 판단한다.

(2) 항공기에 대한 정보의 수집

항공기를 운항하기 위해서는 준수해야 할 많은 규정과 절차와 전문지식이 필요하다. 따라서 항공기가 운항을 하려면 사전에 항공기의 항행안전시설, 등화시설, 하행안전무선시설, 운항정보, 항공교통관제 시스템 등 항공기의 상태에 대한 정보를 수집해야 하며, 탑승할 승무원의 구성 등 제반사항을 파악해야 한다.

(3) 예상탑재중량의 확인

항공기에 적재하는 중량은 항공기 성능에 크게 영향을 미친다. 따라서 항공기들은 승객의 인원수와 화물을 탑재하는데 중량에 신경을 쓰지 않을 수 없다. 실제로 한계를 초과하는 중량을 실었을 경우 항공기의 성능이 감소되고, 항공기가 구조적으로 문제가 발생할 수도 있다. 또한 항공기가 제작될 때 무게중심 한계라는 범위를 정하는데 이것을 넘어가면 연료나, 승객수, 화물 등의 중량을 줄이거나 위치를 재배치해야 한다.

2) 비행계획서(Flight Plan)의 작성

항공기가 운항을 하려면 비행계획서를 작성하여 항공교통관제기관에 최소 출발 60분전에 제출해야 한다. 비행계획의 형태와 현재 상황에 따라 필요한 비행계획 정보를 기록해야 한다.

비행계획서를 작성할 때는 다음과 같은 사항이 반드시 포함되어 있어야 한다.

- 항공기 식별번호
- 비행의 방식 및 종류
- 항공기의 대수 형식 및 최대이륙중량 등급
- 탑재장비
- 출발비행장 및 출발 예정시간
- 순항속도, 순항고도 및 예정항공로
- 최초 착륙예정 비행장 및 총 예상 소요 비행시간
- 교체비행장

아래의 사항은 지방항공청장이나 항공교통본부장이 요청하거나 비행계획을 제출하는자가 필요하다고 판단하는 경우에 제출한다.

- 시간으로 표시된 연료탑재량
- 탑승 총 인원
- 비상무선주파수 및 구조장비
- 기장의 이름
- 항공교통관제와 수색 및 구조에 참고가 될 사항
- 낙하산 강하시 관련사항

기장은 목적공항에 착륙을 하면 가능하면 빠른 시간 내에 인편이나 무선으로 항공교통관제기관에 도착보고를 하여 비행계획을 종료시켜야 한다.

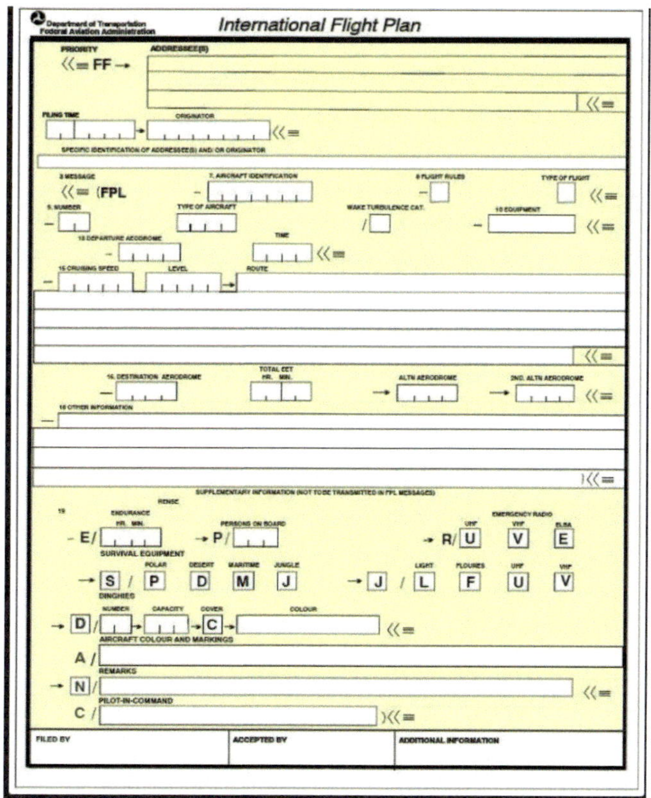

Department of Transportation
Federal Aviation Administration

International Flight Plan

PRIORITY ADDRESSEE(S)
<<≡ FF →
<<≡
FILING TIME ORIGINATOR
→ <<≡
SPECIFIC IDENTIFICATION OF ADDRESSEE(S) AND/ OR ORIGINATOR
3 MESSAGE 7. AIRCRAFT IDENTIFICATION 8 FLIGHT RULES TYPE OF FLIGHT
<<≡ (FPL – – <<≡
9. NUMBER TYPE OF AIRCRAFT WAKE TURBULENCE CAT. 10 EQUIPMENT
– / – <<≡
13 DEPARTURE AERODROME TIME
– <<≡
15 CRUISING SPEED LEVEL ROUTE
– →
<<≡
16. DESTINATION AERODROME TOTAL EET HR. MIN. ALTN AERODROME 2ND. ALTN AERODROME
– → → <<≡
18 OTHER INFORMATION
–
)<<≡
SUPPLEMENTARY INFORMATION (NOT TO BE TRANSMITTED IN FPL MESSAGES)
19 ENDURANCE HR. MIN. PERSONS ON BOARD EMERGENCY RADIO UHF VHF ELBA
– E/ → P/ → R/ U V E
SURVIVAL EQUIPMENT POLAR DESERT MARITIME JUNGLE LIGHT FLOURES UHF VHF
→ S / P D M J → J / L F U V
DINGHIES NUMBER CAPACITY COVER COLOUR
→ D / → → C → <<≡
AIRCRAFT COLOUR AND MARKINGS
A /
REMARKS
→ N / <<≡
PILOT-IN-COMMAND
C /)<<≡
FILED BY | ACCEPTED BY | ADDITIONAL INFORMATION

▎ICAO ATC FPL 양식

법정연료와 허용탑재중량

법정연료 (Required Fuel)
항공기가 출발공항부터 목적공항까지 안전하게 비행할 수 있도록 법으로 정해져 있는 연료이다. 법정연료 = Trip Fuel + Contingency Fuel + Alternate Fuel + Holding Fuel • Trip Fuel : 출발지부터 목적지까지의 소모연료 • Contingency Fuel : 항로상의 돌발사태로 인한 우회비행 또는 계획된 고도로 운항이 불가한 상황을 대비하여 탑재 • Alternative Fuel : 목적공항으로부터 교체공항까지의 비행연료 • Holding Fuel : 교체공항 1500FT 상공에서 30분간 체공할 수 있는 연료
허용탑재중량 (ACL : Allowable Cabin Load)
ACL = 이륙가능중량 (AGTOW) - 항공기 자중 (SOW) - 연료 (Take Off Fuel)

02 항공기상

항공기상은 항공기 안전운항 및 계획을 구축할 때 안전운항 및 사고방지를 위해 최첨단 기상관측장비를 이용하여 실시간으로 세계 공항 항로 및 위험기상정보를 예보하여 기장에게 제공하고 있다. 기상정보를 정확하게 예측하지 못하였거나 잘못 적용되었을 경우 항공기의 안전운항이 불가능하며, 경제적인 측면이나 원활한 운송 측면에서도 막대한 손실을 끼칠 수 있다.

1) 운항에 영향을 미치는 기상

(1) 안개

일반적으로 안개는 해가 떠오르고 주변온도가 높아지면 자연적으로 소멸되지만 짙은 안개는 앞이 보이지 않아 이착륙이 어려워진다. 이착륙 시 가장 중요한 시정 장애요인으로 꼽힌다.

(2) 바람

바람은 방향은 항공기 운항에 아주 큰 영향을 주는 요인이다. 바람의 세기나 방향에 따라 항공기 이착륙할 때 막대한 영향을 준다. 바람이 강하게 불면 착륙하지 못하고 상공을 선회하다가 멈추지 않으면 대체 공항에 착륙한다. 바람의 방향의 뒤에서 불거나 옆에서 불면 속도나 방향조절이 어려워 착륙할 수 없게 된다. 통상 배풍(Tail Wind) 10Knots 이상이면 이착륙이 금지된다.

(3) 폭설

항공기 표면에 눈이 많이 쌓이면 공기의 흐름을 방해해 항공기 이착륙할 때 필요한 양력을 방해한다. 이런 이유에서 눈이 오면 항공기에 제빙과 방빙을 작업한 뒤 항공기를 운항해야 한다. 또한 공항의 활주로에 눈이 쌓이면 이착륙 시 항공기가 미끄러질 수 있어 위험이 따른다.

(4) 난기류(Tulbulence)

운항시 난기류를 만나면 순간적으로 불규칙적인 고도변화가 일어날 수 있다. 강도가 높은 경우에는 순간적으로 조종이 불가능할 수도 있는 아주 위험한 요소이다. 난기류의 강약에 따라 항공기의 동체가 흔들리거나 충격을 줄 수 있고, 승객의 불안감도 높아져 쾌적하게 운항하는데 가장 큰 장애요소가 된다.

(5) 기온

기온이 높으면 공기의 밀도가 낮아져 항공기의 성능이 감소하고 활주로 이륙거리도 겨울보다 길어진다.

2) 기상으로 인한 비행기 결항기준

비행기가 결항될 때는 다양한 요인이 바탕이 된다. 그 중 가장 커다란 요인은 날씨이다. 기상으로 인한 비행기 결항의 기준이 되는 공항특보이다.

(1) 태풍

태풍으로 인하여 강한 바람과 호우가 경보기준에 도달할 것으로 예상되는 경우이다.

(2) 천둥번개

출발하려는 항공기가 있는 공항에 천둥번개가 발생하거나 예상되는 경우이다.

(3) 대설

24시간 신적설이 3cm 이상 발생되거나 예상되는 경우이다.

(4) 강풍

10분간 평균풍속이 25KT 이상 또는 최대순간 풍속이 35KT 이상인 현상이 발생하거나 예상되는 경우이다.

(5) 구름고도, 저시정

해당 공항의 기상관서, 항공교통업무기관 및 운항자간의 협의에 의한 기준치 이하로 발생하거나 예상되는 경우이다.

(6) 호우

강수량 30mm/h, 50mm/3h,1 이상 발생하거나 예상되는 경우이다.

(8) 황사

황사로 인해 1시간 평균 미세먼지(PM10) 농도가 400㎍/㎡ 이상 2시간 이상 지속될 것으로 예상되고 시정 5,000m 이하가 예상될 때이다.

(9) 윈드시어

윈드시어 탐측장비로 탐측이 된 경우나, 이륙 및 착륙 시 항공기에 악영향을 미칠 수 있는 15KT이상의 정풍 또는 배풍이 변화할 경우이다.

03 브리핑(Briefing)

승무원은 항공기 출발 예정 시각 전 운항승무원과 객실승무원은 합동 브리핑에 참석하여 운항정보를 브리핑한다.

1) 운항 브리핑(Briefing)

운항승무원은 사전 운항 중에 필요한 모든 상황을 파악하고 비행에 적용되는 법규 및 규정에 따라 안전하게 운항할 수 있는가를 운항관리사와 함께 확인한다.

- 출발지, 목적지, 항로, 고도 및 교체공항의 기상예보
- 항공보안, 안전 및 비상상황 발생 시 유의사항
- 화물탑재량 및 상황
- 승객탑승 현황
- 도착할 비행장 시설 등
- 운항승무원화 객실승무원의 협조사항

2) 객실 브리핑

해당 항공기의 객실사무장의 주관으로 승무원들이 하는 업무하기 전에 회의이며, 항공기의 노선에 따라 1~2시간 전에 실시한다.

- 승무원 소개
- 휴대품확인, 비행일정, 비행시간, 기상정보 소개
- 승객 정보, 목적지 정보 제공
- 서비스 절차 및 기내식 메뉴, 신규 서비스 방법
- 업무지시내용 숙지
- 보안, 안전설비 숙지
- 비상상황 발생 시 절차

04 탑승 후 확인

승무원은 탑승하기 전에 Flight Bag과 Hanger를 제외한 모든 Baggage를 탁송하고 승무원 출국절차에 따라 C.I.Q 통과 즉시 항공기에 탑승한다.

05 승무규정

1) 승무시간 산정 기준

항공기가 비행을 목적으로 자력으로 움직이기 시작한 순간부터 비행이 종료되어 완전히 정지할 때까지의 시간(Cabin Block Time)이다.

2) 휴식시간

항공기 안전운항을 위해 승무원의 승무시간은 관계법령에 의해 엄격히 제한되고 있다. 운항 승무원이 공항에 출두한 후 항공기 출발 때까지 6시간 이상 경과시에는 승무원 교대를 하거나, 계속 승무를 위해서는 승무원에게 최소한 5시간 이상의 휴식시간을 주어야 한다.

3) 비행 중 승무원 휴식 공간(Crew Rest Seat) 운영

비행을 장기간 운항할 경우 피로도를 해소하기 위해 승무원을 위한 휴식공간을 운영하고 있다.

(1) 운항승무원

- 비행소요 예정시간이 8시간 이상인 직행 비행
- 승무원 교체없이 양 구간의 비행소요 예정시간의 합이 10시간 이상인 비행
- 1인당 기장은 FR/CLS, 부기장은 PR/CLS 각 1석 제공

(2) 객실승무원

- 사무장 : PR/CLS 1석, 일반 승무원 : EY/CLS 1석 (Bunk)

SECTION 02

객실 서비스

01 객실 서비스의 개념

1) 객실서비스의 개념

객실 서비스는 승객들이 탑승하여 목적지에 도착할 때까지 객실승무원에 의해 서비스 활동이 이루어지는 모든 업무 및 탑승한 승객의 안전을 책임지는 것이다.

객실서비스는 항공기 내에서 승객에게 제공되는 무·유형의 서비스를 의미하며 승객이 탑승하기 전부터 객실의 설비를 점검하고 하기할 때까지 승객의 안전에 최선을 다해야 한다. 객실서비스는 다른 업종과 달리 인적자원의 의존성이 높고 비행기라는 한정된 공간에서 제한된 시간 동안 서비스가 제공된다. 따라서 객실서비스는 항공사의 서비스 품질과 항공사 이미지는 현장에서 서비스를 수행하는 객실승무원의 업무능력과 서비스 마인드에 따라 결정된다.

객실서비스에는 물적서비스와 인적서비스가 있다. 물적서비스는 승객이 기내에 탑승하여 이용하는 각종 시설이나 장비, 식음료 등의 서비스이다. 인적서비스는 승객들이 보다 편안하게 목적지까지 도착할 수 있도록 객실 승무원들이 제공하는 서비스를 말한다. 따라서 객실서비스는 다양한 승객들의 욕구를 충족시켜 줄 수 있는 물적서비스와 인적서비스가 함께 제공되어야 만족도가 높아진다.

2) 객실승무원이란?

객실승무원이란 항공기에 탑승하여 비상시 승객을 탈출시키는 안전업무를 수행하는 승무원을 말한다. 객실승무원의 역할은 기장을 보좌하여 승객안전과 비상탈출에 관한 임무를 수행할 안전의 책임과 객실서비스의 제반 규정 및 서비스절차를 준수하며 운송 중 최상의 서비스를 제공하여 승객이 쾌적하고 편리한 비행환경을 조성, 유지할 수 있도록 하는 서비스의 책임이 있다. 객실승무원은 객실사무장과 부사무장, 일반승무원으로 구분된다.

02 항공기 객실

항공기 기체는 동체(Fuselage), 주날개(Mainwing), 꼬리날개(Tailwing)로 구성되어 있으며 동체에는 조종실(Cockpit), 객실(Cabin), 화물칸(Cargo)으로 나누어져 있다.

1) 항공기 객실 등급

항공기 객실 등급은 일반적으로 일등석(First Class), 비즈니스석(Business Class), 일반석(Economy Class)로 구분된다.

(1) 일등석(First Class)

항공기의 일등석은 객실전방이나 Upper Deck에 위치하고 있다. 좌석의 넓이와 좌석 사이의 간격이 넓고, 180도 수평좌석이 장착되어 있으며 개별칸막이가 있는 곳도 있어 승객의 프라이버시를 보장해주기도 한다. 기종별로 개인용 모니터, 거실과 더블베드가 있는 침실, 샤워를 할 수 있는 욕실 등 최고급 시설을 제공한다.

(2) 비즈니스 클래스(Business Class)

비즈니스석(Business Class) 또는 Prestige Class라고도 부르며 일등석 뒤에 위치하고 있으며 일등석이 없는 항공기에는 객실전방에 위치하고 있다. 간격이 넓은 좌석과 편안한 편의시설을 제공하고 있다. 항공사별로 프리미엄 비즈니스석도 운영하고 있다.

(3) 일반석(Economy Class)

일등석이나 비즈니스석을 제외한 모든 좌석을 일반석이라 하며 항공기의 규모에 따라 100~400명까지 좌석의 개수가 차이가 있다. 등받이 각도, 좌석 하단에 발 받침대 등 승객의 편의시설을 보완하고 있다.

2) 항공기 객실 설비

(1) 승객좌석

클래스마다 좌석간격이 다르기는 하지만 좌석 하단에는 비상용 구명복(Life Vest)이 장착되어 있다. 일반석에는 개인용 모니터가 설치되어 있고, 휴대폰을 충전할 수 있는 장치가 있다. 좌석에는 앞뒤로 움직일 수 있는 조절버튼이 있고, 독서등, 승무원호출버튼, 에어콘 조절버튼 등이 있다. 좌석 앞에는 트레이 테이블이 장착되어 있고, 하단에는 면세품 책자, 기내잡지, 안전메뉴얼카드, 위생봉투 등이 들어 있다. 좌석 팔걸이에는 개인용 모니터 조절버튼이 있다.

(2) 승무원좌석(Jump Seat)

비상구 옆에 위치하고 있다. 주변에는 전화기, 휴대용 산소통, 손전등, 소화기 등 비상장비가 있다.

(3) BUNK

운항승무원 및 승무원들이 휴식을 취하기 위한 공간이며 객실 뒤편에 위치하고 있으며 침대가 장착되어 있다.

(4) 주방(Galley)

승객에게 제공하는 기내식과 음료를 준비하는 공간이다. 주방에는 기내식을 보관하는 카트 및 컴파트먼트가 있다. 식사를 조리할 때 필요한 오븐, 커피메이커, 온수기, 워터보일러 등이 있다. 객실의 온도나 조명, 주방의 기기들을 조절하는 작동패널도 설치되어 있다.

(5) 화장실(Lavatory)

화장실은 항공기의 종류에 따라 위치가 다르다. 화장실 내부에는 세면대, 변기, 연기감지기 등이 설치되어 있다.

(6) 비상구(Exit Door)

항공기의 문은 승객의 탑승과 하기를 위한 출입구와 각종 서비스 용품의 탑재와 하기를 위한 문, 비상상황 발생 시 탈출을 위한 비상구가 있다. 비상구에는 비상착수나 비상착륙 시 탈출을 위한 슬라이드/라프가 장착되어 있다.

03 객실 서비스

객실서비스는 승객이 항공기에 탑승하기 전부터 고객의 만족을 높이기 위한 서비스를 제공하고 있으며 비행 중에는 식음료서비스, 면세품서비스, 안내방송 등을 하며 비행기가 착륙하여 하기하기까지 승객이 안전하고 편안하게 여행할 수 있도록 서비스하는 역할을 한다.

1) 탑승 전 서비스

비행 전 객실승무원은 항공기 탑승 전에 브리핑과 점검을 하는 준비를 한다. 탑승을 한 후에는 비행기의 모든 시설들이 잘 가동되는지 점검하고, 기내서비스를 위한 물품들이 제대로 유입되었는지 확인해야 한다. 또한 응급상황이나 비상상황이 발생했을 때 관련 장비들의 작동상태나 위치를 점검하여 신속하게 대처할 수 있도록 해야 한다.

(1) 응급 비상용품

응급조치 장치에 사용되는 산소통, 자동제세동기, 구급의료용구비상약, 소화기, 연기감지기, 비상벨, 방폭담요, 방탄조끼, 비상탈출 장비 및 착수 장비 등을 점검한다.

(2) 장비 및 시스템

통신시스템과 인터폰, 승객호출 등 작동상태가 제대로 되는지 체크하고, 객실내의 온도조절시스템, 오디오, 비디오 시스템, 화장실 탱크량 등을 점검한다.

(3) 기내공급 물품

기내에서 사용되는 서비스 용품을 적재하는 서비스 카트와 승객에게 서비스 제공시 식음료를 탑재하는 Carry-on Box, 각종 음료와 주류, 따듯한 음식, 컵, 종이

타월, 트레이, 헤드폰, 담요, 베게 등 서비스할 용품을 점검한다.

(4) 객실설비

객실에는 기내서비스를 제공하고자 필요한 시스템과 설비를 점검해야 한다. 화장실상태, 주방설비, 커튼, 코트룸, 좌석상태, 통로청결상태, 비상구 등이다.

(5) 화장실

화장실의 청결상태와 화장지와 종이타월을 세팅하고 화장실내 화장품, 칫솔, 여성용품 등을 배치한다.

(6) 기내 음식과 음료 서비스

식음료서비스는 기내 음식의 상태를 점검하고 시간에 맞추어 서비스한다. 기내식은 수량파악과 위생상태, 유효기간을 확인하고, 음료는 시원하게 서비스할 수 있도록 준비한다.

(7) 승객의 좌석 서비스용품 확인

탑승을 시작되기 전에 좌석 위에 담요와 베개, 핸드폰 등을 빠진 곳이 없이 미리 배치하고, 여유분도 확인한다.

2) 탑승 후 서비스

(1) 탑승안내

승객의 탑승이 시작되면 승무원은 탑승구에서 환영인사를 하고, 탑승권을 확인한후 좌석을 안내하며 수하물 정리를 도와준다.

(2) 비상구출구 좌석 승객에게 규정 안내

비상구출구의 좌석에 앉은 승객에게 비상구열 좌석의 규정과 사유를 안내한다. 비상출구좌석에 앉는 승객은 비상상황 발생 시 승무원과 함께 승객들의 탈출을 도울 수 있는 승객을 배정한다.

(3) Safety Demonstration

탑승이 마무리되면 도어를 비상시 탈출 모드로 변경하고 환영방송을 한 후 Safety Demonstration를 실시한다. Safety Demonstration은 항공규정에 의거, 항공사의 의무규정으로 이륙 전 반드시 실시해야 하고, 방송으로 하거나 객실승무원이 직접 실시하기도 한다.

(4) 이륙준비

Safety Demonstration이 종료되면 객실승무원은 비상탈출을 대비해 객실 안전점검을 실시한다. 승객의 좌석과 부대시설들이 정위치에 있는지 확인하고, 좌석벨트 착용여부도 체크한다. 승객들의 전자기기 사용을 금지하고, 수하물의 위치가 문제가 없는지 확인한다.

3) 비행 중 업무

항공기가 이륙하고 안정고도에 이르면 승객에게 기내식을 제공하고, 면세품을 판매하는 등 서비스를 제공한다.

(1) 객실점검

항공기가 이륙하여 안전고도에 도착해서 좌석벨트 등이 꺼지면 기내의 조명을 서비스에 적합한 상태로 조절한다. 화장실은 청결한지 수시로 체크한다.

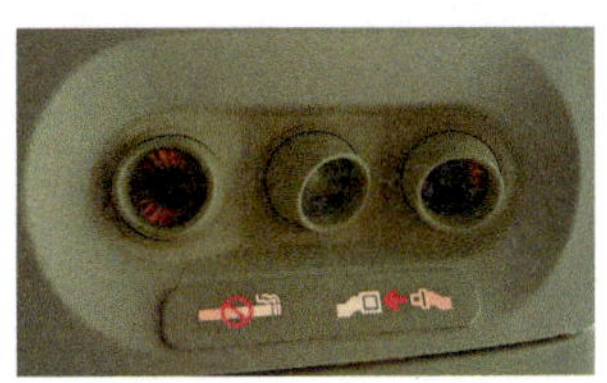

(2) 기내식 서비스

기내식은 항공기 내에서 승객에게 제공되는 식사 및 음료를 말한다. 항공사의 운임에 포함된 경우와 별도의 비용을 지불해야 하는 경우도 있다.

기내식은 단거리 노선에는 음료서비스가 제공되며, 중장거리 노선에서는 좌석 등급에 따라 제공되는 요리의 종류와 서비스가 다르다. 그 밖의 채식주의자나 종교상의 이유로 음식을 선택해야 하는 경우, 소아식, 건강상으로 구분해야 하는 음식 등 특별식(Special Meal)은 반드시 예약할 때 선택을 해야 한다.

- **영 · 유아식**

태어난 후 12개월까지의 영아를 위한 식사 Infant Meal은 아기용 액상분유와 주스이며, 생후 12~24개월까지 유아용 식사 Baby Meal은 소화가 잘되는 음식을 분쇄하여 만든 이유식이다. Child Meal은 만2세 이상에서 만 12세 미만의 소아, 어린이들이 좋아하는 햄버거, 돈가스, 샌드위치, 피자 등을 준비한다.

• 종교적 특성에 따른 음식

종교에 따라 제공되는 음식이 다르다. 인도는 소고기가 포함되지 않고, 무슬림은 알코올과 돼지고기를 포함하지 않고 만든 기내식을 제공한다. 유대식은 돼지고기 대신 소고기, 양고기를 사용한다.

• 채식주의자

육가공 식품을 사용하지 않고 과일이나 신선한 채소를 이용하여 만든 기내식이다. 하지만 지역에 따라 유가공식품을 추가하기도 한다. 베지테리언이나 승객들의 요청에 의해 제공하는 기내식이다.

• 건강식

건강상의 이유로 특정한 음식을 섭취할 수 없어 칼로리나 지방, 단백질을 제한하는 기내식이다. 당뇨병이나 혈압, 고지혈증, 알레르기, 비만 등의 관련된 지병이 있는 환자를 위해 건강한 재료로 만든 기내식이다.

• 특별식

승객이 원하는 재료로 만든 기내식이다. 과일샐러드, 시푸드, 케익 등의 기내식이다.

기내식을 승객에게 제공하기 전에 물수건을 따뜻하게 데운 후 승객에게 서비스하고, 잠시 후 물수건을 수거하고 기내식을 서비스한다. 항공기의 여정에 따라 기내식을 제공하기도 하고, 단거리는 음료서비스만 제공하기도 한다.

음료서비스는 대부분 카트에 상단에 생수, 맥주, 우유, 각종 주스류, 냅킨 등 각종 소모품을 탑재하여 승객의 취향에 따라 서비스한다. 대부분 차가운 음료를 제공하지만 커피나 홍차 등 따듯한 음료를 제공할 때는 조심해야 한다.

기내식 서비스는 카트 상단에 생수와 각종 주스류, 생수, 맥주, 와인, 따듯한 음료 포트, 플라스틱 컵, 종이컵 등을 세팅하고, 기내식 식사 2종류를 탑재하여 승객의 선택에 따라 음료와 함께 서비스한다. 따듯한 국물이 나갈 경우에는 각별히 주의를 기울이고, 기내식 트레이가 승객의 머리 위를 지나가지 않도록 한다. 기내식 서비스 순서는 안쪽 승객부터 순차적으로 제공한다.

식사를 마치면 생수나 커피, 차 등 후식을 제공하고 일정시간이 지나면 기내식 트레이를 수거한다.

(3) 면세품 판매

기내식을 마치면 기내에 준비되어 있는 면세품을 원하는 승객에게 판매한다. 좌석앞에 면세품 종류가 있는 책자를 참고하여 원하는 면세품을 구입할 수 있다.

판매대금과 물품잔량 등을 정확히 파악하여 다음 항공기에 탑승하는 승무원에게 인수해 주어야 한다.

(4) 입국서류 배포

국제선 항공기에 탑승한 승객은 목적지 국가에 입국할 때 필요한 입국서류를 제공한다. 입국서류를 받은 승객들은 비행기가 착륙하기 전에 미리 작성을 한다. 최근에는 대부분의 국가에서 입국서류나 세관신고서를 인터넷이나 모바일의 앱을 통해 사전에 입국에 필요한 정보를 입력하고 있다.

(5) Turbulence 발생시

Turbulence가 발생하면 즉각적으로 승객에게 좌석벨트를 착용하도록 안내방송을 하고 이동을 하지 않도록 안내한다.

4) 비행 후 업무

비행기가 착륙하기 전에 기장이 도착시간과 현지지역의 날씨 등을 안내방송 한다. 객실승무원은 헤드폰을 회수하고 좌석의 주변을 정리하여 객실의 설치물이 정위치에 위치하도록 안내한다.

착륙을 할 때는 안내방송을 한 후 승객들에게 좌석벨트를 매도록 안내한다. 객실승무원은 착륙에 대비해 객실의 시설물의 안전상태를 점검한 후 착석을 한다.

착륙을 하면 승객들에게 비행기가 게이트에 들어서기 전까지 안전벨트를 유지하도록 안내방송을 한다. 비행기가 멈추면 순차적으로 하기를 실시한다. 하기순서는 응급환자를 우선시하고 좌석등급에 따라 순서대로 하기한다. 하기를 마치고 객실점검을 마치면 비행 중 특이사항과 업무절차를 객실사무장에게 보고하는 Debriefing을 실시한다.

지상 조업 업무

01 지상조업(Ground Handling)

지상조업(Ground Handling)이란 항공기내에서의 서비스를 제외한 항공기의 출발지, 경유지, 목적지 공항에서 항공기운항을 위하여 필요로 하는 지원업무 일컫는다. 지상조업은 승객이 목적지까지 무사하게 도착할 수 있도록 탑승수속을 하고 위탁 수하물을 접수한다. 접수된 수하물을 보관하고 항공기에 탑재하고 하기하는 것을 진행한다. 항공기가 출발하기 전에 항공기 내부를 청결하게 청소하고, 항공기의 연료를 보충하고, 문제가 있는지 점검하고 문제가 발생하는 부분이 있으면 정비를 하여 항공기가 안전하게 목적지에 도달할 수 있도록 모든 부분에서 지원을 한다. 또한 운항관리와 이에 수반되는 제반 서류를 취급하여 목적지 공항에 도달하는데 문제가 야기하지 않도록 철저히 준비하고 있다.

지상조업을 하는 업체들은 대부분 주요 국적 항공사들에 속해 있으면서 지상조업 업무를 수행하는 자회사이다. 그 중 가장 점유율이 높은 곳은 대한항공의 자회사 한국공항(KAS)이며 59%의 점유율을 가지고 있다. 한국공항은 지상조업을 하고 있지만 그 외 농산물재배와 제동목장, 제주생수, 축산 등으로 사업을 확장하고 있다. 아시아나항공에서 지분율 100%를 보유하고 있는 아시아나에어포트(AAS)는 26%의 점유율을 유지하고 있다. 인천국제공항에 항공기 급유시설을 갖추고 있고 항공유 품질검사도 수행하고 있다. 스위스포트코리아(SPK)는 성장세가 눈에 띄었고, 미국 아틀라스항공의 합작기업인 AACT도 자체 터미널을 준비중이다.

그밖에 제주항공은 동보공항서비스(JAS)를 인수했고, 외국항공사와 전세기 조업 등 사업범위를 확대해 가고 있다. 티웨이 항공은 티웨이에어서비스를 설립하였다. 그 밖에 샤프에비에이션케이(SHP)와 에이티에스(ATS) 주식회사가 있다.

하지만 여전히 지상조업업체는 한국국적항공사의 독과점 시장 구조이다. 국내 시장에서만 매출도 중요하지만 경쟁력을 확보해 해외시장 진출로 확대하는 방안이 중요한 과제가 되었다.

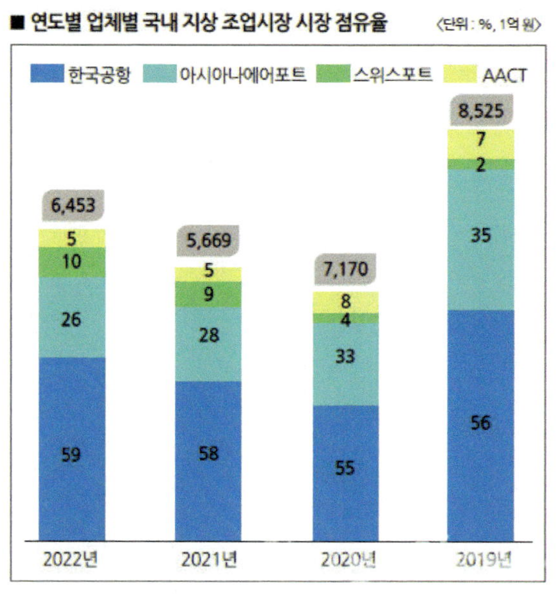

❙ 지상조업업체의 점유율

출처 : Cargo News

지상조업 장비들은 대부분 노후된 장비가 많지만 워낙에 고가라 교체가 쉽지 않다. 이런 어려움을 인식한 한국공항공사가 최근에 항공기 지상조업 환경 선진화를 위해 지상조업 장비공유제를 도입하기 위해 시범 운영을 준비하고 있다. 노후된 장비들을 고품질 친환경 제품으로 교체하고 각 지상조업사업자에게 공유하게 함으로 조업비용절감, 이동지역 공간확보, 항공기의 정시운항, 이동지역 이동차량의 지상안전, 환경보호 등을 기대하기 때문이다. 홍콩국제공항은 2018년부터 이 제도를 도입하였고, 영국 루턴공항도 장비공유제를 도입하여 조업비용을 절감하고 있다. 런던 히드로 공항은 이 제도를 이용하여 업무 효율성을 향상시키고 안전도 향상에도 기여하였다.

02 지상조업 지원업무

지상조업은 항공기가 이륙 또는 착륙할 때 주기장이나 유도로로 견인하는 업무와 항공기가 주기장에 대기하고 있을 때 항공기의 간단한 점검과 보수, 항공기가 출발하기 전에 필요한 급유 및 동력지원, 항공기의 청소나 항공기내의 필요한 물품들의 공급, 항공기 기내식의 적재 등 다양한 업무를 수행하고 있다. 지상조업은 항공기가 원활하게 다음 목적지로 운항할 수 있도록 필요한 조업들이다.

1) 항공기 견인 및 유도

항공기를 견인하거나 유도할 때는 항공기가 공항에 도착하여 주기장까지 도착하게 하거나 주기장에서 유도로로 진입할 때 필요한 작업이다. 항공기가 착륙한 후 계류장에 진입하면 항공기가 주기장을 찾아갈 수 있도록 유도차량이 안내를 해 준다. 항공기가 주기장에 진입한 후 승객들을 탑승시키고 항공기가 이륙하려할 때 견인해주는 작업도 수행한다.

항공기유도는 주기장에 진입하거나 진출할 때 조종사를 유도하기 위해 계류장에 위치한 지상의 항공기 유도요원의 수신호를 주고받으며 이동한다.

지상의 항공기유도요원에게는 조종사와 교신이 가능하도록 헤드세트가 제공되고, 항공기 시스템에 필요한 모든 전원은 공항내 설치된 동력원으로부터 공급된다. 항공기가 오랜 기간 계류하는 경우에는 유도절차에 따라 원격주기장 또는 격납고 주기장에 이동한다.

2) 항공기 연료 급유

항공기에 공급하는 연료는 항공기취급업 등록을 한 업체에 위탁하는데 우리나라의 경우 대부분 항공운송사업자가 자회사를 가지고 있는 경우가 많다. 항공기 연료공급은 오염되지 않은 항공유의 정확한 양과 안전한 방법으로 공급하여야 한다.

항공기에 대한 연료는 계류장에 설치된 급유 파이프라인에서 연결하여 급유를 하기도 하고, 유조차에서 급유를 제공하기도 한다. 대부분의 공항에서는 연료공급체제를 같이 운영하는데, 공급자로부터 안전한 연료를 저렴하게 공급받으려는 목적과 계류장 운영의 효율성을 확보하기 위함이다. 최근에는 항공기에서 나오는 온실가스를 줄이기 위한 대안으로 바이오 항공유를 정유사와 협력해 구축할 계획도 가지고 있다. 항공유는 발화점이 높기는 하지만 사고로 인해 화재가 발생할 때는 폭발할 위험성이 많아 대형사고로 이어지기 때문에 연료를 취급할 때 각별한 주의가 필요하다.

3) 전력공급

대부분의 항공기는 동력을 공급하기 위한 보조 동력공급장치(auxiliary power unit: APU)를 구비하고 있지만, 항공사는 에너지 절감과 공해방지 차원에서 지상전원공급장치를 선호한다. 일부 공항에서는 환경적인 이유로 보조동력공급장치를 사용하는 것을 제한하기도 한다. 또한 항공기가 대형화되면서 지상전원을 선호하게 되었고, 해당 항공사나 지상조업업체의 장비에 의해 공급받거나 주기장이나 탑승교 설치된 항공기지상전원공급장치를 이용한다.

공항에서는 항공기가 계류장에 머무는 동안 발생하는 온실가스를 감축하기 위해 항공기 지상정원공급장치를 확대하여 설치하고, 계류중인 항공기의 냉난방을 직접 공급함으로 항공기 엔진 가동을 최소화하는 항공기 냉난방 공급장치도 도입하고 있다. 또한 기존에 전량 수입하던 지상전원공급장치를 신기술로 국산으로 개발하여 모든 항공기에 적합하도록 설계하여 호환성이 뛰어나고 터치스크린 제어, 원격제어가 가능하도록 제작하고 있다.

4) 항공기 제빙 방빙 작업

항공기 표면에 결빙이나 착빙이 발생하면 항공기 성능에 영향을 끼칠 수 있으므로 결빙을 방지하는 제빙작업을 실시해야 한다. 결빙방지와 세척을 하기 위해 항공기 동체와 날개에 제빙액을 분사한다. 특히 조종석 창문, 날개, 엔진 그리고 객실창문 등은 최소 비행 2시간 전에 실시해야 한다. 항공기를 세척하는데 적합한 다용도 장비인 자체추진 탱크장치는 분사 혹은 다양한 정비업무를 수행할 수 있는 안정적인 수직강하판을 구비하고 있다. 뮌헨과 같은 몇몇 공항에서의 항공기제빙작업은 제빙용 주기장에 설치된 거대한 제빙시설을 항공기가 통과하게 하도록 하였다.

5) 항공기 하역

공항에서 화물이나 수하물을 분류하고, 항공기에 싣거나 항공기로부터 내려서 여객청사로 운송하는 업무이다. 항공기 하역은 항공사가 직접하거나 지상조업사가 담당하기로 하며 일부에서는 공항운영자가 담당하기도 한다.

화물이나 수하물의 이동은 대부분 무동력장비인 Dolly와 Dolly를 견인하기 위한 Tug car가 있으며, 항공기에 화물을 탑재하거나 하기할 때 사용하는 Cargo Loader, High loader 장비를 사용한다.

최근에는 인천국제공항공사에서 수하물 처리작업을 하는 지상조업사 직원들이 실시간으로 수하물을 확인할 수 있는 지상조업사용 수하물 조회 시스템(Baggage Positioning System)을 개발하여 공식운영하고 있다. 그동안 인천공항에서는 수하물 위치추적 서비스를 운영해 왔으나 지상조업사들이 조회할 수 있는 시스템이 없었던 상황에서 업무 프로세스의 개선을 통해 업무 효율성을 높일 목적으로 이 시스템을 개발하였다.

Bagtag	KE 335801
비행편	KE0023 [SFO]
ETD	2022-07-06 16:00:00
분류목적지	ST62 [T2]
분류시간	2022-07-06 13:04:11

▎지상조업사용 수하물 조회 시스템

출처 인천국제공항공사, 국토교통부

6) 기타 지상조업

그 외에도 여객 및 승무원의 탑승 또는 출입국 관련 업무, 기내식 제공, 항공기 내의 청소, 음용수 교체, 화장실 오물 처리 등의 업무가 있다.

기내식제공업무는 음식물과 음료수는 출고에서부터 여객에게 제공될 때까지 전 과정이 국제적으로 합의된 위생에 관한 표준에 적합하여야 하며, 특별한 경우를 제외하고는 항공사의 모기지(母基地)공항에서 공급되는 것이 일반적이다.

항공기 외부의 계류장에서 항공기의 운항지원업무가 수행되는 동안에 기내에서는 청소업무가 이루어지고, 승객에게 제공될 기내식과 음료수 등 필요한 물품이 항공기에 탑재된다. 화장실 오물을 처리하기도 하고, 주방의 음용수를 교체하기도 한다.

03 지상조업 장비

지상조업장비는 항공기가 이 착륙 한 후 항공기가 원활하게 운항을 할 수 있도록 지상에서 조업을 처리할 때 필요한 장비이다. 기본적으로 항공기 견인, 급유, 화물적재, 승객수송, 항공기 기내 필요한 물품 제공 등에 필요한 역할을 하는 장비이다.

1) 램프 서비스

(1) 램프 버스(Ramp Bus)

터미널에서 항공기에 탑승하거나 하기하여 터미널로 이동할 때 공항내에서 사용되는 버스이다.

(2) Passenger Boarding Stairs

공항에서는 비행기의 탑승구가 복잡할 때 주기장에 항공기를 세워놓고 승객의 탑승과 하기를 진행하기도 한다. 항공기 출입구에 지면은 높이가 있어 내려올 수 없어 계단역할을 하는 장비를 사용한다.

(3) GPU(Ground Power Unit)

항공기가 출발시 엔진에 시동을 걸 때 사용하는 장비이다. 비행기는 전력소모가 많은 동체이다. 비행중에는 엔진에서 전력을 발생시키지만 지상에서는 외부전력을 사용하면 연료소모가 작아 전력을 공급받는다. 이 장비는 지상에서 주기중인 항공기에 전원을 공급하는 장비이다.

(4) ASU(Air Star Unit)

항공기에 엔진이 시동을 걸 때 차량이 압축공기를 분사해 시동을 거는 방식이다.

(5) Refueling

항공기가 제대로 운항할 수 있도록 필요한 연료인 항공기에 급유를 공급하는 장비이다.

(7) 특수 소방차

공항에서는 다양한 인화성 물질을 다루는 곳이라 늘 위험요소가 존재한다. 또한 항공기가 이착륙할 때 예기치 못하게 화재가 발생하는 비상사태에 대비한 특수 장비를 갖춘 소방차이다.

2) 수하물, 화물의 탑재/ 하기 서비스

(1) Tug car, Dolly

공항내에서 화물을 운반하는 장비이다. 행선지별로 분류하여 적재된 ULD를 항공편으로 운반하는 역할을 한다. 돌리는 동력장치가 없어 터그 카로 연결하여 카고 로더까지 이동시킨다.

출처: 대한항공 뉴스룸

(2) Towing Car

토잉 카(Towing Car)는 비행기의 앞 랜딩기어에 차량과 연결하여 견인하는 장비이다. 출발하기 위해 주기장에서 유도로로 견인할 때 사용한다. 항공법에는 비행기의 후진이 금지되어 있어 토잉 카가 후진을 하도록 견인을 해주는 것이다. 아주 강력한 성능의 지상조업장비중 하나이며 고가의 장비이다.

(3) Cargo Loader, High loader

항공편으로 운반된 수하물이나 화물이 적재된 ULD을 항공기에 탑재하거 하기 할 때 사용되는 장비이다. 리프트로 적재물을 들어올려 화물을 편리하게 항공기에 탑재할 수 있다. 이 장비는 리프트를 이용할 수 있어 항공기 정비에도 이용할 수 있다.

(4) Cargo Conveyor

항공기에 수하물을 상하역할 때 수하물을 이동시켜주는 장비이다.

3) 항공기 서비스

(1) Deicer

눈이 왔을 때 항공기기 표면에 붙어 있는 눈과 얼음을 제거하고 결빙을 방지하는 장비이다.

(2) Portable Service Vehicle

항공기 기내에 음용수를 공급하거나 교환하는 차량이다.

(3) Lavatory Service Vehicle

항공기 화장실 탱크의 오물을 수거하고 처리하는 차량이다.

(4) Catering Car

항공기에 승객에게 제공할 기내식을 비행기에 운반할 때 사용하는 차량이다. 평범한 트럭처럼 보이지만, 기내식 적재할 때 비행기 높이에 맞게 들어 올려 운반하는 차량이다.

출처: 대한항공 뉴스룸

(5) Air Condition Unit

항공기 객실의 냉난방을 유지할 수 있도록 지원하는 장비이다.

AIR TRANSPORT

CHAPTER 11

국내외 항공사 현황

Full service carrier

대형항공사는 좌석등급에 따라 차이가 많이 나지만 비행기에서 모든 서비스를 포함한 운임을 책정한 항공사이다. 최신식 기종의 비행기를 보유하고 있어 장거리 여행을 할 때는 중간에 비행기를 갈아타지 않아 편안하고 안락한 여행을 즐길 수 있다.

또한 항공노선이 전세계에 펼쳐져 있어 목적지를 선택하는 폭이 넓고, 항공사별로 동맹을 맺어 마일리지 혜택을 더 받을 수 있는 장점도 있다.

좌석의 등급에 따라 최고급 호텔에서 누릴 수 있는 서비스에서 일반적인 서비스를 제공받을 수 있다. 탑승수속을 할 때 기내수하물이나 무료수하물의 중량을 충분히 제공한다. 장거리를 갈 때는 위탁수하물의 개수가 2개를 제공한다. 일반기내식과 특별기내식을 준비하고 있어 고객의 취향에 따라 선택할 수 있고, 음료서비스도 제공한다.

마일리지 제도가 있어 비행기를 많이 탈수록 적립이 가능하고, 항공동맹을 맺은 비행기를 타게 되어도 일정부분 마일리지를 적립해준다. 적립된 마일리지는 좌석을 승급하거나 항공권을 구입할 때 사용할 수 있다. 탑승과 하기를 할 때 편안하게 할 수 있고, 특별한 사정이 없는 한 정시에 출발을 한다.

탑승시간을 기다릴 때 항공사의 라운지를 이용하면 간단한 간식과 편안한 좌석에서 쉴 수 있고, 샤워시설과 편의시설이 준비되어 있다.

01 대한항공(Korea Airlines)

대한항공은 대한민국 국적의 항공사이며 스카이팀의 창립 멤버로 델타 항공, 에어 프랑스, 아에로멕시코 등과 함께 동맹체의 창립을 주도했다. 대한항공은 1969년 한국항공공사가 민영화되면서 한진그룹이 인수했다. 대한항공은 제트기 보잉 720 항공기와 화물기를 도입하여 수입을 다각화했다. 적극적인 투자로 최신 항공기를 구입하여 새로운 노선을 확대하면서 대한민국 일등 항공사로 성장하였다. 1968년에는 지상조업업체 한국공항을 설립하였다. 2007년에는 저비용 항공사 진에어를 설립하였다. 2020년 아시아나항공을 인수를 확정하였다. 같은해 세계적인 항공 서비스 컨설팅 기관인 스카이트랙스로부터 5성급 항공사로 선정되기도 하였다.

02 아시아나항공(Asiana Airlines)

아시아나항공은 대한민국의 민간 항공사이자 2위 규모의 민간 항공사로 스타얼라이언스의 동맹체이다. 아시아나항공은 민간정기항공운송사업자로 금호아시아나그룹에 소속되어 있었으나 경영부실과 유동성 위기로 현재는 대주주인 산업은행의 주도하에 대한항공으로 인수, 합병되어 2년 정도는 자체 브랜드로 운영할 예정이다. 아시아나 항공은 대한항공과 쌍벽을 이루며 높은 성장률을 보였으며 대한항공과 서비스 경쟁을 통하여 우리나라의 항공산업 발전에 큰 역할을 하였다고 볼 수 있다. 자회사인 저비용항공사 에어서울과 대주주로 있는 에어부산 또한 저비용 항공사로서의 항공산업 발전에 적지 않은 기여를 하였다.

03 싱가포르 항공(Singapore Airlines Limited)

싱가포르 항공은 1972년에 설립된 싱가포르의 항공사이자 스타얼라이언스 회원사이다. 싱가포르 항공이 기반을 둔 창이 국제공항은 허브 공항으로 78개의 항공회사가 이 공항을 이용하면서 세계에서 가장 복잡한 공항 중에 하나가 되었으며 세계 최고의 공항으로 성장하였다. 싱가포르 항공은 이 공항에서 110개의 도시를 연결하는 노선을 가지고 있어 허브 항공으로서의 역할도 충분히 하고 있다. 세계에서 가장 긴 직항 노선 2개를 포함하여 태평양을 횡단하는 항로도 운항하고 있다. 싱가포르 항공은 세계 최초로 에어버스 A350-900ULR, 에어버스 A380-800, 보잉 787-10 항공기를 도입한 항공사이기도 하다. 저비용항공사 스쿠트 항공과 실크에어도 운영하고 있다.

04 ANA 항공(All Nippon Airways)

전일본공수는 일본의 민간 항공사로 스타얼라이언스의 회원사이며, 아시아나항공과는 협력관계인 항공사이다. 1952년 일본 헬리콥터 수송 주식회사로 시작하여 서서히 성장한 항공사이다. 2004년 저비용항공사 에어 넥스트를 설립하였으나 2010년 에어 센트롤과 에어 넥스트가 합병하여 ANA 윙스로 변경했다.

05 카타르 항공(Qatar Airways)

카타르 항공은 카타르의 국영 항공사이자 국책항공사다. 카타르 항공은 아랍항공기구(Arab Air Carriers Organization)의 일원이며 원월드와 동맹을 맺고 있다. 1997년 민간 항공사로 전환하면서 카타르 정부(50%)와 민간 투자자(50%)에 의해 소유하고 있다. 코드쉐어를 포함한 150개 도시를 운항하고 있다.

06 루프트한자(Lufthansa)

루프트한자는 독일의 국책항공사이며 최대의 항공사 동맹 스타얼라이언스의 창립 멤버로 타이 항공, 유나이티드 항공, 에어 캐나다, 스칸디나비아 항공과 함께 창립했다. 1990년 서독과 동독이 통일되면서 최대 규모 항공사로 성장하게 되었고, 1994년에 민영화되었으며 화물 항공사인 루프트한자 카고를 설립했다. 저비용항공사 저먼윙스와 유로윙스를 가지고 있다. 운송 수는 세계 6위, 전 세계 100개국 200개 도시로 운항하는 항공사이다.

07 케세이퍼시픽 항공(Cathay Pacific)

캐세이퍼시픽 항공은 홍콩을 거점으로 하는 영국계 스와이어 그룹 계열 항공사이며 항공동맹인 원월드에 가맹되어 있다. 자회사는 에어 홍콩과 홍콩 그래곤 항공이 있다. 1970년대 홍콩이 아시아 지역의 무역, 금융센터로 결정되면서 과감히 투자를 하여 노선을 확대해 갔다.

08 에미레이트 항공(Emirates)

에미레이트 항공은 아랍에미리트의 항공사이며 에미레이트 그룹의 자회사이다. 두바이 국제공항을 허브 공항으로 사용하고 있으며, 적극적인 투자로 빠르게 성장하고 있으며 수익률도 높은 편이다. 2016년 영국의 항공전문 평가 기관인 스카이트랙스에서 세계 제 1위 항공사로 선정될만큼 항공 업계를 선도하고 있으며, 모든 대륙을 취항하고 있는 항공사중 하나이다. 우리나라 승무원들이 선호하는 항공사이기도 하다.

09 에어프랑스(Air France)

에어 프랑스는 프랑스의 국책 항공사에서 에어 프랑스-KLM 그룹의 사업부로 합병한 항공사이며 스카이팀의 창립멤버이다. 91개국 153개 노선을 운항중이다.

예술의 도시 프랑스답게 유니폼이 아름답다. 2021년에 발표된 스카이트랙스 항공사 순위에서 10위에 선정되었고, 유럽 최고의 항공사로 선정되기도 하였다.

Low Cost carrier

저비용항공사(Low Cost Carrier, LCC)는 항공기내 서비스가 줄어든 대신 낮은 운임으로 운행하는 항공사이다. 미국에서 처음 고안되어 1990년대 초에 유럽으로 퍼져 나갔으며 마침내 세계 전역까지 퍼져 나갔다.

저비용항공사란 기존의 항공운송시장에 형성되어 있는 항공운임에 비하여 상당히 저렴한 수준으로 운송서비스를 제공하는 항공사이다. 항공수요가 적은 지역에 운항비용이 적게 소요되는 소형항공기를 운항하여 좌석과 운송효율을 높이고, 기내서비스를 축소하여 인건비 및 부대경비를 줄여 수지타산을 맞추며 마케팅을 차별화하여 생산성과 가동률을 높이는 전략으로 운영하는 소규모의 항공사를 의미한다. 따라서 저비용항공사는 주로 지방소도시나 근거리 노선이 적합하지만 최근에는 우리나라와 가까운 거리의 국제노선도 개발하여 full service 항공사의 점유률을 능가할 정도로 인기를 얻고 있다.

저비용항공사를 이용하는 승객들은 필요한 서비스가 있다면 부가 서비스를 선택하여 요금을 지불하면 원하는 서비스를 받을 수 있다. 실제로 수하물의 무게가 많은 고객들은 무료수하물의 서비스 중량이 적기 때문에 추가로 부담하게 되면 요금이 높아진다. 또한 좋은 좌석이나 기내식도 선택하려면 기본요금에 추가로 요금을 지불하여 실제로 저렴한 가격으로 이용할 수 없다. 하지만 고객서비스를 받지 않고 저렴한 운임을 선호하는 승객에게는 맞춤형서비스와 같은 서비스를 누릴 수 있다.

01 제주항공

제주항공은 제주특별자치도와 애경그룹이 공동 설립한 민·관 합작기업이다. 제주도의 항공교통을 개선하여 제주도민과 제주도 관광객의 편의도모가 설립 목적이며, 2005년 1월 25일에 설립되었다. 제주국제공항에 기반을 두어 2006년 6월 5일 제주-김포노선에 취항하였다.

제주항공이 LCC로는 한성항공에 이은 대한민국 2번째이지만, 부정기 항공운송사업면허를 받은 한성항공과 달리 처음부터 정기 항공운송사업 면허를 받은 정기항공사로 출범하였다. 정기 항공운송사업 면허는 대한항공과 아시아나항공에 이어 제주항공이 3번째로, LCC 최초로 획득하였다. 현재 국내 LCC 항공사 중 가장 많은 국제 정기편을 취항하고 있다.

제주항공의 특징으로 2008년 7월 제주항공이 일본에 첫 전세기를 취항하였고, 2009년 3월 인천~오사카, 인천~키타큐슈, 4월 인천~방콕, 11월 김포~오사카 정기노선을 취항하면서 2009년 1년 동안 약 16만 명을 운송하였다. 2010년에는 김포~나고야, 인천~홍콩, 인천~마닐라, 부산~세부 노선이 추가되었고 연간 약 49만 명을 운송하였다. 2011년 부산~홍콩, 부산~방콕, 제주~오사카 노선이 추가되면서 현재 국제선 정기 노선을 운항을 계속적으로 확장하고 있다.

제주항공 노선현황

출처 : 제주항공 홈페이지

02 진에어

대한항공에서 100% 출자해 설립한 저비용항공사로, 한진그룹과 대한항공의 계열사이다. 2008년 7월 17일 김포-제주 간 노선의 취항을 시작하면서 본격적인 항공운송산업을 시작하였다. 일본, 중국, 그리고 동남아시아 지역을 취항중이며, 국내 저비용항공사중 최초이자 유일하게 미국령 괌에 취항하였다.

진에어는 애초 에어코리아라는 이름으로 취항을 준비하였으나, Ci선포시기에 맞추어 진에어로 사명이 바뀌었다. 이후 에어코리아는 한진그룹 계열의 항공 여객운송전문회사의 사명으로 승계되었다. 진(眞, Jean)이라는 사명과 걸맞게 모든 현장 직원의 유니폼이 파격적으로 청바지와 티셔츠를 착용하여 항공업계에 새로운 반향을 일으켰다. 또한 국내선의 경우 지정좌석제가 아닌 사우스웨스트항공이나 에어아시아가 도입하고 있는 자유좌석제를 국내에서 유일하게 도입하여 운영 중(구역지정에 의한 자유좌석제)인 실용성을 강조한 항공사이다.

진에어는 주력 항공기는 737-800 기종으로 모회사인 대한항공에서 가져와서 15개 노선(국제선 포함)에 투입중이며 제2의 허브공항인 제주국제공항에는 주 60편을 운항시킨다. 국제선도 737-800을 이용하며 마카오, 괌, 방콕, 클라크, 세부, 비엔티안, 삿포로, 나가사키, 오키나와, 치앙마이에 운항하고 있다.

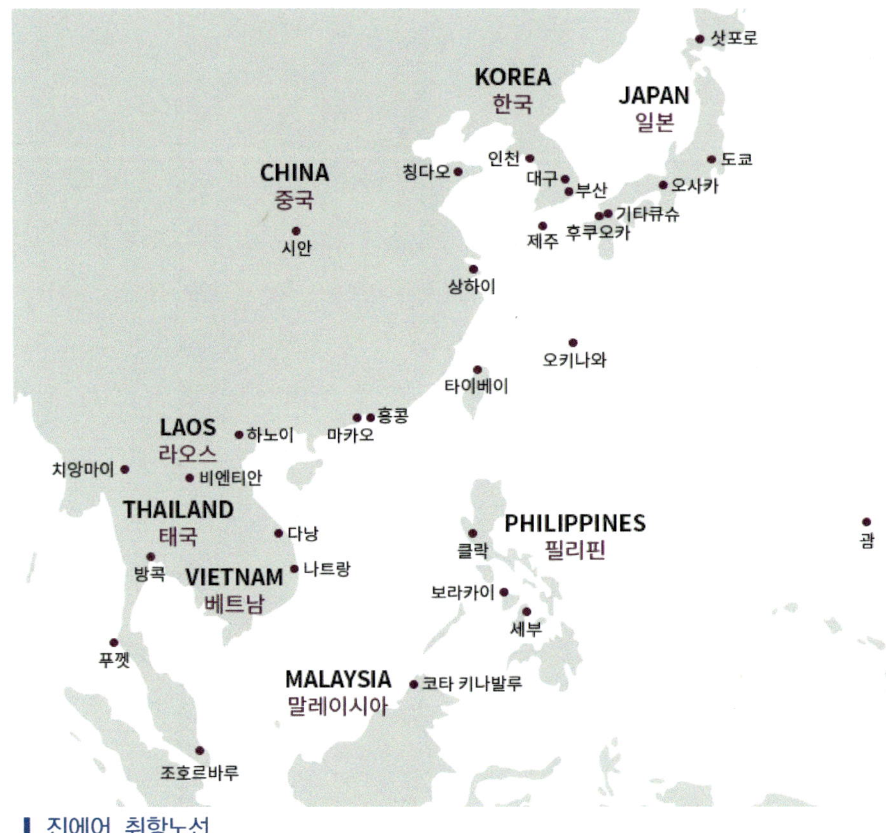

▎진에어 취항노선

03 이스타 항공

이스타항공그룹(舊 Kic 그룹)과 군산시가 10억 원을 투자하였다. 이후 메리츠종합금융증권과의 합작으로 설립되었다. 2008년 8월 7일 국토해양부로부터 부정기 항공운송 사업면허를 취득하였으며, 2009년에 보잉 737-600 항공기 1대, 보잉 737-700 5대를 임대 도입했다.

2009년 12월 국내, 국제선 정기항공운송면허(Aoc)를 얻어 2009년 12월 인천~말레이시아 부정기 노선으로 국제선 운항을 시작하여 2010년 인천~코타키나발루 노선과 2011년 인천~치토세, 인천~나리타, 인천~방콕 노선을 운항하면서 현재 4개 정기노선을 운항하고 있다. 이후 국제선 노선을 확대 운영하고 있다.

04 에어부산

2007년 부산국제항공이라는 이름으로 처음 설립되었으나 2008년 지금의 사명으로 변경하고 아시아나항공의 737-400, -500을 인계받아 운항을 시작하였다. 아시아나항공, 부산광역시가 대주주이고, 2008년 10월 27일 김해국제공항을 거점으로 해서 부산~김포 노선에 첫 운항을 시작한 항공사이다. 2007년 부산국제항공으로 설립하였다.

현재 2010년 3월 부산～후쿠오카 노선과 4월 부산～오사카 노선을 취항하였고 2011년 1월 부산~타이베이노선과 5월 부산~홍콩노선, 6월 부산~나리타노선을 취항하였다. 3월에는 부산~세부 노선을 정기노선으로 재취항하여 총 6개 정기 노선을 운항하고 있다. 이후 국제선 노선을 확대하고 있다. 현재는 대한항공에 편입되어 운영 중이며, 2년 이내 대한항공내 저비용 항공사와 통합항공사로 운영될 가능성이 있다.

05 티웨이항공

한성항공은 2005년 대한민국의 최초의 저비용항공사로서 첫 비행을 시작하여 한때 제트기 도입과 국제선 취항을 추진하였으나, 2008년 10월 18일 부로 고유가, 고환율 및 그로인한 자금난으로 인해 운항을 중단하였다.

2009년 3월 31일 정기 주주총회에서 5월 말에 국내선 재취항, 7월 초에 국제선 취항으로 재운항을 합의하였으나 투자유치 실패로 부정기 운송면허 취소 처분을 받을 위기에까지 있었다. 한성항공은 영업을 재개하면서 티웨이항공으로 사명을 변경하였다. 2010년 9월 운항증명을 발급받았다. 2011년 10월 중순부터 인천~방콕노선을 시작으로 국제선 노선을 확대하면서 운항하고 있다.

06 에어서울

에어서울 로고

아시아나항공이 100% 자본금(150억)을 출자하여 출범하는 항공사이다. 명칭 에어서울은 먼저 만들어진 아시아나계 항공사인 에어부산에 대응해 서울 지역을 기반으로 한다는 뜻에서 지어졌다. 2015년 10월 22일 국토교통부의 국제항공운송사업 면허신청 공고문에 따르면 에어서울은 2017년까지 총 5대의 항공기를 도입하며 2016년 2분기부터 취항한다.

항공기는 A320 시리즈로 단일화할 모양이며 먼저 에어서울은 아시아나항공 보유 항공기 중 가능한 기령이 짧은 최신예 제트 항공기를 도입한다. 2016년 3대를 도입한 이후 2017년 2대의 항공기를 추가 도입할 계획이라고 한다. 주간에는 중국/일본노선을 야간에는 동남아 지역을 운영할 예정이다. 에어서울은 일본 노선으로 오키나와 · 도야마 · 구마모토 · 마쓰야마 · 아시히가와 · 시즈오카 · 미야자키 · 요나고 · 다카마쓰 등 9개 노선을, 중국의 경우 칭다오 · 옌타이 · 웨이하이 3개 노선을 운항예정이다. 또한 동남아시아에선 캄보디아 프놈펜 · 씨엠립과 말레이시아의 코타키나발루, 베트남 다낭 등 3개국 4개 노선을 운항예정이다.

노선을 보면 아시아나항공에서 탑승률이 낮은 노선을 에어서울로 운항할 것으로 본다. 예를 들어 일본의 경우 오사카, 도쿄 등 확실히 비즈니스 수요가 있는 노선에는 취항을 하지 않고 있다. 아시아나항공은 대형 항공기 위주로 중장거리 비즈니스 수요, 에어서울은 소형 항공기들 위주로 저가항공으로 저수요, 혹은 관광지 수요로 취항한다. 현재 에어서울은 대한항공에 편입되어 운영 중이며, 2년 이내 대한항공내 진에어, 에어부산과 함께 통합되어 운영될 예정이다.

07 Southwest Airlines

사우스웨스트 항공(Southwest Airlines)은 댈러스에 본사가 있는 저비용항공사로 총 여객 운송수로 세계 3위로(아메리칸 항공, 델타 항공 뒤) 처음에 보잉 737기 3대로 하였고 기내식이 없고 다음 비행기 대기시간이 15분 정도로 세계 3위에 들어간다.

08 Ryanair

라이언에어(Ryanair)는 아일랜드의 저비용항공사로 더블린에 본사가 있으며 더블린 공항과 런던 스탠스테드 공항을 허브공항으로 사용하고 있으며 1985년에 설립하였다.

09 Easyjet

이지젯(Easyjet)은 영국의 저비용항공사이다. 주력 항공기 기종은 에어버스의 A319와 보잉의 B737-700이다. 또한 항공기 중 일부는 영국항공의 옛 계열사인 Gb 에어웨이즈의 지분을 인수하여 일부 노선에 대하여 운항하고 있다. 미래에는 친환경 항공기를 개발할 계획이 있는 것으로 드러난다.

10 Jetblue Airways

제트블루 항공(Jetblue Airways)은 미국의 저비용항공사로 훌륭한 서비스와 깨끗한 기내 시설, 그리고 무료 서비스를 없애고 유료 서비스를 강화하는 정책을 펴왔다. 그들은 회사가 창립한 이래 매년 거의 모든 서비스부문에서 5위 안을 유지하고 있다. 주력 항공기 기종은 에어버스의 A320과 엠브라이어르 Erj-190이며 미국 항공사 중 매년 꾸준한 성장세가 지속되고 있다.

11 Virgin Blue Airlines(Virgin Australia)

버진 오스트레일리아(Virgin Australia)는 2000년 8월 31일 버진블루라는 이름으로 2대의 항공기와 200명의 종업원으로 영업을 시작하여 오스트레일리아 국내선 및 오세아니아 지역 주요 도시의 국제선을 운항하는, 버진 브랜드 중 최대의 항공기를 소유한 회사인 동시에 오스트레일리아의 두 번째로 큰 저비용항공사이다.

브리즈번 공항을 허브 공항으로 하며, 오스트레일리아의 28개 도시에 취항하고 있다. 리처드 브랜슨 경이 소유한 버진 그룹이 창립하였으며, 본사는 오스트레일리아 퀸즐랜드 주의 브리즈번에 위치하고 있다. 일부 국제선 항공기의 경우 '퍼시픽블루', '폴리네시안블루'라는 이름도 사용하고 있다. 2011년 5월 4일에는 버진 오스트레일리아로 사명을 바꾸었다.

12 Airasia

에어아시아(Airasia)는 말레이시아의 저가 항공회사이며, 1993년에 설립되었다. 또한 허브공항은 쿠알라룸푸르 국제공항이며, 준 허브공항은 코타키나발루 국제공항과 세나이 국제공항이다. 취항도시는 14개국 65개 도시에 취항중이며, 국내에서도 탑승이 가능하다.

AIR TRANSPORT

CHAPTER 12

승객 불만사례

SECTION 01

운항 전후 불만사례

항공산업이 급성장하면서 항공운송서비스를 이용하는 고객들이 급증하기 시작했다. 더불어 항공서비스에 대한 고객들의 인식과 기대가 높아지고, 반면에 만족스럽지 못한 서비스에 대해서는 적극적이고 다양한 방식으로 불만을 표출하고 있다. 특히 소비자가 인터넷이나 SNS를 통해 불만사항을 표현하면 네트워크를 통해 순식간에 내용이 전파되어 관련 업체들도 이미지가 손상되어 경영손실로 이어지는 경우도 있어 긴장하게 된다. 따라서 문제가 발생하면 항공사에서는 신속하게 해결방안을 모색하려고 노력하지만 불만족 사례가 광범위하고 다양하게 분포되어 있어 어려움을 겪고 있다.

하지만 불만요인이 발생했을 때 적극적으로 해결하려는 항공사가 있는 반면에 그렇지 않는 경우에는 소비자의 불만의 목소리는 커질 수밖에 없다.

소비자들의 불만 요인들을 살펴보면 먼저 실시간으로 항공운임이 변화되거나 예약이 어려운 경우, 적립된 마일리지로 항공권 구입하는 일이 쉽지 않은 경우, 예상하지 못한 문제가 발생했을 때 항공사나 공항직원들의 대응능력이 소극적인 경우, 수하물이 분실되거나 지연될 때 보상이나 서비스가 현저히 낮은 경우 등의 다양한 불만들이 산재해 있다. 최근에는 항공권을 인터넷이나 모바일을 통해 예약과 발권을 하는 이용절차가 간소하지 않아 컴퓨터 시스템에 익숙하지 못한 소비자들의 불만도 커지고 있다. 또한 항공권 발권서비스를 대행하는 플랫폼업체들이 저렴한 요금으로 경쟁력을 지향하다보니 항공권을 환불하거나 변경하는 것이 원활하지 않고, 소비자가 결재조건을 정확하게 파악하지 않으면 손해를 보는 일이 종종 발생한다. 최근에는 외국의 저가항공사의 플랫폼에서 직접 예약을 하는 경우에는 환불이 되지 않는 곳이 있어 각별한 주의가 필요하기도 하다.

01 항공사의 태도

1) 항공사 마일리지 정책에 대한 불만

최근 대한항공이 2023년 8월 21일부터 항공마일리지로 국제선 보너스 항공권을 구입할 때 현장 대기를 제한하겠다고 공지를 하였다. 항공사 마일리지를 소지하고 있는 소비자는 항공사가 마케팅의 일환으로 마일리지를 적립해주면서 이것을 사용하는 방법을 자꾸 제한하려는 항공사의 태도에 불만이 쇄도했다.

그렇지 않아도 소비자들이 마일리지로 항공권을 구매하거나, 기존 좌석을 비즈니스·퍼스트클래스 등으로 승급하는 상품이 줄어들고 있는 상황에서 좌석 여유가 있으면 현장에서 보너스 항공권을 이용하는 것도 제한한다고 하니 소비자가 반발할 수밖에 없는 것이다. 항공사의 어려움도 이해는 하지만 그동안 항공사의 상품을 이용하며 얻는 작은 배려조차 고객에게 하지 않고 자꾸 축소하려는 항공사의 태도가 소비자의 불만을 폭발시켰다.

생각해보기

2) 항공권을 인터넷이나 대행사에서 구입시 환불이 어려움

인터넷과 SNS가 발달하면서 직접 창구에서 구입하거나 여행사를 통해 구입하던 항공권을 시간과 장소에 구애받지 않고 편리하게 구입할 수 있게 되었다. 여러 항공사나 대행사의 가격을 비교하여 저렴한 항공권을 구입하는 것이 가능해졌고, 호텔이나 교통편 등도 연계하는 예약이 가능해졌다. 하지만 가격을 비교해보고 항공권 구매 사이트에서 항공권을 구입했는데 차후에 일정변경이나 환불이 불가한 할인상품을 판매한 것을 인지하게 되는 경우가 있다. 이런 조건을 결재하기 전에 제대로 적시하지 않아 피해를 보는 소비자가 증가하고 있다. 특히 외국의 저가항공사는 구입한 항공권은 환불해 주지 않는 곳도 있으니 주의를 해서 구입해야 한다.

생각해보기

3) 항공기 좌석 배정과 오버부킹하여 발생한 불만

항공기 좌석에 대한 불만은 신혼부부의 좌석을 멀리 떨어뜨려 놓거나, 선호하는 좌석을 배정받지 못하거나 여행이 임박했는데 오버부킹을 하여 예약된 좌석이 없다는 통보를 받을 때이다. 오버부킹이란 항공기 좌석 수보다 예약자를 초과해 항공권을 판매하는 것이다. 승객이 항공권을 예매하고 타지 않는 경우가 종종 발생하기 때문에 항공사는 이런 좌석을 대비하여 추가로 예약을 받는 것이다. 그런데 예매한 승객이 비행기를 다 타게 되면 좌석이 부족해 누군가는 탑승을 제한해야 하는데 이때 가장 저렴한 항공권을 구입한 승객의 탑승이 거절된다고 한다. 물론 이후 다른 비행기로 대체해주기는 하지만 예약자로서는 불만이 고조될 수밖에 없다.

생각해보기

4) 항공기 결항, 지연, 회항을 제대로 통보받지 못하였을 때

A씨와 일행은 하루 전에 코스타리카에 도착하여 호텔에 머물며 갈라파고스로 가는 비행기를 기다리고 있었다. 출발 2시간 전에 공항에 가니 갈라파고스로 출발하는 비행기가 화산폭발로 결항이 되어 오전까지 운항하는 비행기를 탈 것을 안내했다는 것이다. 하지만 승객의 연락처가 있었음에도 결항한다는 내용을 일행 중 누구에게도 직접 연락하지 않았는데 무조건 숙박하는 호텔에 연락을 했다고 주장하는 것이다. 항공사에 불만을 토로했지만 결국 하루를 호텔에서 더 머물며 다음날 출발하는 항공편으로 연결해주었다. 그러다보니 이어지는 일정이 무산되거나 연결일정들이 문제가 발생하게 되었다.

5) 예약에 문제가 생겼을 때 항공사직원의 불친절한 태도

항공을 이용하여 여행을 하다보면 예상하지 못한 문제가 발생하는 경우가 종종 있다. 비행기가 지연되어 연결편을 놓친다든지, 예약자의 이름 철자가 달라 비행기를 못타는 상황이 발생하든지, 여권의 남은 일자가 6개월을 초과한다든지 등 예상하지 못한 일들이 발생한다. 그런 경우 소비자는 해당항공사 직원과 연락하여 해결해야 하는데 마음이 급한 고객의 입장은 생각하지 않는 항공사 직원의 불친절한 태도를 마주하게 되면 불만이 고조되는 것을 느낄 수 있다.

B씨는 일행과 솔로몬으로 여행을 가는 중에 일본에서 환승을 하기 위해 체크인을 하는데 동행자 한명의 영문이름 중에 한글자가 틀린 것을 발견했다. 체크인 창구에서는 항공권 발급이 어렵다고 하며 해당항공사에 연락해서 해결하라고 하였다. 그러나 항공사와는 1시간 가량 연결이 되지 않았다. 연결편 탑승시간이 점

점 다가오니 조급해 있을때 간신히 연락이 되어 해결은 되었으나 일을 처리하는 태도가 너무 불량해서 다시는 해당항공기를 타지 않겠다고 다짐했다고 한다.

생각해보기

02 탑승절차

1) 탑승수속 직원의 서비스태도 및 불친절

K씨는 가족과 함께 하와이로 여행을 갔다가 한국으로 돌아오는 비행기 출발시간이 여유가 있어 여행지 한 곳을 더 들렀다 가기로 결정했다. 그런데 여행지로 가는 도중 항공권을 다시 한 번 확인하니 시간을 착각한 것이다. 부랴부랴 차를 돌려 공항에 도착했지만 출발시간이 얼마 남지 않았다. 대기승객들에게 양해를 얻어 탑승수속을 하는데 비행기를 놓칠까 조마조마한 승객의 마음은 아랑곳없이 수속하는 직원은 옆사람과 농담까지 주고받으며 느리게 처리를 하고 있었다. 항의를 했지만 결국 화물은 비행기에 실려 출발했는데 K씨 가족은 비행기를 놓치게 되는 상황이 발생했다. 직항이 없는 곳은 환승을 하기 때문에 비행기 도착시간이 어긋나면 다음 연결되는 비행기도 시간의 여유가 없으면 놓칠 수가 있다. 결국 항의를 하니 기다리라고 하더니 다음편 비행기의 후미진 좌석을 배정해 가까스로 한국까지 오는 연결편 비행기를 탈 수 있었다.

생각해보기

2) 무료수하물의 무게를 초과했을 때 직원의 태도

대형항공기를 탑승할 때는 무료수하물 무게를 넉넉히 허용해주기 때문에 문제가 없지만 저가항공기를 탑승할 때는 무료로 주는 수하물의 무게의 허용량이 적기 때문에 추가되는 무게만큼 비용을 지불해야 한다. 모든 저가항공사가 그렇지는 않지만 아주 인색하게 하는 항공사도 있다. 심지어 위탁수하물의 추가무게가 소수점자리라도 비용을 청구하고, 입고 있는 옷만 제외한 모든 휴대수하물의 무게를 합산하여 허용수하물 무게를 초과하면 비용을 추가한다. 휴대할 수 밖에 없는 카메라나 귀중품, 유리제품 등 깨지지 쉬운 물품도 예외가 없다. 항공사의 운송약관을 지키는 것은 좋지만 너무 인색한 태도로 승객을 대우하는 것은 항공사 이미지에 심각하게 타격을 줄 수 있다.

생각해보기

SECTION 02

운항 중 불만사례

01 기내서비스

1) 기내식의 이물질로 치아가 손상된 경우

지난해 아시아나항공 기내식 비빔밥에서 커피잔의 깨진 부분이 섞여 있어 무심코 먹다가 승객의 치아 3개가 손상되는 일이 발생했다. 승객은 아시아나항공에 항의와 보상을 요구했으나, 항공사쪽에서는 2개월 정도 치료비만 보상할 수 있고, 미래에 발생 가능성이 있는 치료비는 보상이 어렵다고 하였다고 한다. 하지만 승객은 치아라는 것이 한번 문제가 생기면 더 나빠지지 좋아지지 않는다며 불만을 토로했다고 한다.

대한항공 비행기에서 기내식을 먹고 후식으로 제공된 아이스커피를 마시다 길이 0.5㎝ 정도의 유리 조각을 발견한 경우도 있다. 유리 조각이 무심코 삼켰을 가능성이 있어 승무원의 안내에 따라 화장실에서 섭취한 음식물을 토했다고 한다. 승객은 보상이나 치료비를 원하지 않았지만 다른 승객들도 이런 일이 발생할 수 있으니 항공사가 언론에 알리고 예방책을 마련해 달라고 요청하였으나 거절당하고 약간의 치료비와 10만 원 전자우대할인권을 제공했다고 한다.

생각해보기

2) 유통기간이 지난 재료로 만든 기내식

기내식은 기본적으로 변질을 우려해 저온보관시스템으로 음식을 카드에 보관한 후 재가열하여 제공한다. 지상보다 낮은 기압과 산소 농도, 좁은 환경에서 움직이지 못하니 혈액순환도 부족하고, 미각이나 후각도 약해져 이런 점들도 감안하여 기내식이 제공된다. 오래전 대형항공사가 유통기간이 지난 식재료를 이용해 기내식을 제공한 것이 밝혀져 소비자들의 비난이 거세진 적이 있었다. 무엇보다도 믿을만한 기업이 소비자들을 기만했다는 점과 항공사측은 전혀 알지 못했다고 발뺌하는 태도가 더 불을 질렀다. 항공사를 이용하는 수천만명의 소비자가 선호하는 기내식의 재료에 대해 품질보증 절차의 문제가 발생했거나 안일함으로 대처한 항공사의 태도가 소비자에게는 더 심각하게 인식된 경우이다.

02 항공기 안전과 보안

1) 객실내 장비가 작동이 제대로 되지 않거나 수리가 필요할 때

H씨는 가족과 여행을 가다가 항공기가 이륙을 마치고 고도에 접어들 때부터 머리위에서 달달달 떨리는 소리와 어딘가에서는 찌그덕 찌그덕 하는 소리가 지속적으로 울렸다. 눈으로 아무리 살펴보아도 소리의 원인을 찾을 수가 없었다. 비행기 구조도 알 수 없어 객실승무원에게 알렸지만 착륙을 하면 살펴보겠다고 하였다. 하지만 운항내내 나는 소리에 불안감은 증폭되었고, 빨리 이 비행기에서 탈출하

고 싶은 생각밖에 나지 않았다고 한다. 낡은 소형비행기였던 것으로 기억하지만 승객에게 이런 공포심을 안겨주는 비행기는 이해할 수가 없었다.

생각해보기

2) 비상구 좌석의 문열림 시도

2023년 5월 26일 제주도로 가는 아시아나 항공기가 착륙하기 전 비상구 좌석에 앉아 있던 남자승객이 승무원이 제제할 틈도 없이 비상구의 문을 열어 뛰어내리려는 것을 간신히 제압했다고 한다. 비행기에 탑승한 190여명의 승객들은 열린 문 사이로 들어오는 세찬바람과 공포심에 휩싸였지만 무사히 착륙했다고 한다. 비상구는 비상시 대피하는 통로인데 비상상태가 아닌 경우에 누군가가 쉽게 문을 열수 있다면 앞으로도 대형사고로 이어질 수 있어 아시아나 항공을 비롯한 일부 항공사에서는 비상구 좌석 판매를 전면 중단시켰다. 결국 승객의 안전과 항공사의 수익 중에 무엇이 중요한 가를 보여준 경우라 할 수 있다.

SECTION 03

진상고객 유형

01 기내에서

1) 만취해 난동부린 대한항공 480편 승객

베트남 하노이에서 인천국제공항으로 향하던 대한항공 480편에 탑승전부터 술에 취에 있던 임모씨는 탑승해서 양주 2잔을 서비스 받았다. 옆자리에 승객에게 말을 걸었는데 대꾸하지 않아 기분이 나쁘다며 옆자리에 앉아 있는 승객의 얼굴을 폭행하였다. 이를 본 승무원들이 제지를 하니 여승무원의 배를 발로 차기도 하면서 4시간 동안 승무원에게 욕설을 하며 심지어 침을 뱉기까지 하였다. 유명한 가스 리처드 막스가 자신의 sns에 개재한 사건이다. 임모씨는 항공법에 의하여 구속이 되었고 집행유예 2년, 벌금 500만원, 사회봉사 200시간을 선고받았다. 또한 최초로 대한항공으로부터 탑승거부조치를 받았다.

생각해보기

2) 기내에서 반려견을 안고 있으려는 승객

애틀란타에서 뉴욕으로 가는 델타항공기내에서 한 승객이 반려견을 전용가방에 넣어야 한다고 요청을 하였지만 무릎에 반려견을 앉히겠다며 거부하면서 승무원에게 욕설을 퍼부었다. 승무원이 비행기에서 내리라고 요청을 하자 한 승객을 향하여 물병을 던지는 등 소란을 피우며 비행기에서 내렸다. 애틀란타 경찰이 출동했으나 델타항공측에서 기소를 원치 않아 사과를 하는 선에서 정리가 되었다.

3) 비행중 승무원 성희롱 등 추태승객

미국 애틀란타에서 인천국제공항으로 향하던 비행기안에서 비즈니스석 승객이 여성객실승무원에게 옆에 앉아 와인을 마시자, 마사지를 해주면 잠이 잘 올 것 같다 등 성적수치심을 느낄 수 있는 말을 계속했고 이를 제지하는 다른 승무원에게는 회사에서 잘라버리겠다고 협박을 하였다. 이 승객은 착륙직후 공항경찰대에 인계하고 연결된 탑승편을 거절했다.

4) 정신이 산만한 승객

로스앤젤레스에서 워싱턴DC로 가던 아메리카 항공기내에서 한 승객이 "나를 해치려 하는 사람들이 날 따라서 비행기에 탑승했다"며 난동을 피웠다. 그는 조종석쪽으로 다가가며 "이 항공기는 비행 중이 아니다. 승무원들이 거짓말하고 있다"고 하며 이를 제지하는 승무원에게 음료카트에서 포크와 칼을 집어 위협하였다. 또한 비행기 비상문을 열려고 시도하거나, 병을 깨려고 시도하는 등 난동을 부리다가 한 승객의 도움으로 제지당했다. 비행기는 캔사스주에 비상착륙하여 경찰에 인계하고 승무원의 직무 수행을 방해한 협의로 기소되었다.

5) 비행기에서 내려달라며 난동부린 승객

미국 텍사스주에서 노스케롤라이나주로 가던 아메리칸항공기에서 발생한 사건이다. 승객 한 명이 갑자기 "비행기에서 내려달라"며 난동을 부리고 승무원을 공격하다가 제지당했다. 승객은 테이프로 포박된 후 경찰에 인계되어 한화로 약 1억원의 과태료를 부과했다.

6) 마스크 미착용 사례(2022.04.12)

- 2021년 5월 스페인에서 이탈리아로 가는 항공기에서 마스크를 제대로 착용하지 않겠다며 승객들에게 큰 소리로 욕을 퍼붓고 머리를 치는 등 난동을 피웠

다. 승무원들에게는 침을 뱉으며 주먹을 날리기도 했다. 난동을 피운 여성은 비행 도중 자리에서 사람들에 의해 끌려 나갔다.

- 2021년 1월 아일랜드에서 플로리다로 향하는 미국행 항공기에서 8시간의 비행 동안 마스크 착용을 요구하는 승무원의 수시로 거부하였다. 그러면서 승무원을 치고, 캔을 집어 던지고, 다른 승객의 머리를 때리고, 심지어 바지를 내려 엉덩이를 내보이는 등 난동을 부렸다. 뉴욕에 도착한 뒤 경찰에 인계되어 승무원을 폭행한 혐의로 기소되었다. 만일 유죄가 확정되면 징역 20년형을 선고받을 수도 있다고 하였다.

생각해보기

참고문헌

- 인천국제공항공사
- 대한항공 홈페이지
- 아시아나 항공 홈페이지
- 한국항공 홈페이지
- 국토교통부 홈페이지
- 항공포탈서비스 홈페이지
- 김영주, 항공서비스 이용 승객의 불만요인에 관한 연구
- 2020년 기준 콘텐츠산업조사
- 아시아나 세이버, 항공운임발권실무(2022)
- 항공기 중량 및 평형관리
- 한국콘텐츠진흥원, 2021 대한민국 게임백서,
- IATA, IATA 항공사 순위
- https://namu.wiki
- https://ko.wikipedia.org
- http://www.enewstoday.co.kr
- https://www.thebigdata.co.kr
- https://www.safetimes.co.kr
- 인천국제공항공사, 항공기 제방빙 매뉴얼
- KDB산업은행, 저비용항공사(LCC) 현황 및 전망
- 한국교통안전공단, 항공정보매뉴얼(2020)
- 국토교통부, 글로벌 항공산업동향(2024.01)
- 국토교통부, 글로벌 항공산업동향(2023.12)
- 국토교통부, 항공시장동향(2021.11)
- 한국신용평가, ㈜대한항공의 2022년 잠정실적에 대한 한국신용평가의 의견
- 항공진흥협회, 항공사 전략적 제휴 그룹의 현황 및 실적
- 인공지능 시대 창의인성 융합형 인재양성 및 취업 역량 향상을 위한 두뇌 계발 프로젝트
- 항공교통안전공단, 항공정보매뉴얼
- 한국공항, 한국공항장비소개
- 대한항공, 국제여객운송약관(2023)

- 국토교통부, 세계항공산업분석
- 김제철, 항공운송산업의 경쟁력에 관한 실증분석
- 김두환, 몬트리올조약에 있어 국제항공여객운송인의 손해배상책임
- 국토교통부, 항공기 지상전원공급장치
- 통계청, 항공통계
- 박은경, 양용호, 최병길, 서비스 실패요인별 고객의 불만족과 불평행동에 미치는 영향: 국내선 항공사 이용고객을 중심으로
- 한국소비자원, 항공마일리지 운영실태

저자약력

전약표

현) 수원과학대학교 항공관광과 교수
전) 아시아나항공 지점장
전) 수원과학대 국제협력처장

• 주요경력
Canada, Concordia University Aviation MBA
경기대학교 대학원 관광경영학 석사
경주대학교 대학원 관광학 박사
관광통역사(영어 부문)
현) 한국 메타버스학회 부회장
현) 한국게이밍관광전문인협회 부회장
현) 한국마이스융합리더스포럼 산학협력 이사
현) 국제관광인포럼 이사
현) 경기도 축제평가위원
현) 서울특별시 관광 상품 평가위원
현) 화성시 공무원 국외출장 심사위원
전) Star Alliance 한국지역 마케팅 Chair
전) BAR(항공사 대표자 협의회) 사무총장

• 저서
〈항공사경영론〉, 〈항공운송론〉, 〈항공관광실무영어〉, 〈항공실무영어〉, 〈3개국어(영·중·한) 항공실무〉, 〈Tourism English〉 등

• 논문
국내 저가항공사의 서비스 경쟁력이 경영성과에 미치는 영향 연구, 항공사 전략적 제휴의 형성 요인별 성과 연구, 스토리텔링을 통한 문화유산관광 활성화 방안 외 다수

글로벌 인재 양성을 위한
항공운송 실무론

발행일 | 2024년 3월 2일 초판 발행
2025년 3월 5일 2 쇄 발행

발행인 | 모흥숙
발행처 | 도서출판 새로미

저 자 | 전약표

주 소 | 서울 용산구 한강대로 104 라길 3
전 화 | 02) 523-5903~4
팩 스 | 02) 775-3246

E-mail | seromi@seromi.kr
Homepage | www.seromi.kr

ISBN | 978-89-6476-832-7 93320
정 가 | 23,000원